SIWEI DE LILIANG

思维的力量

思维导图教学实践探索

SIWEI DAOTU JIAOXUE SHIJIAN TANSUO

尹慧红 著

世界图书出版公司

广州·上海·西安·北京

图书在版编目（CIP）数据

思维的力量：思维导图教学实践探索 / 尹慧红著 . —
广州：世界图书出版广东有限公司，2019.8
ISBN 978-7-5192-6728-5

Ⅰ . ①思… Ⅱ . ①尹… Ⅲ . ①教学研究－小学
Ⅳ . G622.0

中国版本图书馆 CIP 数据核字（2019）第 187453 号

书　　名	思维的力量——思维导图教学实践探索
	SIWEI DE LILIANG SIWEI DAOTU JIAOXUE SHIJIAN TANSUO
著　　者	尹慧红
责任编辑	冯彦庄
装帧设计	米非米
责任技编	刘上锦
出版发行	世界图书出版广东有限公司
地　　址	广州市海珠区新港西路大江冲 25 号
邮　　编	510300
电　　话	（020）84452177
网　　址	http://www.gdst.com.cn/
邮　　箱	wpc_gdst@163.com
经　　销	新华书店
印　　刷	佛山市华禹彩印有限公司
开　　本	787 mm×1092 mm　1/16
印　　张	15.75
字　　数	33.6 千字
版　　次	2019 年 8 月第 1 版　2019 年 8 月第 1 次印刷
国际书号	ISBN 978-7-5192-6728-5
定　　价	68.00 元

编 委 会

序 言

思维导图教学培育科学精神与艺术想象之花

尹慧红

怎样的教学方能培育孩子们科学的思维与艺术的想象呢？什么样的教学载体能够容科学精神与艺术想象的培育于一体呢？五年来的教学探索实践让我们找到了思维导图这样一件学习、生活和工作的"公器"；五年来的教学探索和实践让我们将这种学习、生活和工作的"公器"真真切切地变成了"思维导图教学法"，成为我们学校特色教学的一张鲜丽的名片。

思维导图，说起来很简单，但在武汉市三道街小学的老师和学生的教与学生活中可不那么简单。我们将之比喻为教与学的魔方：既有限，又无限；既有形，又无形；既有色，又无色；既有法，又无法；既简单，又丰富。以一成万、万法归一是它的神髓。"有"是它的规则，"无"是它可以成就超越规则的创造；"有"是它的学理逻辑法则，"无"是它依性变幻的奇妙。正是这玄妙的有无辅承，仿佛风与露的纠缠，将不可能变成了奇妙的现实，所谓"金风玉露一相逢，便胜却人间无数"。三道街小学的老师和学生正是参悟了这件"公器"简单朴素外表下隐藏的奥妙，通过自己的教与学实践，营造了既有科学精神，又不失艺术想象的学习氛围。使用思维导图形成了每个学科教与学的学科特色与相应的艺术表现的语言面貌和表达风格；培育了教师和学生能够相互理解与交流的公共符号系统，让他们都拥有属于自己个性思维方法的艺术呈现和表达方式。如果说思维导图好比魔方，那么三道街小学的我的同人和学伴们就是我最欣赏的魔术师！

表达尊敬和欣赏的办法也许就是枚举，然而，此时此刻作为校长的我却不能，我担心自己会挂一漏万。有什么比让读者开卷了然，一睹为快更能表达我的欣赏和真诚的呢？我的所谓不能免俗的序，不过是为读者充当一回翻书的书童罢了。

2018.4.15 于武昌蛇山脚下

目　录

第一章　思维导图的理解与定义　　/1

第二章　思维导图在学校各学科学习中的运用及推广　　/7

第三章　课前预习思维导图　　/17

第四章　课中总结思维导图　　/44

第五章　复习思维导图　　/86

第六章　课外阅读思维导图　　/129

第七章　主题思维导图　　/168

第八章　口语交际、作文思维导图　　/198

第九章　古诗词教学中思维导图的运用　　/203

第十章　思维导图的作用　　/227

第十一章　小学生思维变化的案例集锦　　/230

第一章
思维导图的理解与定义

第一节　思维导图的定义

思维导图（也称心智图、脑图），英文名为 mind maping 或者 thinking maping，是表达发散性思维的有效图形思维工具。它简单却又极其有效，是一种实用性的思维工具。它是 20 世纪 70 年代由英国教育学家托尼·博赞提出的一种先进的图形技术。托尼·博赞，在大学求学时，遇到信息吸收、整理及记忆的困难，前往图书馆寻求协助，却惊讶地发现没有教导如何正确有效使用大脑的相关书籍资料，于是开始思索和寻找新的思想或方法来解决自己遇到的问题。托尼·博赞开始研究心理学、神经生理学等科学，渐渐地发现人类头脑的每一个脑细胞及大脑的各种技巧如果能被和谐而巧妙地运用，将比彼此分开工作产生更高的效率。参考以发散性为基础的收放自如方式，如渔网、河流、树、树叶、人和动物的神经系统、管理的组织结构等，逐渐地，整个架构慢慢形成。1971 年，托尼·博赞开始将他的研究成果集结成书，慢慢形成了发散性思考性和思维导图法的概念。

思维导图是一种以中央关键词或 idea（多维度主题，包括文字、数字、符号、食物、气味、线条、颜色、意象、节奏、音符等各种因素）为线性脉络进而引发形象化构造和分类的想法，利用色彩、图画、代码和多维度等图文并茂的形式来增强记忆效果，使人们关注的焦点清晰地集中在中央图形上。它以头脑风暴（激发灵感）的方法为基础，建立一个适当或相关的概念性组织任务框架，引导进入大脑的某个信息以中心主题向外发散，进而与其他相关主题连接形成放射状结构，其他主题又可以成为新的思考中心再次发散产生新的连接，如此重复延展，从而形成反映人类思维特征的树状立体结构图式。

思维导图运用图文并重的技巧，充分利用人类左右脑的生理机能，把各级主题的关系用相互隶属与相关的层级图表现出来，把主题关键词与图像、颜色等建立记忆连接。利用记忆、阅读、思维的规律，协助人们在科学与艺术、逻辑与想象之间平衡发展，从而开启人类大脑的无限潜能。思维导图因此具有人类思维的强大功能。

它也是第一个真正的高级形象思维工具，其"捆绑式"的形象思维方式，让形象思维由低级向高级发展，同时促使发展人类的抽象思维，最大限度地发挥头脑智力，将人脑中的抽象思维转译为形象思维的图形，方便知识组织、形成体系和记忆。其核心思想就是把形象思维和逻辑思维结合起来，让人的左、右半脑在思维过程中同时运作，最终将思维痕迹在纸上用图画和线条形成发散性的结构，呈现一个容易记忆的顺应大脑发散性思维的自然表达过程。

第二节　思维导图研究及运用的现状

一、国外思维导图的运用

思维导图在国外的应用已较为成熟，自 1971 年托尼·博赞系统性提出思维导图概念以来，其直接使用人群超过 2.5 亿，并被广泛应用于数十个国家和地区的文化、教育、工业、商业领域，如全球 500 强企业中的 IBM、波音、微软、强生、汇丰、甲骨文等。美国波音公司的一份飞行工程手册被压缩成了 25 英尺（约 7.6 米）长的思维导图，可让 100 多名高级航空工程师在几个星期内学会以前需要几年才能学会的东西，估计仅此一项即可节约成本 1100 万美元。惠普医疗利用思维导图对学生进行培训，该公司高级经理 Jean Luc Kastner 先生说："我们的课程建立在思维导图的基础上，它帮助我们获得了有史以来最高的毕业分数。'思维导图'教学必然是未来的教学工具。"全球越来越多的公司在日常工作中采用思维导图，如 Fluor Daniel 公司在内部流程设计、日程安排、会议管理等方面采用思维导图，效率得到了很大的提升。该公司副总裁 William L. Maxilae 先生说："博赞大师的思维导图在我们办公室内的重要性越来越明显。它在帮助我们打开思路上的作用是惊人的。我们使用思维导图来安排会议日程、做头脑风暴、设计组织结构图、记笔记和写总结报告。'思维导图'

托尼·博赞

是一个通向未来的必备工具。"

　　思维导图应用于教育领域，可以帮助师生掌握正确有效的学习方法，建立系统的知识框架体系，促进师生间的沟通交流，实现因材施教，使整个教学过程和流程设计更加系统、科学有效，促进教学的效率和质量的提高。同时，促进学生之间的交流与合作，建立团结合作的教学机制，有助于建立学习型学校、学习型班级组织。

　　世界上已有许多国家普及应用思维导图并作为他们教育改革策略之一，在改善教学效果方面取得了显著成效，如英国、美国、澳大利亚、新加坡等。其中，新加坡已经将思维导图作为从幼儿园至大学的必修课程之一；韩国已经将思维导图正式纳入小学教科书；美国学校使用的教案，也大部分应用了思维导图的方法；在从欧美国家来华参加国际学术会议的专家、学者的报告中，也可以看到他们对思维导图的应用。

　　比尔·盖茨说："思维导图能够将众多的知识和想法连接起来，并有效地加以分析，从而最大限度地实现创新。"世界 500 强都在用思维导图的方法来高效地处理工作、事情，通过学习这些方法能让你的工作变得有条不紊、可进可退，并且能锻炼你的分析和处理事件的能力。

　　常用的思维导图有如下几种：

　　1. 圆圈图 circle maps — defining in context

　　——圆圈图多用于定义描述，比较适合中心主题的句型结构。

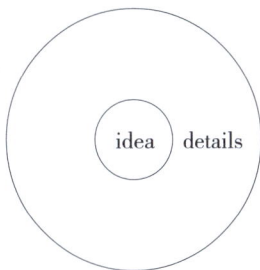

CIRCLE MAP

FOR DEFINING IN CONTEXT

idea　details

　　2. 气泡图 bubble maps — describing qualities

　　——描述事物性质和特征，气泡图适合核心结构的展开使用。

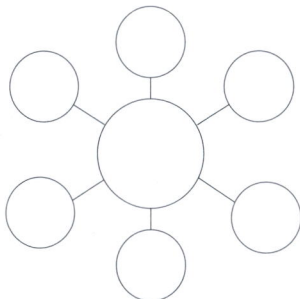

BUBBLE MAP

FOR DESCRIBING USING ADJECTIVES

3. 流程图 flow maps — sequencing

——弄清先后顺序，用流程图从先后顺序的角度去分析事物的发展、内在逻辑。

4. 树状图 tree Map –classifying

——树状图主要用于分组或分类的一种图，分类和归纳主题、一级类别、二级类别，等等。可以用这种图来帮孩子整理归纳一些知识。

tree map

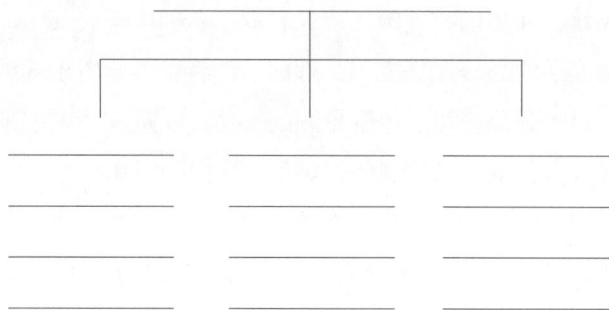

5. 桥状图 bridge maps — seeing analogies

——主要用来进行类比和类推的图。在桥型横线的上面和下面写下具有相关性的一组事物，然后按照这种相关性，列出更多具有类似相关性的事物。

6. 括号图 brace maps — part Whole

——分析整体与局部关系的图。

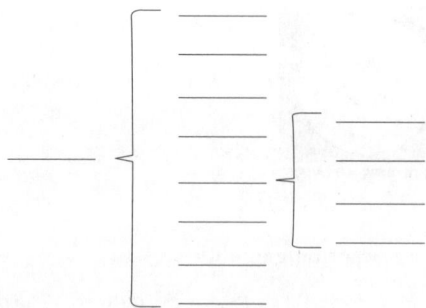

二、中国式思维与思维导图

相对于国外而言，国内的思维导图的应用程度和规模则稍显不如，但应用水平和推进速度令人瞩目。思维导图概念与工具进入中国已有 20 余年，目前我们使用的思维导图工具和最新理论皆来源于国外，思维导图的使用和推广也更多处于自发性的探索模式之中。近年来关于思维导图的应用和探索日益活跃，关于思维导图的专题研讨和自发应用越来越多，许多教师也在尝试利用思维导图对教育中的某些问题进行变革，以促进自身专业的发展，思维导图的应用已经从个体应用的初级阶段迈向了区域化发展阶段。一大批学者和科研单位已经在思维导图与教学融合的研究过程中将中西方的相关理论和在教学中的应用集纳并结合在一起，形成自己的一套理论和方法，并积极推广先进经验和模式，进而使思维导图的应用与研究成为教育领域的热点问题之一。

思维导图自 20 世纪 80 年代传入中国，最初是用来帮助"学习困难学生"克服学习障碍的，在学科教学方面，历经 50 余年的发展，也没在学校广泛应用。后经华东师范大学刘濯源带领的思维可视化研究团队 15 年的研究及实践，得出的结论是"思维导图"并不适合直接应用于学科教学，因为"思维导图"过于强调"图像记忆"和"自由发散联想"，而非"理解性记忆"和"结构化思考"。对于抽象思维能力较差的学生，"图像记忆"的确可以帮助学生提高"把知识记住"的效率，但却无法加深学生对知识的理解，属于一种浅层的学习；另外"自由发散联想"具有天马行空、对思维不加控制的特点，更适合用于"头脑风暴"式的创意活动，而不适合用于学科知识教学，因为任何学科知识都是有其内在逻辑及固定结构的，由不得胡思乱想。基于学科知识的特性，学科教学必须强调"理解性记忆"和"结构化思考"，随着学段的升高，知识越来越抽象和复杂，就更加要强调"理解的深度"而非"记住的速度"。也正是基于这些原因，思维可视化研究团队把概念图（由美国康奈尔大学的诺瓦克博士提出）、知识树、问题树等图示方法的优势特性嫁接过来，同时将结构化思考、逻辑思考、辩证思考、追问意识等思维方式融合进来，把"思维导图"转化为"学科思维导图"。"学科思维导图"作为一种"基于系统思考的知识建构策略"已被全国五百多所课题实验学校引入应用。

我国教育领域中思维导图应用研究存在着诸多的问题：

理论研究中创新少，重复多。很多理论研究文章，都是泛泛而谈，不是从实践中提升和总结，而是把理论东拼西凑，理论研究对思维导图教育应用的指导作用不明显。应用研究中缺少科学方法指导下的实验研究，更多的是一种教学经验的总结，研究的信度、效度不够科学。

核心期刊关注较少。国内核心期刊对思维导图关注度不高，研究讨论也比较零散，不利于对思维导图进行系统集中的深入探讨，影响到思维导图在教育领域的普及和推广。

国外研究借鉴少。虽然根据我国的教育实际现状来研究和应用思维导图，讲究"本土化"十分重要，但是借鉴国外思维导图的研究成果，应用较成熟国家的经验及其在教育中的创新应用同样是非常必要的，这对国内思维导图的教育应用减少盲目性会有一定的积极意义。

缺乏评价研究。国内对思维导图的研究缺乏学习效果评价研究，也很少有人就思维导图应用效果进行详细论述。在关于思维导图的研究中虽然有个别学者进行了一些反思与思考，但还不能构成对思维导图的评价研究。

由以上分析可以预测，思维导图在我国教育教学的应用研究仍然是研究者继续关注的焦点，理论研究的深度会有所加强，随着思维导图在我国教育领域研究的逐步深入，思维导图相关的评价研究也会受到人们的关注。

但是我们同时也应该看到，现在已经有越来越多的人走进了思维导图应用研究这个行列，比如现担任包头市记忆学会副会长一职，同时被聘为"记忆力训练网"专家讲师的安广华老师，他潜心研究中小学同步课程十几年，曾创办"北京最强大脑训练营""'尖子生'特训营"等。在十多年的教研实践过程中，安老师先后在公立学校、培训学校及多家职业培训机构举办"记忆与思维"相关讲座。多年来累计培养100多名"学科对接"老师，分别在北京、河北、天津、内蒙古、银川等地教学。真正做到了以记忆方法为基础，以思维导图与课本对接为重点，将"记忆法与思维导图"融为一体。取得了QS全脑记忆教程、应用型记忆力讲师教程、国学点背教程、中小学QS单词记忆法、思维导图师资特训教程、学科关键导图全集、关键词阅读教程、中考政治历史冲刺教程、会考地理生物冲刺教程、初中全脑思维物理等教研成果。

第二章
思维导图在学校各学科学习中的运用及推广

一、整体思考

为什么要用思维导图？为什么思维导图的运用会出现在一所普通小学？为什么要提出"思维导图"？如何利用思维为我们的教学服务？上述问题的不断追寻和对终极教学价值的追求是我们要思考的问题。

1. 学校的不断发展为课堂教学变革提供了物质条件

从 2010 年到 2019 年，学校用了九年的时间，建设数字化校园，开展了"魔方课堂"教学模式的探究，全面推进课程改革，提升学生人文、思维、学习、科学素养，让学校逐渐成为武汉市武昌区硬件更新、管理创新、教师现代、学生时尚的强校。学校的不断发展为教师的有效教学和学生的主动学习，促进学生高级思维能力和群体智慧发展，提高教育质量提供了物质条件，而思维导图的出现则顺应了学校的发展趋势。

2. 未来人才的需求与传统教学方式局限性之间的矛盾是思维导图出现的诱导机制

随着社会的不断发展，未来更需要具有多样文明、全球视野、现代意识、创新能力的人才。这一切又无不受制于教学方式的现实水平。教育需求的社会、学生、家庭多方位增长与教学方式、学习方式少、慢、差、旧等各种障碍所形成的尖锐矛盾，迫使我们通过新的课堂教学方式、学习方式来化解。

3. 让每个孩子平等享受优质的教育是思维导图运用的价值追求

武汉市武昌区三道街小学是一所拥有近 80% 的农民工子弟的学校。学生家长因忙于生计，无暇顾及孩子的学习，导致学生成绩差、学习能力低下，造成很多孩子对自己不自信，失去学习的动力。而思维导图在课堂上的运用，给学生提供了一种新的学习方式，提升了学生学习能力和兴趣，改善学生创新、批判、质疑的思维品质，积淀学生核心素养，让"流动的花朵"真正地平等享受优质的教育。

二、推进时间与图形

2013年，武汉市武昌区三道街小学在校长尹慧红的倡导和推动下，在武汉教育系统首开先河，在全校全学科全学段广泛开展思维导图教学。六年来，思维导图遍布在各学科的课上课下，在每个学生的笔下生花。

基于对思维导图的认识，我们通过六年的实验研究，挖掘其内涵、类型、作用、方式方法等因素，经过三个阶段，选择不同类型的图形在不同的学习情境下使用，促进学生思维发展。

（一）第一阶段：思维导图打造高效课堂

1.课上画总结思维导图

2013年，学校开展了"魔方课堂"教学模式的研究。"魔方课堂"是在课堂教学中模拟日常生活学习的本质，在教育云环境下，利用信息技术为学习者提供丰富的教学资源，通过对大容量知识的搜索、分析、整理、归纳，积累与提升学生的信息素养，实现课堂的最大化效率和最优化效益。它有助于实现学生的自主学习、合作学习、自我反思、自我评价，为学生终身学习奠定基础。

"魔方课堂"教学模式是把教学和信息技术环境相融合，合理运用学习资源；促进教师与学生的课堂角色变化，促进教学组织结构变化；实现教与学的方式变化，实现学生知识掌握与学习能力双提升；建构学生适应未来学习和生活的能力的高效课堂，建构教与学多因子和谐统一的活力课堂。

"魔方课堂"与魔方的对应点是：高效课堂，一个中心轴是信息技术，对应魔方的六个面是构建高效课堂的课堂目标问题化、课堂资源激活化、课堂学习自主化、课堂任务合作化、课堂思维图式化和课堂反馈可视化。六个面环绕中心轴扭动，围绕中心点转动，从而达到六因子和谐统一；信息技术为六个因子提供支撑，建构云环境下的魔方课堂，从而实现高效课堂。

"魔方课堂"教学模式荣获"武汉市第二届十佳高效课堂教学模式评比"第一名。构成"魔方课堂"的一个重要环节就是把课堂思维图示化，学校除了体、音、美学科以外的所有学科，都要求学生在课堂上画总结思维导图。

每节课上，学生在学完某一知识点后或者在教师进行课堂总结后，必须把这节课上的学习所得用思维导图画出来。在鱼骨图、蝶形图、韦恩图中任选一种，时间为5~8分钟，不添加任何装饰。这三种图形主要用于对一节课当中的知识点进行回顾、梳理、提炼、总结，在知识与知识之间建立一种隶属关系、层级关系或进行比较。

（1）鱼骨图

又名因果图，就是从具体问题出发，推导出所有可能的因素，进行归类、整理，主干与分支成隶属关系。其特点是简捷实用，深入直观。

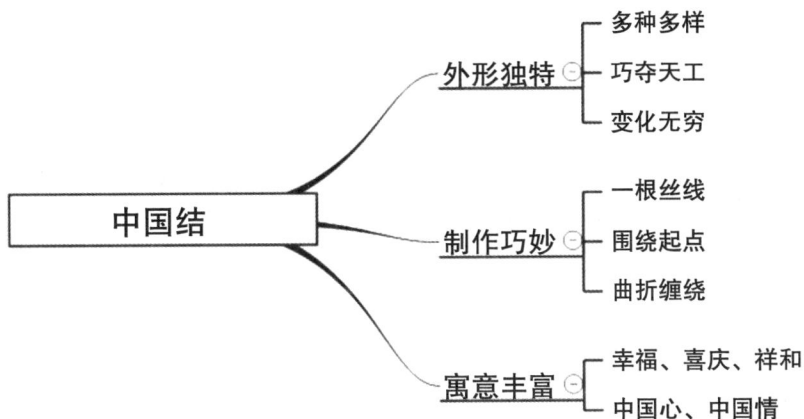

这是鄂教版《语文（四年级下册）》中的《中国结》一课。学生学完全文后，用鱼骨图画出中国结受宠爱的原因，分别是外形独特、制作巧妙、寓意丰富，然后抓住关键词分别从这三个方面的内容阐述中国结受宠的原因，使用鱼骨图将它们的层级关系一目了然地表现出来。

（2）蝶形图

蝶形图像蝴蝶，蝶身表示同一主题或同一条件，左右蝶翅表示同一主题下两种不同情况的对比或同一条件下两种结果的分析与比较。

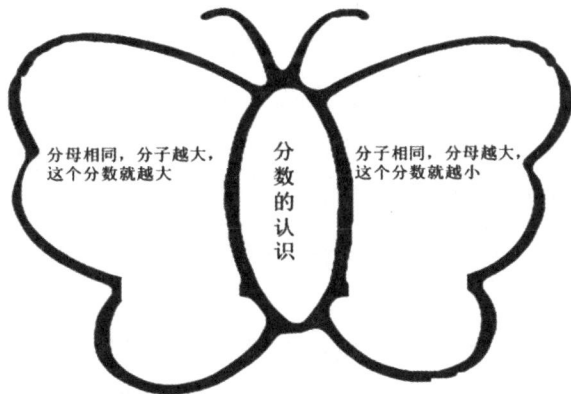

如数学课学习"分数的认识"时，利用蝶形图能够非常清楚地表示当分数的分子、分母发生变化时对分数大小的影响，以及同分母分数和同分子分数的大小比较方法。

（3）韦恩图

韦恩图也叫文氏图，是用一条封闭曲线直观地表示元素集合重叠区域及其关系的图示。

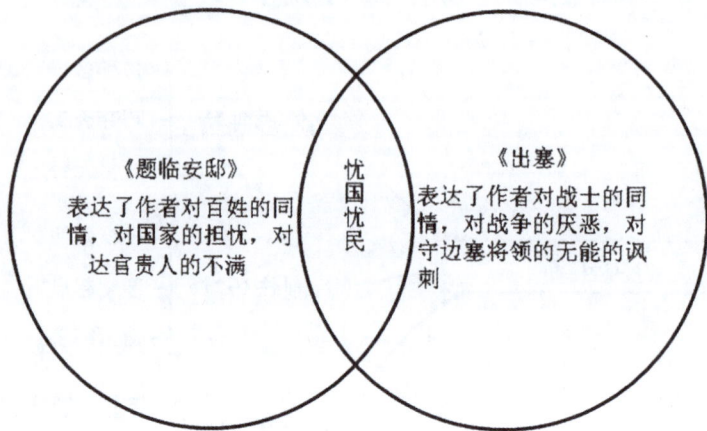

韦恩图特别适合多篇课文内容学习的总结。我校语文课近几年一直进行"魔方课堂"整合课的探究，以前一篇课文需要两个课时，现在一个课时可以完成两篇课文的教学内容。例如，学习古诗时，我们将同样题材的两首古诗《题临安邸》《出塞》在一个课时中进行学习，学完后，学生用韦恩图将两首古诗进行比较。通过韦恩图，学生可以非常清晰地看出两首古诗虽然都是表达忧国忧民的思想感情，可每首诗的侧重点却有所不同。

2. 课前画预习思维导图

2014年，三道街小学开始启动课程改革，语文开展了"魔方课堂"下整合课堂的研究，数学进行了"魔方课堂"下翻转课堂的研究。以前一篇课文需两节课完成，现在两节课可以完成两到三篇课文的学习。数学组将每个例题拍成了微课，共四百多节微课资源供学生提前学习，这样对学生自主学习的能力、个性化学习要求更高。

学生借助思维导图来预习新知识，我们把这种思维导图称为"预习思维导图"。预习思维导图旨在让学生自主学习后，对新知识进行梳理与分析，把知识要点、重难点用结构图画出来。预习思维导图因为是在课下完成的，相对而言，时间充足，思考充分，画图时可以加一些色彩、装饰，这样画面更加丰富好看。有了预习思维导图，教师们更便于掌握每个学生个体、个性的学习状态，对学生明白、清楚、已会的知识在课堂上不需要浪费时间来讲解，课上教师只需解决学生的困惑，教授不懂的知识。而学生在制作和完善思维导图的过程中因为不断有新发现，从而加强了他们探究新事物的兴趣，将学习变被动为主动，不仅在头脑中建立起清晰、完整、形象的知识结构体系，也养成了良好的思维品质和预习习惯。

学生一般在网状图和树状图中选择一种来完成预习思维导图。如学习《花脸》和《我爱篮球》这两篇课文时，学生提前在家里进行预习完成预习思维导图，一般从课文主要内容，构成主要内容的几个部分以及文章题材、表达的思想感情这几个方面来绘制。

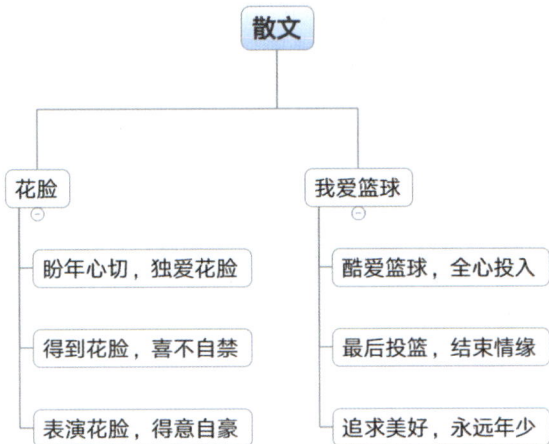

```
                    散文
         ┌──────────────┴──────────────┐
       花脸                          我爱篮球
  ┌──────────┐                  ┌──────────┐
 盼年心切，独爱花脸            酷爱篮球，全心投入

 得到花脸，喜不自禁            最后投篮，结束情缘

 表演花脸，得意自豪            追求美好，永远年少
```

（二）第二阶段：思维导图培养自主学习能力

1. 课后画复习思维导图

是指在期末复习阶段，教师指导学生遵循一定规律，如低年级按每个单元的教材内容整理归纳，每个单元呈现一幅图；高年级学生则按整册书的教学内容、重难点等进行归纳复习，整册书内容用一幅图呈现。

复习思维导图最大的好处在于提高了老师的教学效率和学生的学习能力，加强了学生的思维能力。学生复习时不必像以前一样在庞大的篇章中寻找要点，只需查阅思维导图读取关键词，学习重难点就一目了然了。

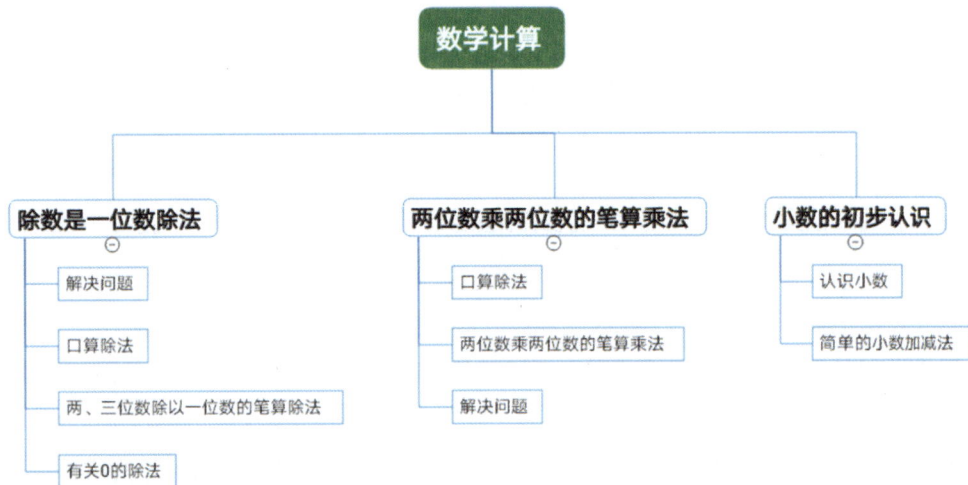

```
                        数学计算
     ┌──────────────────┼──────────────────┐
 除数是一位数除法   两位数乘两位数的笔算乘法   小数的初步认识
  解决问题            口算除法                认识小数
  口算除法            两位数乘两位数的笔算乘法  简单的小数加减法
  两、三位数除以一位数的笔算除法  解决问题
  有关0的除法
```

如在数学期末复习阶段，学生利用复习思维导图将全册中数学与生活的学习内容按知识点进行了划分，并提炼每个知识点下的核心内容，复习起来重点突出，事半功倍。

2. 课外画阅读思维导图

阅读思维导图是就阅读整本书而言的，让师生在阅读完整本书后，将输入的重要信息进行提炼，使阅读成为一种创造性的思维活动，用思维导图的方式将厚书读薄。

阅读思维导图重在创造性，使"书"与"图"的对立统一于"思维导图"，体现了语言、文字、图像三者之间密切的关系。学生可以一边读书一边做思维导图，也可以一边读书一边在书上做一些标记，并在事后完成思维导图。

下图是学生在读完《昆虫记》后完成的课外阅读思维导图。学生选择自己喜欢的几种小动物将它们的样子、功能、生活习性等用思维导图画下来，掌握了一种新的读书笔记的方式。

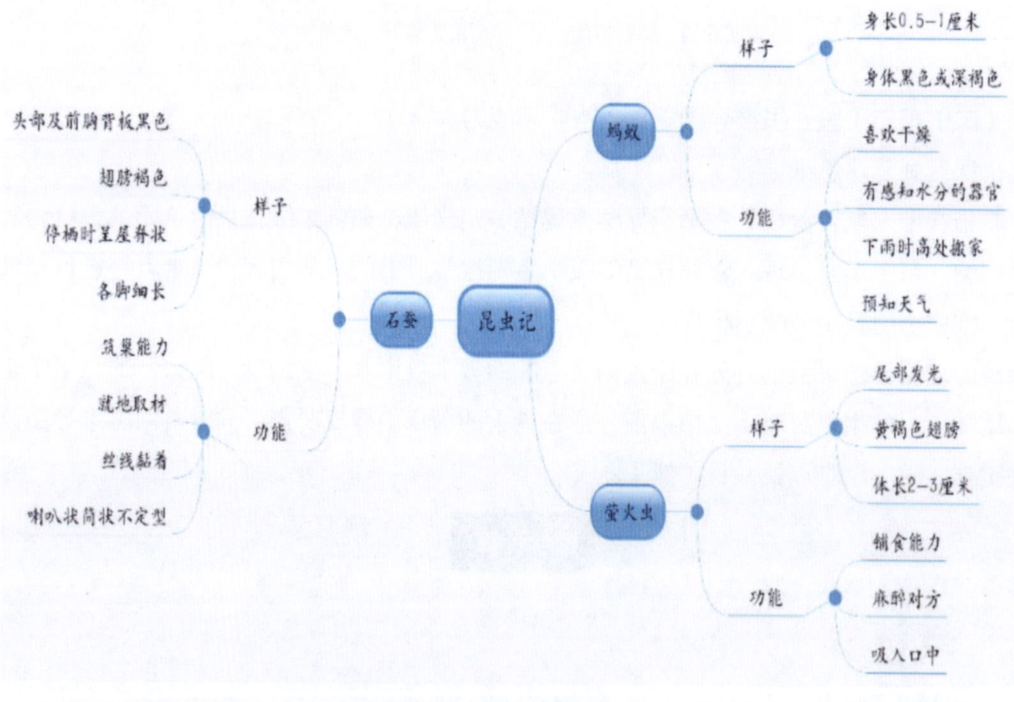

（三）第三阶段：思维导图提升学生创造能力

2015 年 6 月，为了让学生的思维更具有广度和深度，更有创新力和想象力，我们又开始研究让孩子们在生活中画主题思维导图。思维导图的探究进入第三个阶段。

思维导图除了用于课上课下的书本学习之外，其实也可以用在生活中其他方方面面，从而培养学生的想象、创造、表达能力。主题思维导图来源于生活，和孩子们的生活有着千丝万缕的联系，如老师给出一个关键词或一个主题，引导学生不断进行发散性思维，通过联想，由一事物作为触发点，向四面八方想象熟悉的生活和知识领域，然后用思维导图画出来，最后看着导图说出它们之间的逻辑关系。按照这种方式训练，极大地提高了学生的思维能力、表达能力和想象力。

主题思维导图不限形式，孩子们用不同颜色、图案、符号、数字等来表达不同的主题内容。思维导图丰富的色彩、生动的图像，体现了学生们自由的想象和无限的创意，让课堂增添生命力，为创造性思维增添无尽能量。

如学校德育部门开展的传统佳节活动、春秋游活动等，班主任会给学生一个主题词，让学生围绕主题词发挥想象，画出主题思维导图。下面这幅主题思维导图就是根据"中秋节"这个主题词制作的。

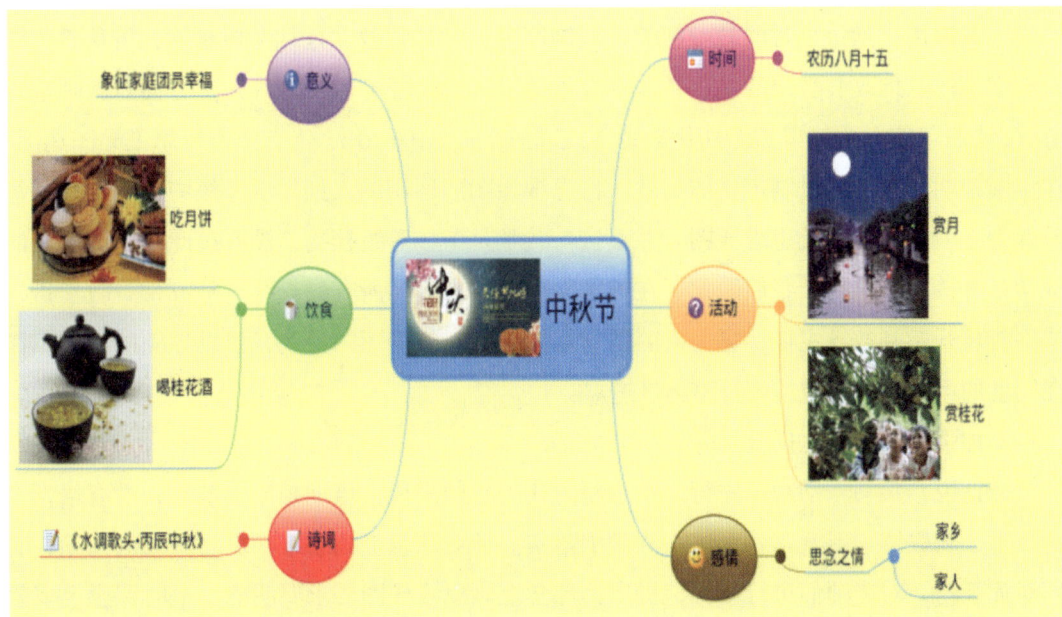

经过六年来孜孜不倦的探索和钻研，思维导图运用的三个阶段历程，我们从单一的鱼骨图、韦恩图、蝶形图三种图形的学习推广，到现在的百花齐放，从课堂上运用到现在的课上课下、校内校外运用。从用书本知识，套用别人的框架，在别人图上加工，到今天的围绕核心，体现创造，自由发挥，每个阶段都留下师生合作学习、研究的痕迹！

思维导图对学生而言，节约了学习时间，培养了学生的创造力，鼓励和刺激了学生学习的主观能动性，改善了思维品质。对教师而言，它帮助师生掌握正确有效的学习方法策略，促进了教学的效率和质量的提高。互动式的课堂也促进了师生间的交流与沟通，让每个学生个体的发展都得到最大的关注。

三、实施途径与机制

1. 宣传动员，达成共识

任何一个新生事物的出现都需要一个认识、接受、运用的过程。三道街小学近几年来，无论从课堂教学还是从课程改革以及办学理念都走在时代的最前沿。在初识思维导图，并了解它对孩子学习的帮助后，我们做的第一件事就是组织全校教师进行思维导图的学习，了解什么是思维导图，它的作用、画法及使用的意义。校长亲自讲解，分析思维导图将给我们的课堂带来什么改变。全新的理念冲击着老师们的大脑，大家对思维导图充满好奇和探究欲望。从宣传动员的那天起，我们就决定全校除了体、音、美以外的学科，都推行思维导图运用工作。

2. 制度保障，整体推进

在三道街小学每个月的教师绩效管理制度中，有教师教学月月考核制度，将从教师课堂教学、作业批改、教研活动、备课、教学质量、接受任务、师德等几个方面对教师进行考核，考核等级分为三等，其中甲等30%，乙等60%，丙等10%。为有效推行思维导图运用，在实施初期，我们通过制定具体制度，将思维导图的运用纳入到教学考核中，每位教师每节课上必须让学生完成思维导图，并直接与教学月考核等级挂钩，没有按此执行的当月的教学月考核为不合格。我们做到了在制度面前人人平等，所有的行政老师都带着教学班，从副校长开始到教导主任，每个人的课堂都要完成思维导图的绘制，思维导图的运用工作在制度的保障下，有效地进行整体推进。

3. 加强培训，内化提升

俗话说：兵马未动粮草先行。对于新时代的教师来说，培训相当于粮草，没有培训，新技术、新媒体、新观念就无法在课堂中落实。针对课堂上画思维导图时出现的问题，我们对症下药，对老师们进行培训，提出：课堂上画思维导图要求要明确，平时课堂上要教会孩子针对所学到的不同知识选择画不同的思维导图，学了一个知识点时该画什么，学了两三个知识点进行比较时又该画什么。如数学在学了《分数的意义》一课后，可画蝶形图。蝴蝶的身子部分写"分数的意义"这几个字，表示今天所学的一个知识点，蝴蝶的翅膀即两边部分分别写"分母相同时，分子越大，分数越大"，"分子相同时，分母越大，分数越小"。如果学生能画出这样的图，就表示他完全弄懂分数的意义了。再比如，一位老师把三首关于春天的古诗整合起来教学，学完后老师提问："这三首古诗有什么相同之处和不同之处呢？"，这时就可画韦恩图，三个圆交集的部分可写"赞美春天的美景"，这是三首诗的共同点；没有交叉的三个圆中分别写景物的不同、作者的情感不同、表现手法也不同，等等，这是三首诗的不同点。学生这样画思维导图后，头脑里就不再是零碎的知识点了，而是建立了一个比较系统完善的学习古诗的知识框架。经过这样的具体培训后，老师们清楚了三种思维导图的用法及画法，在课堂上开始运用。老师们做课堂总结时会对画思维导图提出明确要求，如两篇文章的异同点是什么呢？请用思维导图画出来吧！再如，如何用今天所学的数学知识解决问题呢？请用思维导图画出来吧！学生的思维导图本上也开始百花齐放，出现了虽稍显稚嫩但精彩纷呈的图形。教师思路清晰了，才能去指导学生画好思维导图。

4. 有效教研，专题研究

每周二是全校各教研组开展教研活动的时间，我们利用教研活动时间以思维导图为主题针对性地开展教研活动，在活动中，老师们纷纷提出疑惑：有的觉得上课时间不够用，无法落实思维导图的教学，有的觉得不知道该画什么，什么时候画比较合适……根据困惑，大家激烈讨论，互相帮助，群策群力，答疑解惑，并出示各班优秀思维导图作品供大家学习，这样针对性的教研活动对思维导图的开展有极大的帮助。通过研讨，我们基本确定了课上总结思维导图运用的节点，归纳出绘制的基本方法，总结出导图的基本架构。有了步骤、方法、内容后，教师教学更加清晰，思维导图开始成为课堂上重要的一个环节。

5. 切实推进，纵深发展

在三种基本图形推行一年之后，我校又推出了语文整合课的预习思维导图和数学翻转课堂的预习思维导图。因为这种思维导图是在课下完成的，相对而言，学生时间充足，思考充分。例如，语文整合课是好几篇课文一起上，这就要求学生充分地预习，并用思维导图画出预习所得，具体包括：单元主题、课题、主要内容、具体从哪些方面来写的、写作手法、作者情感等。当然，写作手法、作者情感、文章体裁等，学生如果在预习时没有关注到也没有关系，在深挖课文后，学生再加以补充完善思维导图也可以，形成总结性的思维导图。这样，学生课前既对课文有了整体的阅读理解，也有利于教师了解学生在阅读课文时产生的各种问题，及时对授课作出调整。

再比如，数学也是一样，首先学生要在家里观看预习的微视频，然后用思维导图画出数量关系、已知条件、要求什么等信息，最后课堂上老师再通过小组交流、例题讲解、练习反馈，让学生学会解决问题的方法，并画出总结性的思维导图。

有了预习思维导图的模式及流程，老师们在课堂上按此步骤来教学，思路更清晰，目标更明确，指导更有针对性了。而学生在制作和完善思维导图的过程中因为不断有新发现，从而提高了他们探究新事物的兴趣，将学习变被动为主动，不仅在头脑中建立起清晰、完整、形象的知识结构体系，也养成了良好的思维品质和习惯。

接着我们又开始尝试让师生们学画阅读的思维导图，例如网状图、树状图等，利用

MAKA、彩视对教师进一步做了如何画网状思维导图的培训。因为阅读是在课下进行的，有更多的时间来丰富思维导图。如阅读一本书籍，中心图可画书籍的名称，主分支可画章节的名称，第二、三级分支依次可画重要的内容、感受等。这种思维导图能将书本进行有效的资源整合，将庞杂的内容按类别有条理地安置在思维导图各要点分支之下，形成知识体系的全景图，随着思维导图的逐步完善，读者对书籍中心主题的理解日益深刻，阅读水平也逐渐提高。假期学校给全校教师和学生布置了一项作业，就是推荐阅读一本书，并画出思维导图。结果是令人惊喜的，师生交上来的作品生动形象，构思精巧，层级关系分明。经过几轮培训，思维导图终于在师生心中扎下根来，可谓是功夫不负有心人。

6. 及时纠偏，整改提高

我们通过调研发现，在思维导图的运用中存在很多问题。

（1）思维导图的运用时机把握不当

很多教师在课堂上不能正确把握恰当的思维导图的运用时机，教学生硬死板，应该顺应孩子的思维，顺应教学的需要合理安排思维导图的绘制时机，将孩子的思维外显出来。这样还可以帮助教师了解孩子对知识点的掌握情况，及时调整教学方案，进行个别指导。

（2）思维导图的内容指向不明

在课堂中到了绘制思维导图环节时，老师们常常这样提出："同学们，今天上课后有什么收获，请将收获用思维导图画出来。"于是乎，有的学生将老师的板书照抄在思维导图本上，有的学生无法下笔，有的画的课中思维导图内容和课前预习思维导图一模一样。这些思维导图都是无效的。

（3）思维导图的时间运用不合理

由于每个班级思维导图的运用情况不同，各班级的差异性较大，这就需要教师在平时的教学中特别重视思维导图的运用，只有这样学生才可以在课堂上熟练绘制思维导图。课堂上，有的学生动作很慢还没动笔就下课了；还有的老师不重视思维导图的绘制，觉得是个多余的环节，为了体现有这个环节，课堂剩下两三分钟时才让学生开始画思维导图，学生还没有画好就下课了。时间不给足，这个教学环节也是无法落实的。

（4）思维导图的全员参与没落实到位

考虑到学生的差异性，我们在选择思维导图的图形时，特别选择了学生非常容易上手的图形，如鱼骨图，很多学习内容可以用鱼骨图来完成。可我们在查看各班的思维导图本时，发现有的学生画了一本，有的只画了几幅。原来有的学习能力差的学生没有在课堂上及时完成思维导图，而课下又缺乏老师的指导，因此，学生的全员参与是没有落实到位的。

第三章
课前预习思维导图

一、语文

（一）概念

预习思维导图是让学生在预习语文课文的过程中，通过导图的方式呈现自我学习、自我理解、自我感悟的思维过程，以及初步的个性化学习收获。

（二）案例

我们知道，预习在整个语文学习过程中非常重要。学生预习好了就掌握了课堂学习的主动权，能够有效地提高课堂学习的效率，加深对所学知识的理解，还有益于培养他们的自学能力。如何使课堂变得高效，尤其是对多篇课文进行整合教学时，首先就是要让学生做好充分的预习准备，这是十分重要的，也是非常必要的。预习要达到什么程度？关注些什么？老师要提出相关的预习要求，比如标自然段、画出生字词、不懂的字查字典、查找资料了解作者及写作背景、把课文读熟、了解课文的大致内容，等等。然而对于高效的课堂来说，特别是高段学生还显不够，还应该更加深入文本，关注课文文体、具体内容、写作方法以及表达的情感，只有这样深入的思维沉淀，课堂上才有生成与互动，才有思维的碰撞和火花。

因此我们研究构建了预习思维导图结构的基本模式，包括课题、文体、课文内容、写作方法、表达情感五方面内容，一般采用树状图呈现。

如图所示，这是鄂教版《语文（六年级上册）》的《海的颜色》《生态金字塔》两篇课文的预习思维导图：

说明事物　阐明事理

海的颜色
说明文
主要描写了四处海洋表面上颜色不同，其实本质是一样的
对"大海是蓝色的"命题提出质疑（1）~（3）
四处的海洋的颜色及作者的感受（4）~（8）
无论海是什么颜色，海水都是无色透明的（9）
运用了记叙、描写、说明、对比的方法
要有严谨求真的科学的态度，实事求是的科学精神

生态金字塔
说明文
介绍生物之间的关系，生态金字塔的构成，以及与人类密切的关系
说明生物之间的关系（1）~（2）
生态金字塔的构成（3）~（4）
生态金字塔与人类的关系（5）~（6）
人类的活动要准受自然法则
运用了举例子、作比较、列数字的说明方法
遵循大自然的内在法则，爱护绿色植物，保护生态环境

六（1）班　曾靖富

　　这是基于整合教学环境下，我们通常把主题相同或文体相同的两篇或三篇课文放在一起进行教学。这样在预习的过程中就要把两篇或三篇课文放在一起预习，但无论单篇还是多篇课文，预习思维导图的基本模式都是不变的。《海的颜色》《生态金字塔》这两篇课文都是说明文，都是说明事物、阐明道理的文章。学生在预习的过程中按照导图的模块，明确课文文体，概括文章主要内容，梳理文脉划分层次，初步感受作者的表达方式和写作手法，感悟作者的思想感情。

　　再如，鄂教版《语文（六年级上册）》的课文《祝你生日快乐》和《浮冰上》：

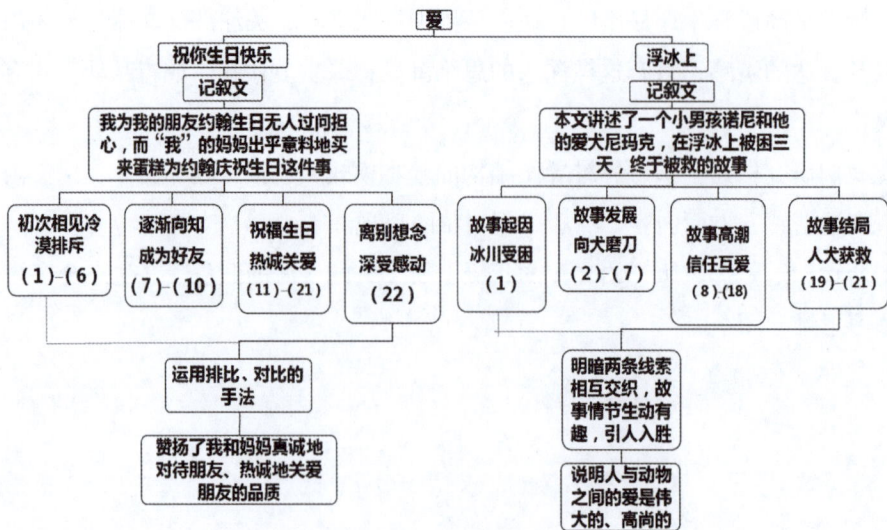

爱

祝你生日快乐
记叙文
我为我的朋友约翰生日无人过问担心，而"我"的妈妈出乎意料地买来蛋糕为约翰庆祝生日这件事
初次相见冷漠排斥（1）-（6）
逐渐向知成为好友（7）-（10）
祝福生日热诚关爱（11）-（21）
离别想念深受感动（22）
运用排比、对比的手法
赞扬了我和妈妈真诚地对待朋友、热诚地关爱朋友的品质

浮冰上
记叙文
本文讲述了一个小男孩诺尼和他的爱犬尼玛克，在浮冰上被困三天，终于被救的故事
故事起因冰川受困（1）
故事发展向犬磨刀（2）-（7）
故事高潮信任互爱（8）-（18）
故事结局人犬获救（19）-（21）
明暗两条线索相互交织，故事情节生动有趣，引人入胜
说明人与动物之间的爱是伟大的、高尚的

六（1）班　朱礼轩

这两篇课文的预习思维导图也是按照预习导图的模块，从明确课文文体、概括文章主要内容、梳理文脉划分层次、初步感受作者的表达方式和写作手法，感悟作者的思想感情这几方面绘制而成的。

（三）作用

课上运用预习思维导图回顾自主学习的收获，梳理文章脉络，了解学生学情，有针对性、有重点地进行教学，为教学明确了方向。

学生通过预习导图，能明确自己的困惑或能够提出疑问，培养探索性、试错性，这也是我们要为学生培养的重要的思维品质。用思维导图做预习很灵活，形式上可以用自己的方式方法灵活调整，具有个性化。在预习导图中，对于学生已有的知识起点，或存疑之处，教师一目了然。这为教师确定教学目标，安排教学环节，设计教学策略有了依据，也能够更好地突破教学重难点，提高教学效率。

预习思维导图不仅运用于课前学习，还可以贯穿整个学习始终。在学习的过程中，学生在预习导图上可以随意及时地、充分地补充、添加、修改……学生预习中未关注到的知识点，思考不完整、不全面的，甚至是认识有误的知识都可以在学习的过程中不断完善，为总结思维导图做好准备。

在教学中，"知识加工"和"问题解决"的思考过程往往是不可见的，教师和学生都更关注答案，却忽视了答案的生成过程。然而，"答案的累积"并不能促进学生思维能力的发展，"生成答案的思考过程和方法"才是学生思维发展的源泉。因此，要在教学中锻炼学生的思维能力，我们就必须变"强调答案"为"强调答案的生成过程"，使学生在解答问题时不再依赖于记忆中的"答案库"，而是靠自己的大脑理性地思考答案。过程性导图使答案的生成过程可视化，帮助学生认识到自己的思考过程，对提高学生的思维能力显得至关重要。

（四）方法

预习思维导图主要采用树状图，也是鱼骨图的一种表现形式。就是从具体问题出发，推导出所有可能的因素，进行归类、整理，明确其从属关系。

绘制过程：第一，最上层是主题，接着引出两条分支，写上两篇课文的课题；第二，课题下方引出分支，写上课文的文体；第三，课题下方引出分支，用概括的语言写出课文主要内容，在主要内容的分支下方又可以引出更小的分支，课文划分几个部分就引几个分支，用短语或关键词提炼各部分的内容；第四，各部分的下方引出分支，归纳出课文的表达手法或写作方法；第五，最后引出分支，写上课文所表达的情感。在预习的过程中，学生可以在各分支上用不同色笔标注出预习的认知程度，如"已明白""有疑惑""完全不明白"等等。按照这样的步骤绘制，一张语文预习思维导图就完成了。

（五）练习

请绘制鄂教版《语文（五年级下册）》的两篇课文《我的老师》和《傻二哥》的预习思维导图。

13　我的老师

最使我难忘的，是我小学时候的女教师蔡芸芝先生。

现在回想起来，她那时有十八九岁。嘴角右边有榆钱大小的一块黑痣。在我的记忆里，她是一个温柔美丽的人。

她从来不打骂我们。仅仅有一次，她的教鞭好像要落下来，我用石板一迎，教鞭轻轻地敲在石板边上，大伙笑了，她也笑了。我用儿童的狡猾的眼光察觉，她爱我们，并没存心要打的意思。

在课外的时候，她教我们跳舞，我现在还记得她把我扮成女孩子表演跳舞的情景。

在假日里，她把我们带到她的家里和朋友的家里。在她的朋友的园子里，她还让我们观察蜜蜂；也是在那时候，我认识了蜂王，并且平生第一次吃了蜂蜜。

她爱诗，并且爱用歌唱的音调教我们读诗。直到现在我还记得她读诗的音调，还能背诵她教我们的诗：

> 圆天盖着大海，
>
> 黑水托着孤舟，
>
> 远看不见山，
>
> 那天边只有云头，
>
> 也看不见树，
>
> 那水上只有海鸥。
>
> ……

今天想来，她对我接近文学和爱好文学，有着多么有益的影响！

像这样的老师，我们怎么会不喜欢她，怎么会不愿意和她亲近呢？我们见了她不由得就围上去。即使她写字的时候，我们也默默地看着她，连她握铅笔的姿势都急于模仿。

有一件小事，我不知道还值不值得提它，但回想起来，在那时却占据过我的心灵。我父亲那时候在军阀部队里，好几年没有回来，我跟母亲非常牵挂他，不知道他的死活。我的母亲常常站在一张褪了色的神像前面焚起香来，把两个有象征记号的字条卷着埋在香炉里，然后磕了头，抽出一个来卜问吉凶。我虽不像母亲那样，也略略懂了些事。可是在孩子群中，我的那些小"反对派"们，常常在我的耳边猛喊："哎哟哟，你爹回不来了哟，他吃了炮子儿啰！"那时的我，真好像死了父亲似的那么悲伤。这时候蔡老师援助了我，批评了我的"反对派"们，还写了一封信劝慰我，说我是"心清如水的学生"。一个老师排除孩子世界里的一件小小的纠纷，是多么平常。可是回想起来，那时候我却觉得是给了我莫大的支持！在一个孩子的眼睛里，他的老师是多么慈爱，多么公平，多么伟大的人啊！

每逢放假的时候，我们就更不愿离开她。我还记得，放假前我默默地站在她的身边，看她收拾东西的东西。蔡老师！我不知道你当时是不是觉察，一个孩子站在那里，对你是多么依恋！至于暑假，对于一个喜欢他的老师的孩子来说，又是多么的漫长！记得在一个夏季的夜里，席子铺在当屋，旁边燃着蚊香，我睡熟了。不知道睡了多久，也不知道是夜里的什么时候，我忽然爬起来，迷迷糊糊地往外就走。母亲喊住我：

"你要去干什么？"

"找蔡老师……"我模模糊糊地回答。

"不是放暑假了么？"

哦，我才醒了。看看那块席子，我已经走出六七尺远。母亲把我拉回来，劝说了一会，我才睡熟了。我是多么想念我的蔡老师啊！至今回想起来，我还觉得这是我记忆中的珍宝之一。一个孩子的纯真的心，就是那些在热恋中的人们也难比啊！什么时候，我能再见一见我的蔡老师呢？

可惜我没有上完初小，就转到县立五小上学去了，从此，我就和蔡老师分别了。

14　傻二哥

我的童年是在天津度过的。那时，天津是一个热闹的工业城市，天津人又有爱玩爱唱的传统。

那时的天津，好像到处都是音乐，连做小买卖的吆喝声，都是有腔有调的。比如有一个卖药糖的，他的吆喝就很讲究。"卖药糖呦！吃块糖消愁解闷儿，一块就有味儿。吃块药糖心里顺，含着药糖你不困。吃块药糖精神爽，胜似去吃'便宜坊'。吃块药糖你快乐，比吃包子还解饿……"

这个卖药糖的，当时不过十五六岁。他非常聪明，会做很多活，会修锁、修鞋、修车、修灯，差不多什么都会修。东西坏了，交给他，一会儿就好了。他还有一个特点：爱给人帮忙，一帮就帮到底，有一股热心的傻劲儿。由于他这股傻劲儿，大家忘了他的聪明，给他起了个有趣的名字，叫他"傻二哥"，说他"傻灵傻灵"的。

他出去卖药糖，总是穿着白布上衣，黑色裤子，挽着袖子，留着偏分头，斜背着一个很讲究的大玻璃瓶子。瓶口上有一个很亮的铜盖子，可以打开一半儿。围着瓶子，还装了一些靠电池发亮的小灯泡。瓶里装满了五颜六色的药糖。瓶子旁边挂着一把钳子，是为了夹糖用的。

傻二哥走巷串街卖药糖，最吸引人的是他的吆喝。看见小孩们多了，他就做吆喝的准备了。先是伸伸腿，晃晃胳膊，咳嗽两声试试嗓子。两只脚一前一后，前腿弓，后腿蹬；一手放在腰上，一手捂着耳朵，这才放声吆喝了。因为他有一副好嗓子，这时候，就像唱戏一样高低音配合，都是一套一套地吆喝出来，招来很多人看他。晚上，他开亮了红色绿色的灯泡，照着发亮的铜盖子，非常显眼。大人小孩挤着来买糖，也有不少是来看热闹的。说实在话，这药糖没什么好吃的，不过是五颜六色的好看。比如绿色的，是薄荷的，有点凉味；金黄色的，是橘子的，有点橘子香味；大红色的，是红果的，有点甜酸味。这些五颜六色的药糖，吸引了很多小孩子。

傻二哥卖药糖，有耐心，不怕麻烦。小孩子买糖，经常是为了好看。买去了，想想不好，又来换红的，换绿的，绿的又换黄的，往往要换好几次。傻二哥都耐心对待，不嫌麻烦。

1948 年，我到青岛唱戏，离开了天津，还常常想起卖药糖的傻二哥。1958 年，我到天津演戏，傻二哥来看我。他告诉我他在糖工厂工作，还是业余演员呢！

二、数学

（一）概念

数学课前预习思维导图是让学生通过图形、文字、线条等直观方式表达预习中所获得的数学经验和数学知识之间的层级关系及归属关系，从而使学生初步构建知识结构。

（二）案例

【案例1】人教版《数学（六年级下册）》第三单元《圆柱的体积》预习思维导图。

圆柱的体积

我们会计算长方体和正方体的体积，圆柱的体积怎样计算呢？能不能将圆柱转化成我们学过的立体图形，计算出它的体积呢？

5

把圆柱的底面分成许多相等的扇形。

把圆柱切开，再像这样拼起来，得到一个近似的长方体。

分成的扇形越多，拼成的立体图形就越接近于长方体。

把拼成的长方体与原来的圆柱比较，你能发现什么？

这个长方体的底面积等于圆柱的_____，高等于圆柱的_____。
由长方体的体积等于底面积乘高可以得到：

圆柱的体积 = 底面积 × 高

$$V = Sh$$

如果知道圆柱的底面半径 r 和高 h，你能写出圆柱的体积公式吗？

圆柱的体积计算公式是：

$$V = \underline{\qquad\qquad}$$

做一做

1. 一根圆柱形木料，底面积为 75 cm²，长 90 cm。它的体积是多少？

2. 李家庄挖了一口圆柱形水井，地面以下的井深 10 m，底面直径为 1 m。挖出的土有多少立方米？

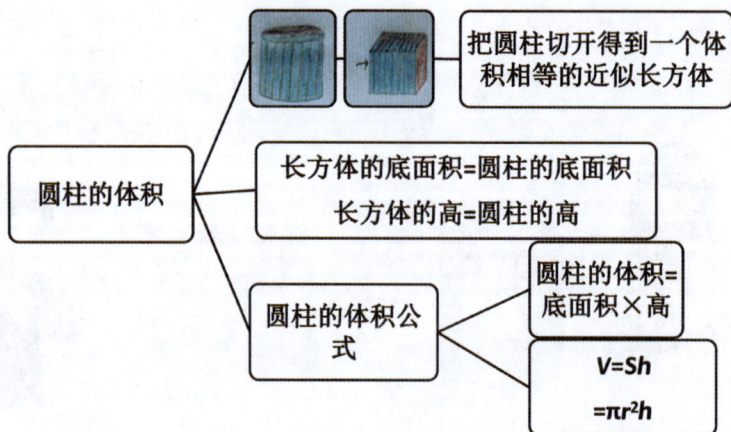

六（1）班　朱礼轩

《圆柱的体积》是人教版《数学（六年级下册）》第三单元的内容，这是学生预习课本以后画的预习思维导图。从图中我们可以看到，学生首先写出了课题，从而明确了这幅思维导图的主题，然后通过三条直线，表示由这个主题引出的三个一级分支。

在第一个分支中学生介绍了怎样把圆柱转化成等体积的长方体，这一转化过程是本节课的重点，学生很难用精准的数学语言表达这一转化过程。但是利用图形和文字，学生清楚地表达了把圆柱沿上下底面的半径切开，然后再拼组就可以得到一个近似的长方体。

在第二个分支中学生虽然只有短短的一句话"这个长方体的底面积等于圆柱的底面积，高等于圆柱的高"，却揭示了转化后的长方体和转化前圆柱的内在联系，不仅仅是体积相等，而且底面积和高也都相等，连这样深层次的联系都分析表达得这么清楚，可见该学生对这一知识点的掌握是非常扎实的。

第三个分支中学生揭示了圆柱的体积公式是"底面积 × 高"，然后用二级分支体现了圆柱的体积公式也可以用字母表示"$V=Sh=\pi r^2 h$"。

这幅思维导图全面反映了学生在预习时思维活动的过程，难能可贵的是除了揭示圆柱的体积公式，还通过图形和文字体现了公式是怎么来的，怎样把圆柱转化成等体积的长方体，体现出学生较高的预习水平。

【案例2】人教版《数学（六年级下册）》第一单元《负数的认识》预习思维导图。

1 负数

1 下面是中央气象台 2012 年 1 月 21 日下午发布的六个城市的气温预报（2012 年 1 月 21 日 20 时—2012 年 1 月 22 日 20 时）。

-27℃～-19℃ 哈尔滨
-12℃～-4℃ 北京
-1℃～4℃ 上海
-3℃～-2℃ 武汉
0℃～3℃ 长沙
20℃～23℃ 海口

观察上图，你能发现什么？

0℃表示什么意思？　　-3℃和3℃各表示什么意思？

0℃表示淡水开始结冰的温度。比 0℃ 低的温度叫零下温度，通常在数字前加"-"（负号）。如，-3℃ 表示零下 3 摄氏度，读作负三摄氏度。比 0℃ 高的温度叫零上温度，在数字前加"+"（正号），一般情况下可省略不写。如，+3℃ 表示零上 3 摄氏度，读作正三摄氏度，也可以写成 3℃，读作三摄氏度。

根据上图中的信息填写下表，并说一说各数表示的意思。

城市	北京	哈尔滨	上海	武汉	长沙	海口
最高气温/℃						
最低气温/℃						

3 我向西走4 m。 我向西走2 m。 我向东走2 m。 我向东走4 m。

小红　小明　小丽　小东

上图中的四个同学以大树为起点，分别向东、西两个相反的方向走。如何在一条直线上表示他们行走的距离和方向呢？

阅读与理解
他们两人向东，两人向西，走的方向正好相反。
正数与负数正好可以表示相反意义的量。

分析与解答
以大树为起点，向东为正，向西……
用 0 表示起点
0 右边的数是正数，左边的数是负数。

小红　小明　小丽　小东
-4 -3 -2 -1 0 1 2 3 4

在直线上表示出 -1.5。如果你想从起点到 -1.5 处，应如何运动？
用有正数和负数的直线可以表示距离和相反的方向。

回顾与反思

做一做
在直线上表示下列各数。
-4　1　2.5　-0.5　1.5　-5/2
0

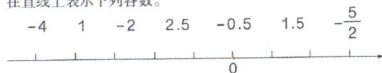

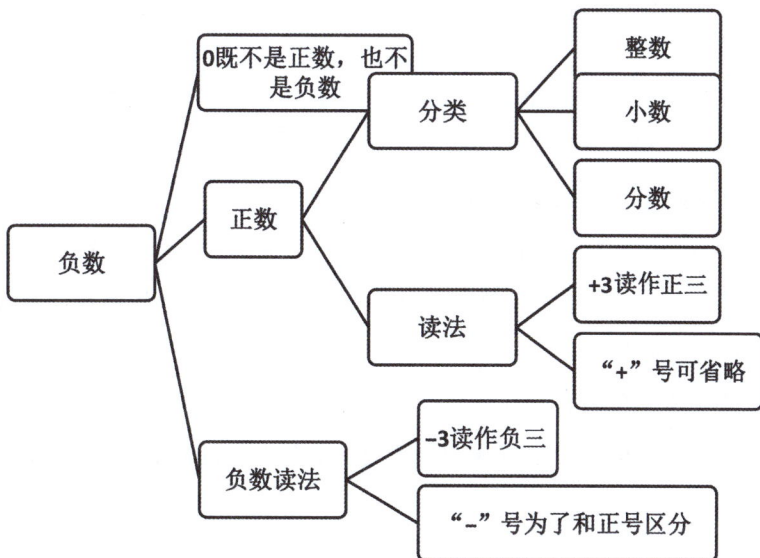

负数
├ 0既不是正数，也不是负数
├ 正数
│ ├ 分类
│ │ ├ 整数
│ │ ├ 小数
│ │ └ 分数
│ └ 读法
│   ├ +3读作正三
│   └ "+"号可省略
└ 负数读法
   ├ -3读作负三
   └ "-"号为了和正号区分

六（1）班　曾靖富

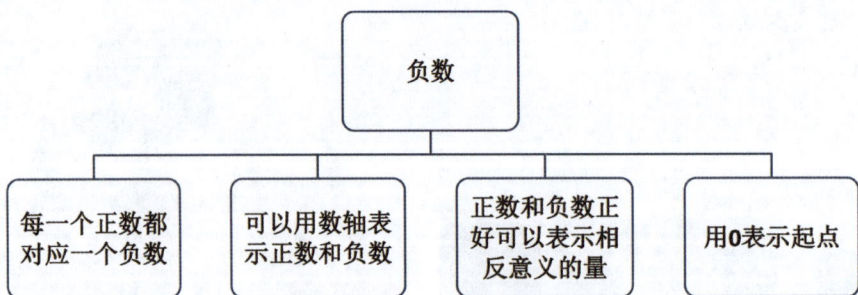

如图:

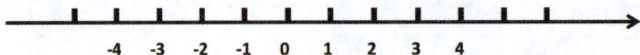

-4 -3 -2 -1 0 1 2 3 4

六（1）班　谢佳希

《负数的认识》是人教版《数学（六年级下册）》第一单元的内容，这是两位学生在观看微视频之后画的预习思维导图。从图中我们可以看到，学生首先写出了课题，从而明确了这幅思维导图的主题，然后通过线条表示由这个主题引出的多个一级分支。

我们先来看看在第一幅图的第一个分支中，学生表示出"0既不是正数，也不是负数"，第二个分支中对正数从分类（整数、分数、小数）和读法上进行了梳理，第三个分支则是对负数的读法和写法进行了罗列。从这幅图中可以看到学生大致的思维过程，就是对数进行分类，即零、正数、负数。但是对于这节课的重点——负数的意义，并没有清晰的认识。因此在课堂教学中，教师可以侧重对该生进行负数的意义这方面知识的指导。

再来看看在第二幅图的第一个分支中，学生表示出正负数的对应关系"每一个正数都对应一个负数"。第二个分支尝试用图形（数轴）表示正数和负数的对应，从数轴中让我们可以直观看出负数、零、正数之间的联系。第三个分支则揭示了负数的意义"可以用来表示和正数相反意义的量"。最后一个分支则强调了零的作用，它是正负数的分解点，因此既不是正数也不是负数。从这幅图中可以看到学生把握了这节课重要概念"负数是表示和正数相反意义的量"，但是对于正负数的认识仅仅停留在整数，没有深入到小数、分数、百分数等我们已经学过的数。

通过检查对比学生的预习思维导图，可以帮助教师快速掌握学生对知识的掌握程度，从而即时调整教学内容，把预习中出现的共性问题作为教学的重点，必要时还可以进行个性化指导。

（三）作用

课前预习是数学学习的重要环节。对大多数学生而言，所谓数学预习，就是浏览教材内容，对教材有初步印象，这样的预习显然没有真正发挥作用。

对于学生而言，数学预习思维导图一般是对预习材料或视频进行知识点罗列或梳理，并且在运用预习收获解决问题时可以提出疑问和猜想，对不清楚的地方可以提出质疑，对有自己想法的的地方进行标注。

对于教师而言，可以通过检查学生的预习思维导图，快速掌握学生的学习情况，进行有针对性的个性化指导。对于那些有价值的问题，或者共性问题，可以在课堂内提出来，让全班同学一起思考。

用思维导图来进行预习的主要作用，是帮助学生明确目标，在阅读时能够集中精神，在短时间内把握住阅读内容的要点，理顺自己的思路。同时，标记的使用能让学生在听课时有的放矢，提高听课效率。另外，通过检查学生的思维导图，教师能够迅速找到学生对该内容的思维障碍点，确定重点与难点，使讲课更加有针对性和实效性，真正做到因材施教。

（四）制作方法

数学课前预习思维导图是让学生通过图形、文字、线条等直观方式表达预习中所获得的数学经验和数学知识之间的层级关系及归属关系，因此往往采用鱼骨图来呈现。

首先让学生在白纸的左侧或者上方，用一两个词写上本节内容的主要知识点，作为核心主题，然后从中央主题出发向右或者向下画分支。数学知识的学习往往是围绕某一个数学问题展开，因此数学预习思维导图的绘制往往并不能按预习材料的呈现的先后顺序进行绘制，需要先对预习材料进行通读，以便有整体认识，然后再思考解决这个数学问题要经历哪些关键的步骤，从而决定一级分支的个数和内容。将每一小节的关键词填到主分支线上，当主分支线上还有更细小的分支时，则重复上述操作。在绘制思维导图的过程中除了文字和线条，还可以加入图形，利用数与形的结合直观呈现思维过程。

在绘制图形草稿时，学生的大脑处于快速思考的状态，能在较短的时间里完成阅读。完成所有关键词填写后，接着在思维导图上做好相关的标记。例如，在各分支上用不同色笔标注上"已明白""有疑惑""完全不明白"等，也可以使用"√""×""?"等符号来标记。

（五）练习

1. 阅读人教版《数学（六年级下册）》第 11 页——《利率》，画预习思维导图。

利率

人们常常把暂时不用的钱存入银行储蓄起来。储蓄不仅可以支援国家建设，也使得个人钱财更安全，还可以增加一些收入。

在银行存款的方式有多种，如活期、整存整取、零存整取等。存入银行的钱叫做**本金**；取款时银行多支付的钱叫做**利息**；单位时间（如1年、1月、1日等）内的利息与本金的比率叫做**利率**。利息的计算公式是：

$$利息＝本金×利率×存期$$

根据国家经济的发展变化，银行存款的利率有时会有所调整。2015年10月中国人民银行公布的存款利率如下表：

存期	活期	整存整取				
		三个月	六个月	一年	二年	三年
年利率（%）	0.35	1.10	1.30	1.50	2.10	2.75

4 2015年11月，王奶奶把5000元钱存入银行。

除了本金，还有一些利息。

我存两年，到期时可以取回多少钱呢？

想：到期时，除了本金，还应加上利息，就是王奶奶可取回的钱。

小明的解法：
5000×2.10%×2=210（元）
5000+210=5210（元）

小丽的解法：
5000×（1+2.10%×2）
=5000×（1+0.042）
=5000×1.042
=5210（元）

答：到期时王奶奶可以取回5210元。

做一做

2015年11月，张爷爷把儿子寄来的8000元钱存入银行，存期为3年，年利率为2.75%。到期支取时，张爷爷可得到多少利息？到期时张爷爷一共能取回多少钱？

11

2.阅读人教版《数学（六年级下册）》第 9 页——《成数》，画预习思维导图。

成数

农业收成，经常用"成数"来表示。例如，报纸上写道："今年我省油菜籽比去年增产二成"……

成数表示一个数是另一个数的十分之几，通称"几成"。例如，"一成"就是十分之一，改写成百分数是 10 %；"二成"就是十分之二，改写成百分数是（　　）；"三成五"是十分之三点五，改写成百分数就是 35 %。

现在，"成数"已经广泛应用于表示各行各业的发展变化情况。例如：出口汽车总量比去年增加三成，北京出游人数比去年增加两成……

2 某工厂去年用电 350 万千瓦时，今年比去年节电二成五，今年用电多少万千瓦时？

$$350×（1-25 \%）=\underline{\hspace{3cm}}（万千瓦时）$$

答：_____。

做一做

某市 2012 年出境旅游人数为 15000 人次，比上一年增长两成。该市 2011 年出境旅游人数为多少人次？

3.阅读人教版《数学（六年级下册）》第 10 页——《税率》，画预习思维导图。

税率

　　纳税是根据国家税法的有关规定，按照一定的比率把集体或个人收入的一部分缴纳给国家。税收是国家收入的主要来源之一。国家用收来的税款发展经济、科技、教育、文化和国防等事业。因此，每个公民都有依法纳税的义务。

你知道哪些纳税项目？

　　税收主要分为消费税、增值税、营业税和个人所得税等几类。缴纳的税款叫做**应纳税额**，应纳税额与各种收入（销售额、营业额……）的比率叫做**税率**。

3　一家饭店 10 月份的营业额是 30 万元。如果按营业额的 5 % 缴纳营业税，这家饭店 10 月份应缴纳营业税多少万元？

$$30×5 \%=1.5（万元）$$

　　　　　　　答：这家饭店 10 月份应缴纳营业税 1.5 万元。

做一做

　　李阿姨的月工资是 5000 元，扣除 3500 元个税免征额后的部分需要按 3 % 的税率缴纳个人所得税。她应缴个人所得税多少元？

10

三、英语

（一）概念

英语课前预习思维导图是帮助学生课前开展自主学习活动，利用图片、线条、关键词等，根据每一课的主题梳理旧知、联系新知的导图。

（二）案例

预习外研社版《英语（四年级下册）》Unit 5 School life。本单元的难点和重点是衣物单词，以及描述人物的穿着。而衣物单词在三年级下学期就已经学习过了一些，因此本课预习的重点在于回忆以前学习过的衣服单词和表达方式，学习新授的衣物单词和表达方式。

根据分析，绘制思维导图如下：

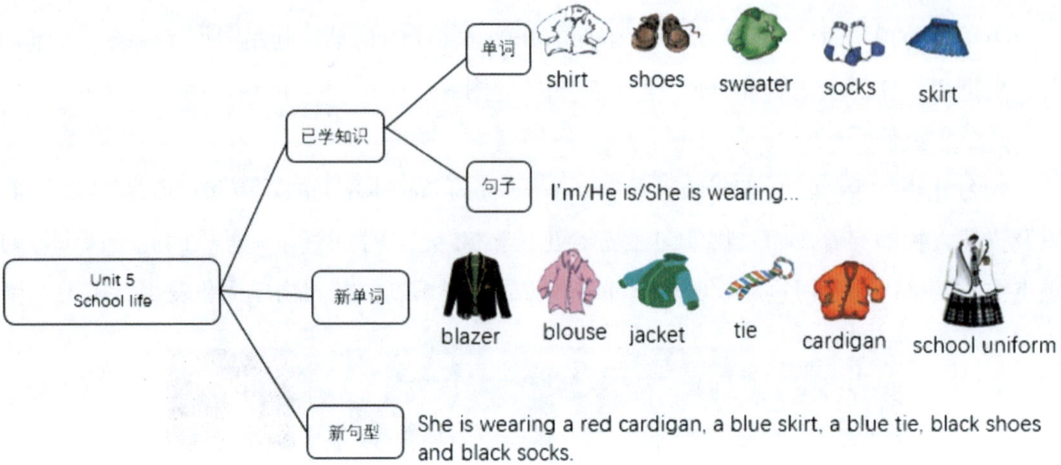

五（2）班 余昕颜

（三）作用

凡事预则立，不预则废。学习也是如此，预习是学习中非常重要的一个环节。如果预习活动能够调动学生的学习兴趣，拓展学生的思路，明确学习的目标，课堂上就会事半功倍。如果预习活动只是走马观花，流于形式，则达不到预习的效果。传统的英语预习模式，以读书为主要目的。老师布置学生预习英语课本上的内容，学生将老师布置的内容（单词和句子）跟着录音反复读书。学生将读书当作一种任务去完成，缺乏对内容的深入思考和整体把握，缺乏对前后知识的联系，而且，枯燥的形式让学生对新课的学习失去了兴趣，老师也不容易掌握学生预习的效果。经过长期的英语教学实践，引导学生利用思维导图开展预习活动可以有效地解决上述问题。

1. 激发旧知，学习新知

以一个主题向四周发散，通过联想的方式把自己已经掌握的词汇、句型与单元内容相连，为课题新知学习做好知识储备。学生要想在课堂上有针对性地听课，弥补自身所学不足，首先就要摸清自己对知识的掌握情况。英语课堂知识通常是有前后联系的，而不是孤立的，因此学生课前应用思维导图不但可以对以前学习过的知识进行查漏补缺，找出学习的薄弱点，而且也可以勾画出新知识的学习要点，可谓一举两得。

单词 —— apple banana pear hamburger bread chicken

已学知识

句子 —— I like... / My favourite food is...

新单词 —— carrot stick celery cherry corn-on-the-cob string beans

Unit 2 Food and health

新句型 —— ...is/are healthy.
...is/are good for our health.
...is/are bad for our health.

六（1）班　陈文蕴

以学习外研社版《英语（六年级上册）》Unit 2 Food and health 为例，以"food"为主题的单元内容在三、四、五年级均有涉及，作为六年级学生应该可以掌握至少20个以上的 food 单词，而掌握一定量的 food 单词是本单元学习的基础。因此，课前预习的关键就是梳理以前学习过的 food 单词，然后预习本单元的新授单词和句型，勾画出单元学习的要点。

2. 寓教于乐，提升学生学习英语的兴趣

利用思维导图进行课前预习，并将枯燥的英语知识转变为色彩鲜艳的图片，将预习变成一个寓教于乐的绘画过程。同时，丰富、直观的思维导图会让学生有重点、有突破地进行课前预习，了解自己对知识的掌握情况，查漏补缺，找出学习的薄弱点。小学的英语要求具有趣味性、灵活性、直观性、关联性的特征。思维导图本身就是一幅幅色彩丰富、形状多变的图画。通过这样的预习，学生在课堂上的学习更有针对性，更加感兴趣，为英语学习增添了色彩。

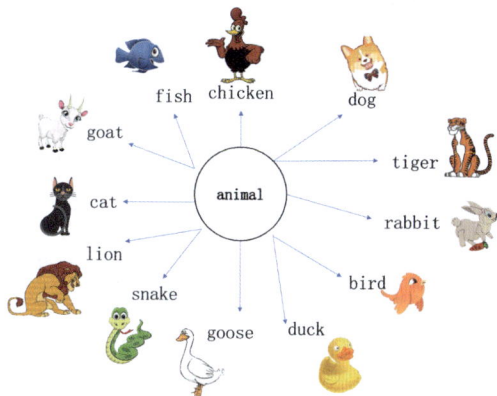

三（2）班　欧阳莲莲

例如，在预习 Animals 这个单元时，学生以 animals 为主题发散联想了一系列的 animals 的单词，如 dog，cat，lion，tiger 等，并根据含义绘制相应的图像，实现语义和单词形的结合，既增强了记忆，也增添了乐趣。

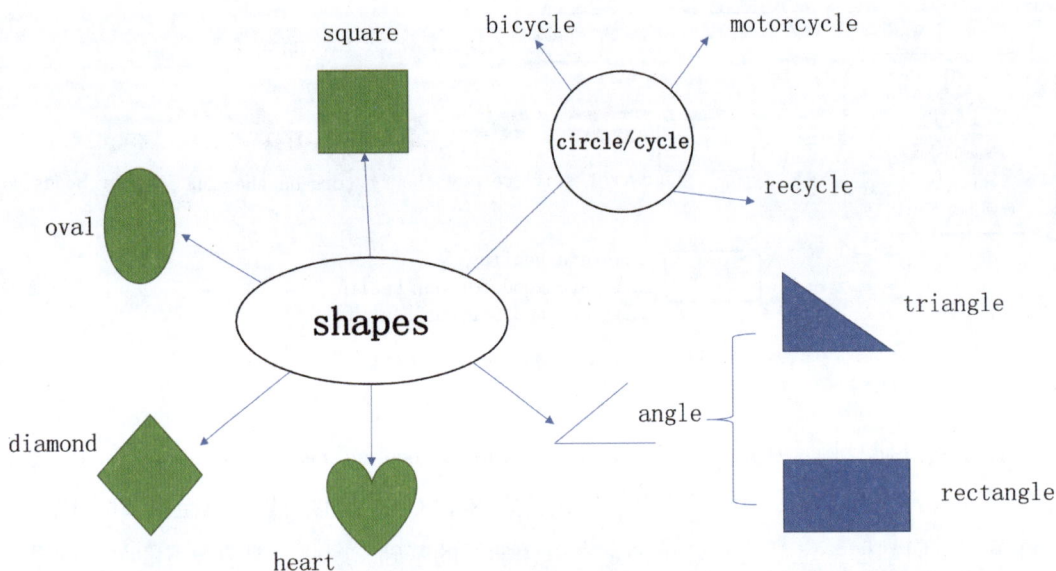

四（2）班　操欣玥

例如，在预习 Shapes 单元时，学生根据学习过的形状单词，联想到了具有相似形状的物品，如摩托车、单轮车、自行车等，并绘制了相应的图形，增强了对词语 circle 的理解，并且激发了自己去寻找生活中的形状，并将其应用到英语学习中。

3. 系统地、有条理地思考学习材料，保障了预习效果

预习活动的效率体现了学生的自主学习能力，利用思维导图开展课前预习活动可以帮助学生系统地、有条理地思考学习材料。预习思维导图的绘制过程体现了学生在自主学习中对学习材料的理解，以图形的方式记录了学生的思维过程。这样的方式，有利于增强学生对于知识的记忆和理解，保障了预习的效果，提高了学生学习英语的兴趣及自主学习的能力。

（四）制作方法

第一步，确定预习主题。

在小学英语课堂中，每一课的学习内容都可以围绕一个主题进行发散。因此，英语预习思维导图也可以以学习主题为中心绘制思维导图，学生提前确定本节课学习的重点，保证预习方向的合理化。

第二步，围绕主题，联想以前学习过的单词和句型。

每一课的主题知识具有前后的联系，对旧知的巩固和梳理是学习新知的基础。因此，在确定了主题后，学生应该联想主题下已经学习过的知识，对知识进行梳理，查漏补缺，为学习新授知识做好准备。

第三步，通过旧知，联想新知，预习新授单词和句型。

在旧知的基础上，系统地、有条理地整理新授的学习材料，勾画学习的要点，为课堂学习做好准备。

（五）练习

绘制外研社版《英语（五年级上册）》Unit 3 Time 预习思维导图。

Unit 3 Time

1  **Look, listen and learn.**

What's the time on the clock?

It's eight o'clock.　It's five past eight.　It's ten past eight.　It's quarter past eight.

It's twenty past eight.　It's twenty-five past eight.　It's half past eight.　It's twenty-five to nine.

It's twenty to nine.　It's quarter to nine.　It's ten to nine.　It's five to nine.

2a **Listen and match. Fill in the numbers.**

Good morning class!

○ at seven o'clock　○ at half past six　○ at eight o'clock　○ at half past seven

2b **Listen again and repeat.**

20

四、道德与法治

（一）概念

道德与法治课前预习思维导图是呈现学生通过预习对本课主题、栏目、图例或故事的了解，引导学生围绕关键问题得出基于已有知识、已有经验、已有认识的前期思考的图示。

（二）案例

《我们爱整洁》是《道德与法治（一年级下册）》的第一课。学生在预习过程中首先写出课题，下面有四条一级分支，分别是这一课的四个栏目。接着看图，领会图意。通过二级分支，我们看到，学生从栏目一"镜子里的我"中知道了：保持整洁的办法就是把自己的衣领、服装、头发等整理好，保证外观形象的整洁。通过栏目二"这样做好不好"，学生分辨出边玩玩具边吃东西，香蕉皮乱扔，边看书边啃手指，桌面物品零乱等都是不爱整洁的行为，而小女孩穿着整齐去上学是爱整洁的表现。栏目三中，通过图中学生们的对话知道了不少保持整洁的办法。栏目四"这样做是爱整洁吗"，通过看图辨析图中小女孩因为觉得太脏，不让小男孩用沙土堆城堡；女孩因为怕双手弄上泥，不愿做泥塑都是不对的，这并不是爱整洁的表现。而那位小男生在打扫教室的过程中，虽然把衣服弄脏了，但让教室变得干净，这样做也是爱整洁的表现。通过导图的构架，文字的概括，以及对与错

的判断，就能呈现学生在预习过程中的收获以及对问题的已有价值取向。最后，学生呈现自己预习后的体会或感悟：仪表整洁在人与人交往中很重要，要自主打理好自己的个人卫生，从而养成保持整洁的好习惯，有利于自身的健康成长。这样一来，就为课堂学习奠定了良好的基础，学生在学习的过程中，思维会更清晰，更好地理清学习重点和学习思路。

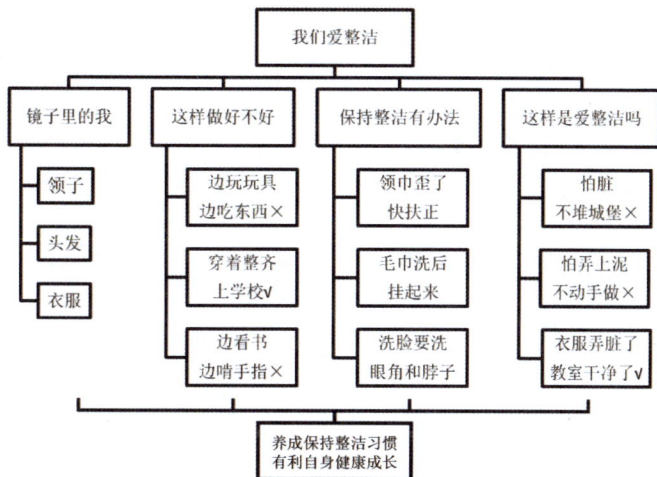

一（3）班　王秉和

（三）作用

道德与法治的教学中有较多的活动性、探索性的问题，课堂学习中要发挥学生的主体作用，就必须让学生在课前做好预习。在预习过程中运用思维导图，能对教材的知识与信息进行初步的的梳理与处理，能引导学生将课程中各个知识点之间的联系清晰得呈现出来。导图的绘制犹如主干到枝干，由枝干再到树叶，层层递进。它帮助学生准确把握单元或课程主题，掌握知识点，有利于学生在课堂上为更好联系社会、联系生活做好准备。运用预习思维导图记录每一课的内容，可以让学生在上课时快速、准确地回忆起教材内容，更高效地学习。

学生制作预习思维导图，可以让教师了解学生的课前认知和思考的方向，促进学生思维的发展，更能体现学生收集整理信息，掌握教学内容等的自主学习的过程，为教师评价学生的预习效果提供了依据。因此，预习思维导图是一个双赢的教学工具。

（四）制作方法

道德与法治预习思维导图主要采用树状图。

绘制过程：最上层是课题，接着引出 2~4 条一级分支，写上本课的栏目，栏目下方引出二级分支，用概括的语言写出文字或图例所表达的主要内容，以及自己对文字或图例的认知和判断，最后总结出自己对本课的体会和感悟。

（五）练习

请绘制部编版《道德与法治（一年级下册）》的《我和我的家》的预习思维导图。

五、科学

（一）概念

科学学科的预习思维导图是学生在学习某年级某一具体单元前，通过阅读课本内容，大致构建的整体印象。

（二）案例

【案例1】教科版《科学（三年级上册）》第三单元《我们周围的材料》预习思维导图。

这个单元的第1课，是让学生观察和思考周围的物体是由哪些材料做的，指认6种常见材料并用词语描述它们。这使我们有机会了解学生在材料方面的已有经验，引导学生从材料的角度观察物体，引发他们对材料的研究兴趣，明确研究材料的意义。第2~5课，通过4个具有典型意义的测试实验，将学生带入验证材料物理性质的活动中去。学生将围绕木头、纸、金属和塑料这几种常见材料，依次从硬度、柔韧性、吸水性、在水中的浮力4个方面展开对它们特性的研究。他们将通过实验一一检验这4种材料的哪一种物理特征最明显，讨论用什么词语定性地描述它们。在这4课的学习中，学生们还将通过其他的简单实验和观察，完善对木头、纸、金属和塑料特殊性质的认识，理解材料与人类活动的关系。第6课将提供给学生应用检验材料物理性质方法的机会，让学生运用已经学习到的知识，对砖和陶瓷这两种材料的物理性质进行检验，并且选择准确的词语对它们进行描述。第7课学生将对生活中的常见物品从材料角度进行分类，总结和归纳木头、纸、金属、塑料、砖和陶瓷6种材料的物理性质。这些活动可以帮助我们评价学生在这一单元科学概念形成的状况、探究能力的发展和描述物体的能力，同时促进学生通过测试更多地了解材料的有关特性。

我们发现这一单元的知识结构是由浅入深、层层递进的，学生先从材料的外观等方面对其建立初步认识，再从硬度、韧性、吸水性、浮力等方面研究它们的特性，再通过来源和是否可以回收作为分类标准，最后倡导大家节约资源和回收材料。

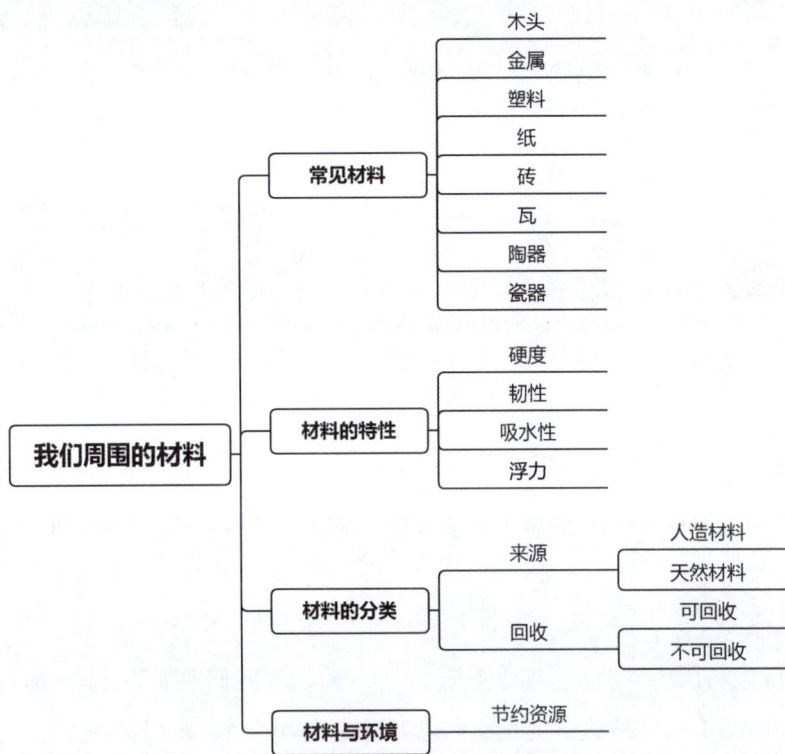

三（1）班　李禛好

【案例2】教科版《科学（四年级上册）》第三单元《天气》预习思维导图。

这一单元一共设计了7课，可以分为三个阶段。第一阶段为第1课和第2课。学生认识到人们通常从云量、降水量、风和温度这几个方面来描述天气；开始在一个比较长的时间（如一个月）里收集天气信息，并把他们观察到的信息记录在"天气日历"上；在每天跟踪观察和记录天气的过程中，让学生真实地感受天气是在不断地改变着的，激发学生研究天气的兴趣。第二阶段，第3~6课。学生将分别对云量、降水量、风和温度这四种天气特征进行观察和讨论，并测量和记录它们的数据。最后，进入第7课的时候，学生已经做了近一个月的观察和记录，收集了大量关于天气的数据。在这一课，他们将分析和总结已经收集到的数据，形成学习《天气》单元以来对当地天气的概括性的认识。

我们发现，尽管每一课具体学习的内容有所不同，但都是天气知识的方方面面，很多还存在犬牙交错的情况，因此提前熟悉本单元的整体框架，就能把知识融会贯通。

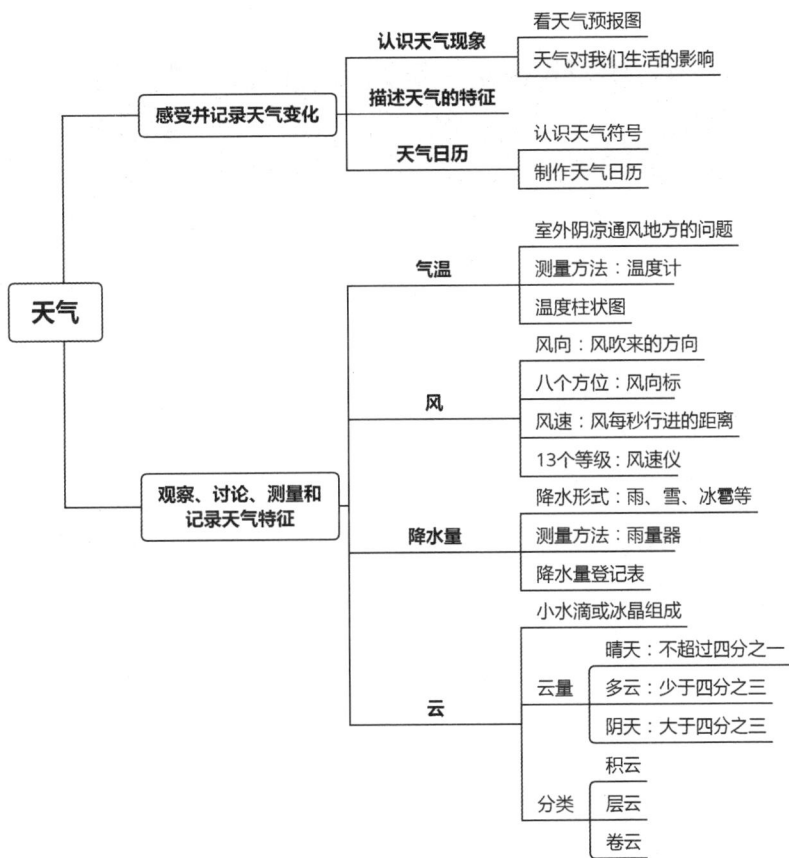

四（1）班　余佳叶

（三）作用

我们知道教科版的小学《科学》教材，每一册书都分为四个单元，而每个单元则分为7~8课，学习时间大约为一个月。如果我们在学习前知道大概需要了解哪些知识，进行哪些操作，完成哪些创造，就能提前做好准备，在学习该课的时候有的放矢，事半功倍。

（四）绘制方法

科学的预习思维导图主要采用鱼骨图，由单元的主题名称为第一级标题依次展开，有时是根据课本上单节课的小标题作为二级标题，有时是根据学生自己对内容的初步归纳作为二级标题。在二级标题下，学生会写上这一课他认为重要的内容。如果有些学习内容，学生觉得很感兴趣或是很难理解，他就会提前在该区域画线或者画框，并标注自己的疑惑，等到上这一课的时候就能及时解决问题。

（五）练习

1.请根据教材，绘制教科版《科学（三年级下册）》第三单元《温度与水的变化》的单元预习思维导图。

我们的身体时刻感受着周围环境的冷热，有时候觉得冷，有时候觉得热。冷和热的程度用什么来测量呢？物体的冷热也总是在变化着：一杯热水会慢慢地变冷，而电水壶里的水又在慢慢地变热。水冷到一定的程度会结成冰，而电水壶里的水烧开了，又会变成气冒出来。是什么使物体的冷热以至形态发生了改变呢？

这一切与我们的生活联系太密切了，我们要好好地去观察和研究一下周围物体形态的变化以及引起这些变化的原因了。

2. 请根据教材，绘制教科版《科学（四年级上册）》第四单元《我们的身体》的单元预习思维导图。

在观察植物和动物的外表以及它们身体结构的时候，我们可曾想到自己的身体是怎样的？

把手放在胸前，我们可以感觉到心脏的跳动，举起哑铃，我们可以感受到肌肉的力量，深吸一口气，我们可以感受到空气进入身体的舒畅。我们可曾想过身体内部的各器官是怎样工作的？

在本单元的学习中，我们将围绕自己的身体展开各种各样的研究活动，让我们一起重新认识自己的身体，健康地生活吧。

第四章
课中总结思维导图

一、语文

（一）概念

总结思维导图是针对学习课文过程中的某个知识点或者是学完全篇课文后的总体归纳整理。根据学习需求，在课中对某个知识点进行分析提炼，或者在学完整篇课文后进行归纳总结。

一般采用鱼骨图、蝶形图、韦恩图三种简单的基本图形。

（二）案例

语文总结思维导图一般采用鱼骨图、蝶形图、韦恩图三种简单的基本图形。语文总结思维导图可以是单篇课文进行总结，也可以是同主题或同文体下的两篇或多篇课文从课文的内容、写作顺序、写作方法、表达情感等方面进行类比。

1.语文总结思维导图——鱼骨图

鱼骨图，又名因果图，主干与分支成隶属关系。例如，鄂教版《语文（五年级上册）》课文《藏北草原》：

【原文】

12 藏北草原

一望无际的草原，清新碧绿，平整地铺开着。星星点点的帐篷，在这绿色的海洋中，好像害羞的姑娘，用缓缓升起的丝丝轻烟遮住自己。这就是我的故乡，我深深爱着的藏北草原。

藏北的草原是温柔的。阳光下，绿绿的草地闪着迷人的色彩。最吸引人的是那雪白的羊群，羊儿在牧羊姑娘轻轻的歌声中，静静地吃着嫩草。放牧的藏族小伙子，骑在高大的马背上，奔跑着，玩耍着，说笑着……

绿色是大自然的生命，在这绿的生命中点缀着一些星星般的五颜六色的花儿，像是许多花蝴蝶在草地上飞舞。远处，小河像一条银色的带子，在阳光下闪闪发光。酥油茶、青稞酒和牛肉飘散着香味，为藏北草原增添了一种清新的气息。我心中不禁赞叹：美呀！实在令人兴奋。

8月，这里要过隆重的丰收节。农民们要到田里去看看庄稼，还要举办赛马、赛牛、射箭等活动。

那时，漂亮的姑娘会穿上美丽的衣服，手捧洁白的哈达和珍贵的木碗，盛上满满的青稞酒，伴着甜美的歌声，为来自各地的客人们敬酒。

随着一声清脆的鞭子声，赛马开始了！勇敢的小伙子们骑上自己的马，在草原上飞奔。前边的小伙子，在阳光下，黑黑的脸儿、强壮的身体给人一种蓬勃的力量。看着他，你就会想到草原上高高飞翔的雄鹰。

啊！这片土地水清草茂，羊肥马壮，这里的人们勤劳好客，美丽善良。我欢呼，我兴奋，为我的故乡，为我的藏北草原。

当我再次深情地望着它时，我听见一阵接一阵的歌声："美丽的草原，我的故乡……"

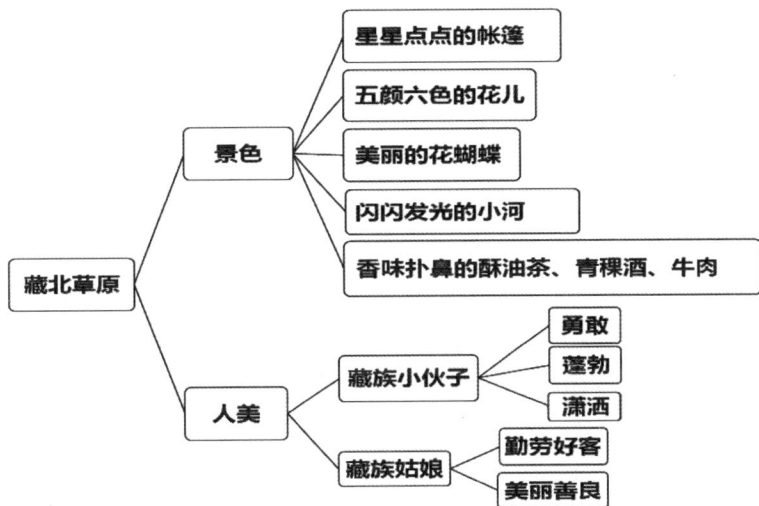

五（3）班　王昭雯

《藏北草原》一课的总结思维导图，通过鱼骨图可以非常清楚地看到学生围绕"藏北草原的美"这个中心词，从景美和人美两个方面进行归纳总结，并在文中找到了相关的景物和体现人物性格的关键词来呈现。

再如，鄂教版《语文（四年级上册）》的第13课《索溪峪的"野"》：

45

【原文】

13 索溪峪的"野"

走进张家界索溪峪，脑子里一切意念便都净化了，单单地剩下一个字：野。

山是野的。索溪峪的山，是天然的美，是野性的美。这种美，是一种惊险的美：几十丈高的断壁悬崖拔地而起，半边悬空的巨石在山风中摇摇晃晃，游人仰头而掉帽，望石而惊心。什么"一线天"，什么"百丈峡"，闻名就使人胆战。这种美，是一种磅礴的美：不是一峰独秀，也不是三五峰呼应，而是千峰万仞绵亘蜿蜒，"十里画廊"、"西海峰林"，令人浩气长舒。这种美，是一种随心所欲、不拘一格的美：直插云天，敢戏白云，横拦绿水，敢弄倩影；旁逸斜出，则崛起巍巍"斜山"，抱伙成团，便高筑峰上"平原"；相对相依，宛如"热恋情人"，婷婷玉立，好似"窈窕淑女"……

水是野的。索溪像是一个从深山中蹦跳而出的野孩子，一会儿缠绕着山奔跑，一会儿撅着屁股，赌着气又自个儿闹去了。它尤其爱跟山路哥哥闹着玩：一会儿手牵手，并肩而行；一会儿横铲一脚，将山路拦腰截断。山路哥哥倒不十分害怕，它请树木大叔帮忙，五根大树往索溪身上一搭，反从索溪身上跨过去了。山路哥哥还找石头弟弟帮忙，几块巨石一垫，山路便化成一条虚线，一跳一跳地从水中过去了。山路还有更巧妙的办法，它在河床上垫一排大卵石，从水底下一个猛子扎过去。这样的"路"，还可以过汽车。我们到黄龙洞去，六过索溪水，解放牌卡车就是从这水下的卵石路上开过去的。汽车吼叫着，车身摇晃着，水花四溅着，卵石挤碰着，我们的心也怦怦直跳……平生没走过这么"野"的路！

山上的野物当然更是"野"性十足了。那些大大小小的猴子，大约是因为和我们人类同祖先的缘故，对我们有着一种特殊的感情。我们来到野生植物园时，一大群猴子飞腾跳跃，十分欢喜地表示迎接，在我们头上的树枝间跳来跳去，亲热的劲头难以言状。但当我们一行中的一位年轻女同志从下面经过时，一只调皮的猴子竟恶作剧地撒起尿来，吓得这位女同胞惊叫一声，慌忙逃了过去。而那只调皮的家伙，却快活地叫着，跳到另一株树上去了。

在这样的山水间行走，我们也渐渐变得"野"了起来。城里戴眼镜的姑娘，一边攀缘，一边大嚼着煮熟的玉米棒；年过花甲的老人，在石块间蹦来跳去，温习着童年的功课。遇上突然横在面前的山溪，一队人全都手提皮鞋、丝袜，踩着乱石，从齐膝的水中蹚过去……满山的嘻嘻哈哈，满溪的亲亲热热。人们，全在这山水中返璞归真，全无了市井中的那股人气。

于是，我感到从未有过的快慰，从未有过的清爽：索溪峪的"野"，荡涤着我的胸怀！

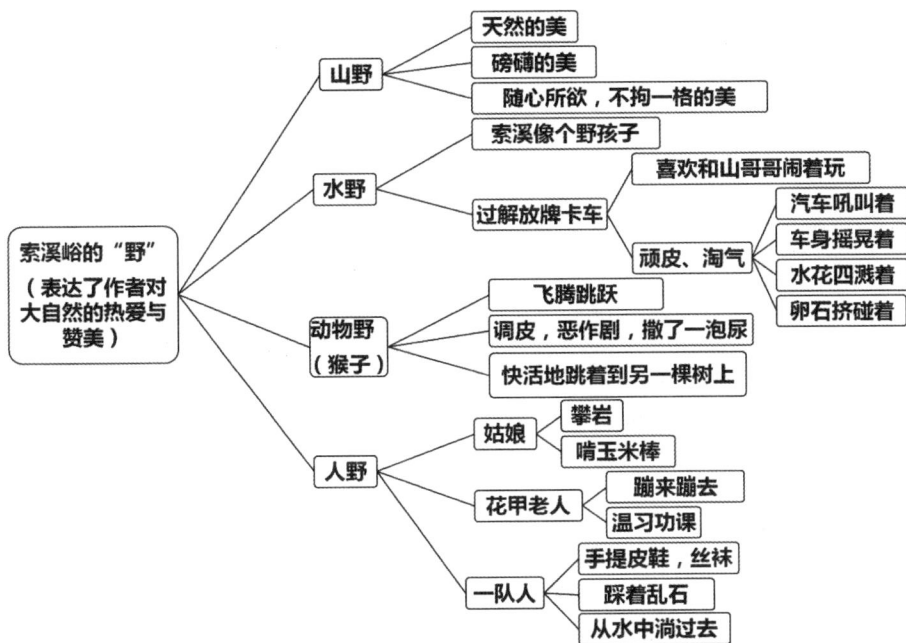

山野
- 天然的美
- 磅礴的美
- 随心所欲，不拘一格的美

水野
- 索溪像个野孩子
- 过解放牌卡车
  - 喜欢和山哥哥闹着玩
  - 顽皮、淘气
    - 汽车吼叫着
    - 车身摇晃着
    - 水花四溅着
    - 卵石挤碰着

动物野（猴子）
- 飞腾跳跃
- 调皮，恶作剧，撒了一泡尿
- 快活地跳着到另一棵树上

人野
- 姑娘
  - 攀岩
  - 啃玉米棒
- 花甲老人
  - 蹦来蹦去
  - 温习功课
- 一队人
  - 手提皮鞋，丝袜
  - 踩着乱石
  - 从水中淌过去

索溪峪的"野"（表达了作者对大自然的热爱与赞美）

五（3）班　胡怡静

《索溪峪的"野"》一课的总结思维导图，学生是从山野、水野、动物野、人野这四个方面用鱼骨图来进行归纳，总结了索溪峪"野"的特点。每一方面都抓住了许多的关键词再现"野"的特点，表达了作者对大自然的热爱与赞美。

2.语文总结思维导图——蝶形图

蝶形图，图形像蝴蝶，蝶身表示同一主题或同一条件，左右蝶翅表示同一主题下两种不同情况的对比或同一条件下两种结果的分析与比较。

例如，鄂教版《语文（三年级上册）》的《青蛙与蛇》：

【原文】

18　青蛙和蛇

青蛙妈妈和蛇妈妈各有一个儿子。

一天上午，小青蛙和小蛇在路上相遇了。他们以前从未见过面。他们站在那里，互相看着对方，眼睛闪闪发光。小青蛙准备跳到蛇够不着的地方。小蛇也准备离开，以防万一。正在这时，一只苍蝇恰巧从小青蛙眼前飞过，他轻轻一跳，伸出舌头抓住了苍蝇。一只臭虫从小蛇的鼻前爬过，小蛇弹出舌头，捉住了臭虫。他们彼此羡慕地望着对方，微笑着，一下子，感觉就像老朋友一样。

这一天，他们在灌木丛里玩得非常高兴。小青蛙教小蛇学习跳跃，小蛇教小青蛙学习滑行。不知不觉天快黑了。小蛇说："再见，小青蛙，你是我最好的朋友！"小青蛙说："再见，小蛇，我喜欢你！"他们紧紧拥抱。小蛇非常高兴找到了一个真正的朋友，他使劲地抱着青蛙。"轻点儿，太紧了。"小青蛙说。"对不起！"小蛇说着放松了一些。他们分开了，一路上，小青蛙滑行着，小蛇跳跃着，各自回家。

小青蛙到家了。青蛙妈妈打开石头门，看到自己的孩子滑行着穿过地板，她惊呆了。当知道儿子这一天是和小蛇一块儿度过时，青蛙妈妈浑身颤抖，脸色苍白。她把儿子拉过来说："小蛇来自蛇家族，他们是坏人，远离他们，你听见没有，孩子？"

小蛇回到家，蛇妈妈打开门，小蛇倒翻进来，接着跳到桌面上，在空中跳跃。蛇妈妈奇怪地说："这样下去，不把你背上的骨头弄断才怪。谁教你的？""是小青蛙。"小蛇说。"小青蛙？"蛇妈妈张大嘴巴，露出毒牙，"孩子，你的意思是你整天和一只青蛙呆在一起，却饿着肚子回来了？难道你不知道，吃青蛙是我们家族的习俗？青蛙的味道是很鲜美的。""妈妈，我不能吃掉小青蛙，他是我的朋友！"小蛇哭喊道。"青蛙是你的朋友？老天保佑！下次再碰到他，就把他吃掉。"蛇妈妈大声说。

第二天早上，小蛇早早地起了床。他来到灌木丛，等了一天，可是小青蛙一直都没有来。

小青蛙和小蛇永远不会忘记他们作为朋友度过的那一天，他们深深地记得在灌木丛中一起做过的游戏，并且都在想：要是我们能一直在一块玩就好了。

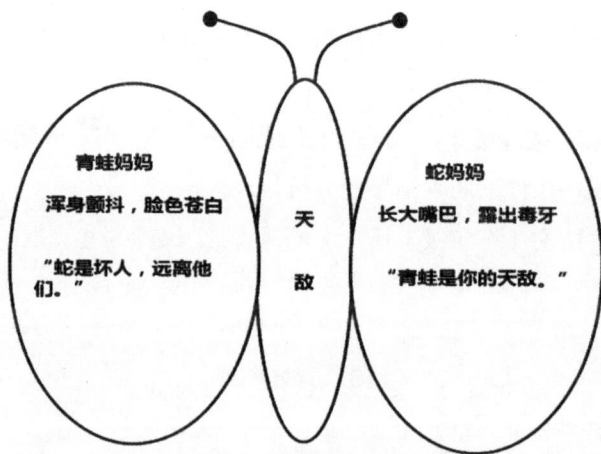

三（1）班 李真好

《青蛙与蛇》是一篇有趣的科学小品文，这幅图是三年级一学生学完了《青蛙与蛇》一课后画的蝶形图。学生从课文中搜索到了青蛙妈妈和蛇妈妈不同的神态、动作、语言，从中感受到青蛙与蛇是天敌，永远不能成为朋友。

再如，鄂教版《语文（二年级下册）》的第6课《变成什么好》：

【原文】

6 变成什么好

魔法师家里有好多神奇的瓶子，谁想要变成什么，只要对着魔瓶说出自己的愿望，就可以了。

一天，魔法师的门被敲得咚咚直响。

魔法师开门一看，原来是一只小老鼠。"我正忙着呢！"魔法师说。

"我想借用一下您神奇的瓶子。"小老鼠说，"我不想做老鼠了，做老鼠一点也不快活，大家都不喜欢我。"

"那你想变什么呢？"魔法师问。

"我还没有想好！"小老鼠说，"我先来看看，然后再决定变什么。"

"那等你想好了再来吧。"魔法师说。

"我一天也不能等了。"小老鼠说。

"那好吧！"魔法师拿出一个瓶子递给了小老鼠。

"这瓶上可没说是变什么的呀！"小老鼠说。

"你想变什么，只要对它说就行了。"魔法师回答。

小老鼠回到家，拿着瓶子直发愣：变什么好呢？

变一只蝴蝶吧！蝴蝶倒是很漂亮，但是蝴蝶都活不长久。还是不变成蝴蝶好。

要想活得长久，最好变成乌龟。可是，乌龟走路太慢，也不能变成乌龟。

要想走路快，得变成蜜蜂。但是蜜蜂一天到晚飞来飞去，这里那里采花蜜，太辛苦，太劳碌，太累人。

还是变蚂蚁吧！蚂蚁爬得快。哦，不行，蚂蚁会被人踩的呀！

变成鸟儿吧。鸟儿整天玩玩，唱唱。可是鸟儿吃虫子，这有点恶心。

变成一头大象倒是挺不错的。可是，那怎么走进现在的家呢？我喜欢现在的家，又舒服又安全。

小老鼠想来想去，想不出变成什么好。

"做老鼠是不太好。不过我至少知道该怎么做。变成别的东西，说不定更糟呢！"

小老鼠把那神奇的瓶子拿去还给了魔法师。

"你怎么什么也没变呀？"魔法师问。

小老鼠笑了起来，说："我变得快活了！您那魔瓶，真是神奇，让我想了很多事情。谢谢了！"说完，小老鼠蹦蹦跳跳地回家去了。

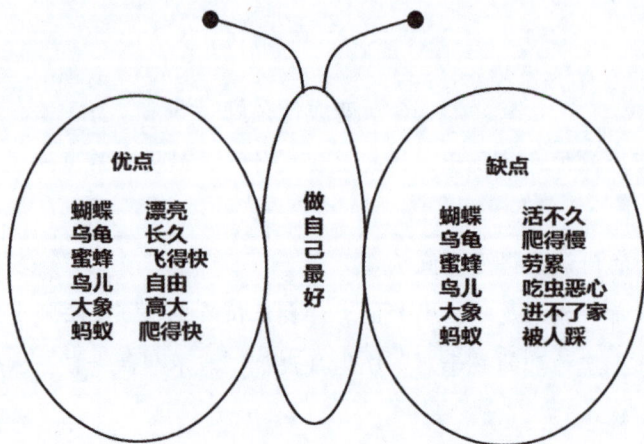

二（1）班 伊妍晓

这是《变成什么好》的总结思维导图，学生通过梳理各种小动物的优点和缺点，从而让小老鼠明白了还是"做自己最好"这一道理。

3. 语文总结思维导图——韦恩图

韦恩图也叫文氏图，是用一条封闭曲线直观地表示元素集合重叠区域及其关系的图示。

例如，鄂教版《语文（一年级上册）》的第10课《我很快乐》：

【原文】

10 我很快乐

我是小铃铛，

我会发出清脆的响声，

我很快乐。

我是小鸟，

我会在空中飞翔，

我很快乐。

我是小学生，

我会朗读，跑步，

我很快乐。

我们三个都很快乐！

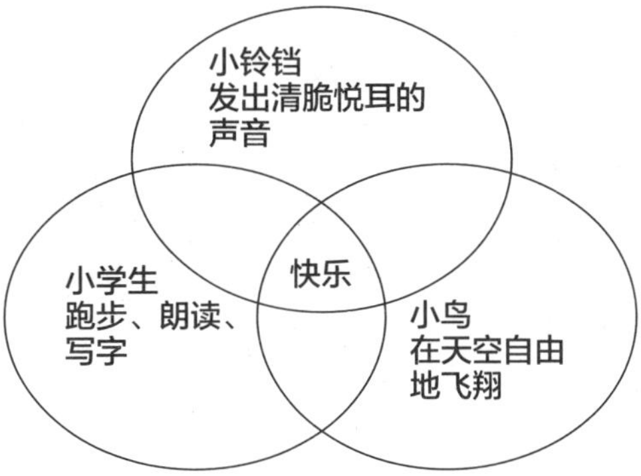

一（3）班　余映卿

《我很快乐》的总结思维导图清晰地展现了小铃铛、小鸟、小学生都很快乐，但他们的快乐又有所不同，各有各的快乐。

通过以上这几幅思维导图，我们可以看出：有的学生是抓住课文的主要内容来进行梳理，有的学生抓住课文中的某一个知识点来进行提炼，还有的学生是通过比较事物的特点来总结。可见学生们关注的侧重点不同，他们选择绘制的思维导图的图形及内容就不尽相同。

语文总结思维导图不仅可以是单篇课文进行总结，还可以是同主题或同文体下的两篇或多篇课文从课文的内容、写作顺序、写作方法、表达情感等方面进行类比总结相同和不同。在整合教学中，我们更关注两篇或多篇课文异同点的比较。例如，鄂教版《语文（五年级上册）》的《我的老师》和《傻二哥》两篇课文的总结思维导图：

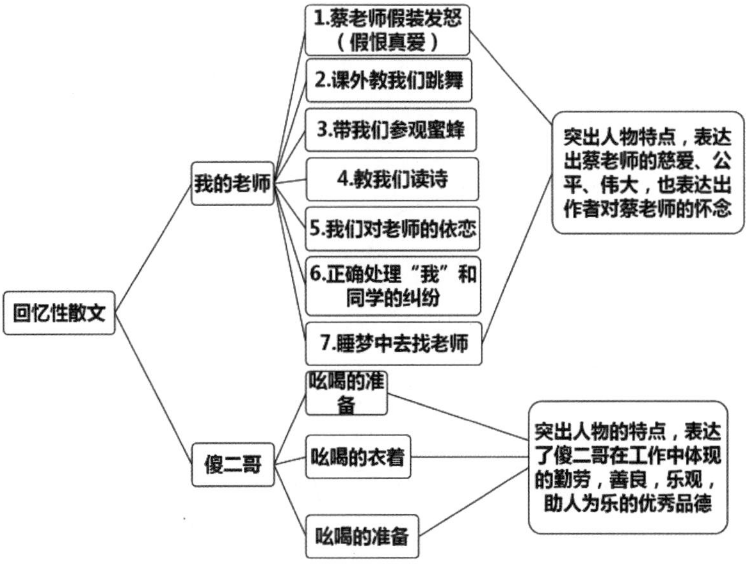

五（3）班　杨柳青

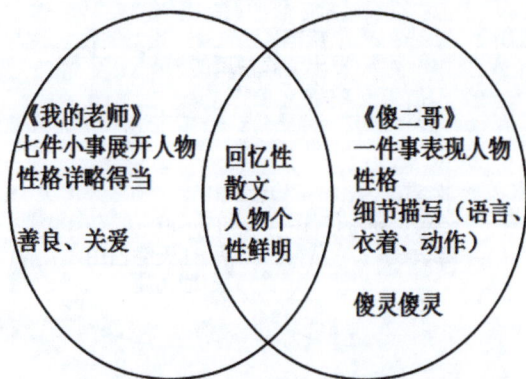

《我的老师》
七件小事展开人物
性格详略得当

善良、关爱

回忆性
散文
人物个
性鲜明

《傻二哥》
一件事表现人物
性格
细节描写（语言、
衣着、动作）

傻灵傻灵

五（3）班　卢子慧

　　《我的老师》《傻二哥》这两篇课文，它们都是回忆性散文，分别刻画了一个性格鲜明的人物形象。不同的是，《我的老师》是通过七件事展现老师对"我"的关爱，而《傻二哥》是通过人物语言、衣着、动作的细致描写来表现他"傻灵傻灵"的人物特点。同样是刻画人物形象，但写作手法却是截然不同。

　　学完两篇课文，有的学生用鱼骨图，有的学生用韦恩图来总结自己的学习收获。在鱼骨图中，我们看到有学生对每一篇课文的内容、条理、方法，以及表达的情感梳理得还是比较清楚的，但是他只是将两篇课文进行了简单的罗列，这样的思维是线性的、浅层的；而在韦恩图中，学生很清晰地展现了作者塑造人物的不同方法，看似简单，但却是学生经过了分析比较之后，将两篇课文的异同进行了高度的概括，思维更具思辨性，且是深层次的。

　　课文的不同点，可以涉及两篇文章的内容、中心、人物特点、写作方法等。学生的思维深度和广度不同，绘制出来的导图的不同点也不同。

　　除此之外，学生还可以用蝶形图进行学习总结。如下图：

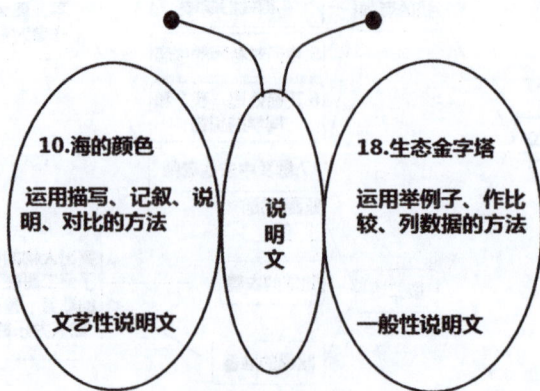

10.海的颜色

运用描写、记叙、说明、对比的方法

说明文

18.生态金字塔

运用举例子、作比较、列数据的方法

文艺性说明文

一般性说明文

六（2）班　杜彬彦

《海的颜色》《生态金字塔》两篇都是说明文,学生就文章的说明方法进行了比较分析。

（三）语文总结思维导图的作用

语文总结思维导图充分展现了孩子们的思维过程和学习收获。知识的呈现不再是散点式的,而是有内在联系的。此时的导图不再是单课孤立的,而是对多篇课文知识要点之间的关系进行了分析、比较、关联之后才绘制出来的。它能培养学生整理、归纳、提炼、概括信息的能力,加深对所学知识的理解,完成知识体系的建构,从而形成整体性思维的良好思维品质。

（四）语文总结思维导图绘制方法

1.鱼骨图绘制方法

绘制鱼骨总结思维导图,首先写出课题,接着引出分支确定好中心词,然后每个中心词又引出多个分支写上能表现中心词的关键词或短语,最后总结课文所表达的情感。

2.蝶形图绘制方法

绘制蝶形总结思维导图,首先画出蝶身确定主题;然后再画出左右蝶翅,分别呈现同一主题下的两种不同的观点或不同的结果。

3.韦恩图绘制方法

绘制韦恩图,首先画两个交集的圆;然后在交集的部分写上事物的相同点;最后在没有交集的部分分别写上事物的不同点。

（五）语文总结思维导图的练习

请画出鄂教版《语文（六年级上册）》的课文《海的颜色》《生态金字塔》的总结思维导图。

【原文】

10　海的颜色

海是什么颜色的?

对这个问题,估计多数人会回答:蓝的。

什么蓝?怎样的蓝?一定是蓝色吗?

例如在渤海湾,我就没有获得过蓝海的感受。不论在大连、北戴河还是烟台,我看到的海基本上是草绿色的。阴雨天,海是灰蒙蒙的,天与海的色彩最为接近,很难分清哪是天哪是海。浅海上常见黄褐色,可能是因为那里的沙滩是金黄色的缘故。浅海处因为涨潮退潮,因为风浪,因为游泳的人跑来跑去,把沙翻上来,便黄了,而遇到大风浪,便成了黄褐色。风浪特别大的时候,表面是白色的浪花,往下是黄褐色的海,颜色非常分明。

渤海的颜色令人觉得温暖，亲切，随和，让人愿意接近。

我到过西沙群岛，那里的海完全不同。那是深深的湛蓝色，阳光下映出一片金色的光辉。飞鱼在海面上飞行，军舰在海面上行驶，浪花庄严无声。海的颜色神秘而又伟大。人们说这种颜色是由于海非常深。这里的海确实非常深。不能见底。这深深的蓝色令人肃然起敬。

有一年，我去意大利西西里岛，有机会几次下海游泳。海滩的沙子全是白色的，海水则是天蓝色的，晶莹而明亮。在这样的水里游泳，可以隔着海水看到海底的白沙的一切形状，似乎比不隔水（即通过空气）还看得清楚。只是游到深处的时候，往下一看，一片漆黑，漆黑中似乎有几根乱草在水中浮动，不由得让人汗毛倒竖。

还有一年，我到法国参加电影节，顺便看了看摩纳哥这个小国的风光，那儿的海也是天蓝色的，但似乎比西西里岛附近的海颜色深一些。

不管海是什么颜色，用手捧起来海水来，却都是无色透明的，似乎这个海那个海与湖泊与江河并无区别，都是水嘛。溶化了的盐也是没有颜色的，浪花又都这么白，白得叫人心醉。

18　生态金字塔

大鱼吃小鱼，小鱼吃虾米，虾米吃浮游生物，浮游生物吃绿藻……当你察看生物食物链的时候，会发现一个有趣的现象，就是生物链越往上，不被别的生物吃，或者少被别的生物吃的动物数量越少，这些动物所含的能力也越少。而越往下层，被别种动物大量吞食的生物，其数量越庞大，所含能量也越多。

杂草是数量最大的生物了，你看有多少动物在吃它：蝗虫、尺蠖、菜蚜、甲虫等昆虫，田鼠、兔子、羚羊、鹿等哺乳动物。而这些食植物性的动物，其数量也较大。吃肉的肉食性动物，如黄鼠狼、狐狸、狼、狮子、虎，比食植物性的动物少得多。甲虫吃草，蜘蛛吃甲虫，山雀又捕食蜘蛛，鹰吃山雀。一只甲虫，地下1平方米的采食空间便可满足它的能量和营养的需要，而鹰则需要在几十平方千米的范围内觅食才能得到足够的食物。考虑就更不得了了，需要在几个山林中捕食。这些生物在数量上，甲虫比草少，蜘蛛比甲虫少，山雀比蜘蛛少，鹰比山雀少。

距今四五千年以前，尼罗河畔的埃及人，建造了举世闻名的金字塔。科学家考察了生物世界的食物链，发现它恰似一个底大顶尖的金字塔，便把这叫做生态金字塔。

生态金字塔的最底层，是绿色植物。绿色植物是一切生物的能量基础，是初级的生产者，在食物链中处于第一营养级。绿色植物往上，便是草食动物，是第二营养级。肉食动物处在第三营养级上。在金字塔的营养级序列中，上一个营养级总是依赖于下一个营养级的能量而存在；但下一个营养级的能量只能满足于上一个营养级中少数消费的需要。金字塔的底层是生产者，上层是消费者。

地球上的绿色植物，是太阳能量的收集者，也是地球能量和营养的供应者。绿色植物对太阳能利用效率的高低，它的生产规模的大小，决定了进入生态系统的能量有多少，也决定了我们的地球究竟能承载多少食草动物、食肉动物，以至于处于生态金字塔顶端的人。生态金字塔每经过一个营养级，能量损耗 90% 左右，越往上，能量流越细，流入塔顶的能量越少，人类可以利用的能量也越少。

生态学家澳德姆做过一个假设：在食肉为主的国家，一个体重 48 千克的男孩，以吃小牛肉为食，一年之中他需要吃 45 头小牛。为了饲养这 45 头小牛，需要开垦 4 公顷的土地，全部种上苜蓿，来生产饲料。最后的结果怎样呢？小孩重 48 千克，小牛重 1035 千克，苜蓿重 8211 千克。小牛的重量是小孩的 22 倍，苜蓿的重量是小孩重量的 171 倍！

生态金字塔告诉人们，大自然的负载能力是有限的，决不可能超过负载能力去供养金字塔顶端的消费者。人类的活动必须遵循这个自然的法则，否则，将使人类自己遭到大自然的惩罚。

二、数学

（一）概念

数学课中的总结思维导图是让学生通过图形、文字、线条等直观方式表达课堂学习中所获得的知识方法提炼、新旧知识对比、在生活中的应用等，从而使学生对知识结构进行补充完善的一种思维工具。

（二）案例

【案例1　补充型】

人教版《数学（五年级下册）》第四单元《约分》的总结思维导图。

4. 约 分

最大公因数

1 8 和 12 公有的因数是哪几个？公有的最大因数是多少？

我先分别找出 8 和 12 的因数。

8 的因数
1，2，4，8

12 的因数
1，2，3，4，6，12

8 和 12 公有的因数是 1，2，4。

还可以这样表示。

8 的因数　12 的因数

8　｜ 1，2，4 ｜ 3，6，12

1，2，4 是 8 和 12 公有的因数，叫做它们的**公因数**。其中，4 是最大的公因数，叫做它们的**最大公因数**。

2 怎样求 18 和 27 的最大公因数？

18 的因数：1，2，3，6，9，18
27 的因数：1，3，9，27

它们的公因数 1，3，9 中，9 最大。

我是看 18 的因数中哪些是 27 的因数……

18 的因数：1，2，3，6，9，18

你还有其他方法吗？和同学讨论一下。

观察一下，两个数的公因数和它们的最大公因数之间有什么关系？

60

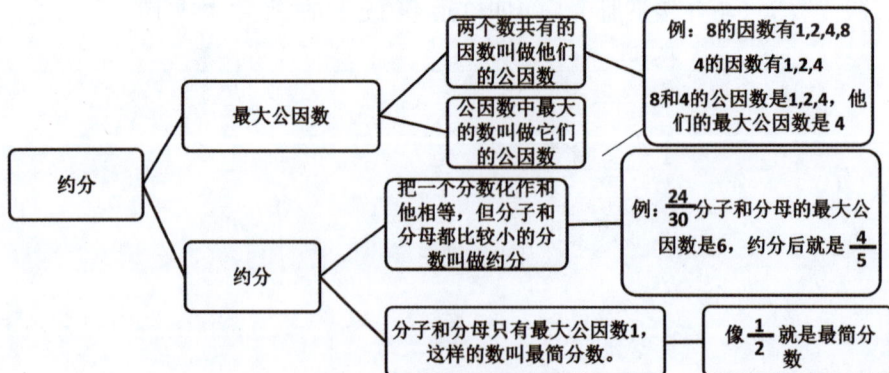

五（1）班　陈文蕴

　　《约分》是人教版《数学（五年级下册）》第四单元的内容，这是学生在课堂学习后所画的知识补充型课中总结思维导图。学生通过预习已经建立了基本的关于约分的知识结构，课堂学习使学生对于怎样约分有了更深刻的认识，再通过具体的例子说明如何去找分子分母的最大公因数，以及如何利用最大公因数进行约分从而化简分数。从图中我们可以直观感受到学生思维生长和知识结构构建的过程。

【案例2　比较型】

人教版《数学（五年级下册）》第三单元《长方体和正方体》总结思维导图。

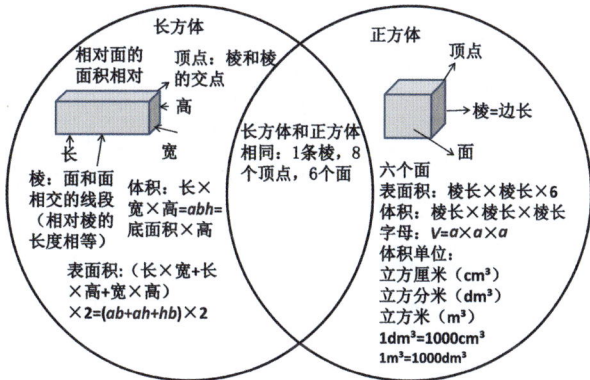

五（1）班　洪宗扬

《长方体和正方体》是人教版《数学（五年级下册）》的内容，这是学生在课堂学习后所画的知识对比型课中总结思维导图。学生通过课堂学习已经建立了对长方体和正方体的基本认识，可是这两个类似的立体图形之间有什么区别和联系呢？学生用韦恩图分析两种图形的异同。

左边圆圈内是对长方体的相关知识进行了梳理和罗列，包括长方体的特点、表面积和体积的求法。右边圆圈则是对正方体的相关知识进行梳理，体现出与长方体不同的表面积及体积的求法。在两个圆的交集部分表示两种图形的共同特点"12条棱，8个面，6个顶点"，还画出了长方体和正方体的包含关系，说明了正方体是特殊的长方体。

通过这幅图，我们可以看到学生已经可以运用思维导图对相似知识点进行比较和辨析，是一种深度思维的体现，对于构建自己的知识结构有非常重要的作用。但是我们从中也可以发现学生思维的局限性，教师针对这幅图可以提出："既然正方体是长方体的一部分，那么长方体所具备的特点是不是正方体都会具备呢？""你觉得可以用长方体的表面积公式去计算正方体的表面积吗？为什么？"去引发学生进行更深层次的思考。

【案例3　提炼型】

人教版《数学（六年级下册）》第三单元《圆柱的表面积》总结思维导图。

圆柱的表面积

3　圆柱的表面积指的是什么？

圆柱的表面积指的是……

在前面的学习中，我们已经知道圆柱的展开图。

底面

底面

高

侧面

底面的周长

高

底面的周长

底面

底面

观察上图，你能发现什么？

圆柱的表面积 ＝ 圆柱的侧面积 ＋ 两个底面的面积

圆柱的侧面积你会计算吗？
圆柱的底面积呢？

计算圆柱的侧面积，实际上就是求上图中长方形的面积。

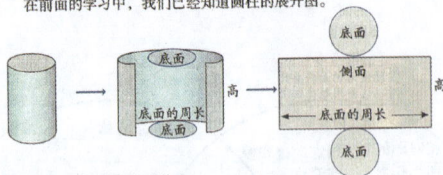

圆柱的侧面积 ＝ _____ × _____

做一做

一个圆柱形茶叶筒的侧面贴着商标纸，圆柱底面半径是 5 cm，高是 20 cm。这张商标纸的面积是多少？

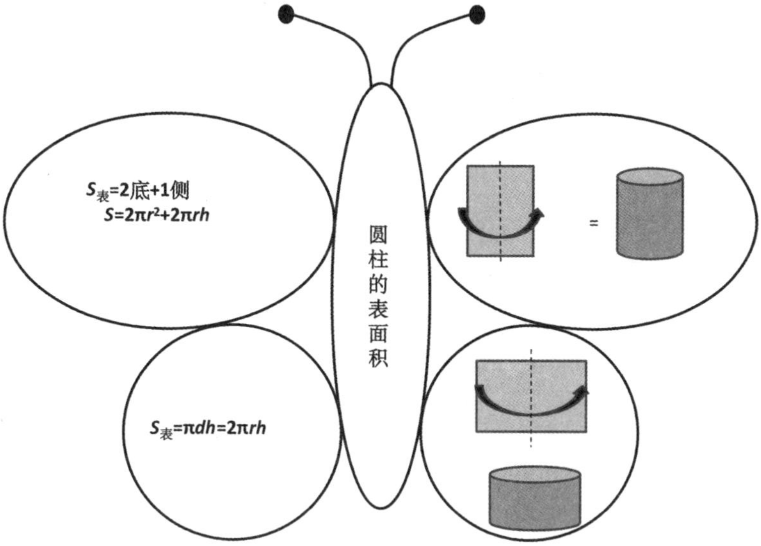

六（1）班　李敏嫣

　　《圆柱的表面积》是人教版《数学（六年级下册）》的内容，这是学生在课堂学习后所画的知识提炼型课中总结思维导图。通过课堂学习，学生已经掌握了如何利用圆柱的底面半径和高去求圆柱的侧面积和表面积，可是在这节课的练习中有这样一道练习："用一张长为12.56厘米、宽为6.28厘米的长方形纸片，弯折成一个圆柱，求这个圆柱的表面积。"这道练习的解法跟前面遇到的给出圆柱的底面半径和高去套公式求表面积有很大不同，需要学生先分清弯折的方法，再根据不同情况确定底和高，从而求出圆柱的表面积。

　　从图中我们可以看到，在中间部分给出的是这节课的核心主题（圆柱的表面积），左边是基础知识点的梳理，包括圆柱的表面积公式和侧面积公式，右边则是对课堂中出现的经典应用给予了图示说明。虽然图形比较简单，但是直观清楚地表达了长方形纸片弯折成圆柱时的两种不同情况，反映出学生对知识点的提炼能力。

（三）作用

　　课堂学习是数学学习的核心环节，在传统教学理念中对多学生课堂学习成果的检验，往往停留在检测学生能否正确完成课堂练习，但是这样的检测方式并不能全面反映学生对知识理解的深刻程度，也不利于学生进一步构建和完善知识体系。

　　对于学生而言，利用知识补充型课中总结思维导图可以用自己的课堂学习收获对自己的知识结构进行完善和补充，并且还可以添加知识应用的具体例子，丰富自己的认知深度。学生也可以利用知识对比型课中思维导图把前后所学的同类别知识进行异同比较，弄清知识点之间的内在联系，从而提高自己的认知结构的严密性和逻辑性。学生还可以利用知识补充型思维导图，就课堂中某个印象深刻而且重要的内容进行提炼总结，从而扩展自己的知识运用广度。

对于教师而言，通过查看学生的课中总结思维导图，可以较为全面地掌握学生学习情况，并且针对情况调整教学侧重点。对于那些有价值的问题，或者体现创造性思维的导图，可以在课堂内提供给全班同学学习借鉴。

用思维导图来进行课中总结的主要作用，是帮助学生对预习知识进行补充完善，对比前后知识点，提炼新知识从而构建知识体系。在课堂中学生带着画思维导图的任务进行学习，还能促进学生在课堂学习时能够集中精神，提高听课效率，快速把握课堂教学的重难点，从而理顺自己的思路，完善自己的知识结构。另外，通过检查学生的思维导图，教师能够迅速找到学生对该内容的思维障碍点，确定重点与难点，给不同的学生以不同的指导。对于有价值、有创意的思维导图还可以提供给全班同学学习借鉴，进一步发展学生思维能力。

（四）制作方法

1. 知识补充型——鱼骨图

绘制知识补充型课中总结思维导图，可以依托课前预习思维导图建立的知识结构，对涉及的知识点进行应用举例，还可以增加预习中有所缺失或者没有着重强调的内容。

首先让学生拿出自己的预习思维导图，然后检查一级分支是否设置合理，如果不合理可以进行必要的修改。添加一个一级分支作为知识应用，当主分支还有更细小的分支时，重复以上操作直至把内容全部补充完整。

2. 知识比较型——韦恩图

首先让学生在白纸上分左右画两个（依据要比较的内容而定，最多不超过三个）相交的圆。在左侧圆中写出要比较的第一个知识点，并罗列出该知识点所涉及的知识内容，包括定义、特征、计算公式、应用情境等；在右侧圆圈中写出要比较的第二个知识点的相应内容。然后进行对比，把相同或者近似特征写入到两圆的交叉部分，左右两个圆中将交叉部分的内容除去，只保留彼此不同的特征内容。

3. 知识提炼型——蝶形图

首先让学生在白纸的居中地方画一个椭圆表示蝴蝶的身体，在椭圆中填写主题，然后在椭圆的两侧各画一个圆，表示蝴蝶的翅膀。在左侧圆中要填写的是这一主题的基本定义和概念及基础应用，在右侧圆中则填写通过这节课的学习，给学生留下深刻印象的某个应用情境或者例子。

在绘制总结思维导图的过程中除了文字和线条，同样可以加入图形，利用数与形的结合直观呈现知识之间的逻辑联系。

（五）练习

【练习1　知识补充型思维导图】

阅读人教版《数学（六年级下册）》第二单元《利率》，画总结思维导图。

利率

　　人们常常把暂时不用的钱存入银行储蓄起来。储蓄不仅可以支援国家建设，也使得个人钱财更安全，还可以增加一些收入。

　　在银行存款的方式有多种，如活期、整存整取、零存整取等。存入银行的钱叫做**本金**；取款时银行多支付的钱叫做**利息**；单位时间（如1年、1月、1日等）内的利息与本金的比率叫做**利率**。利息的计算公式是：

$$利息 = 本金 \times 利率 \times 存期$$

　　根据国家经济的发展变化，银行存款的利率有时会有所调整。2015年10月中国人民银行公布的存款利率如下表：

存期	活期	整存整取				
		三个月	六个月	一年	二年	三年
年利率（%）	0.35	1.10	1.30	1.50	2.10	2.75

4 2015年11月，王奶奶把5000元钱存入银行。

除了本金，还有一些利息。

我存两年，到期时可以取回多少钱呢？

想：到期时，除了本金，还应加上利息，就是王奶奶可取回的钱。

小明的解法：
5000×2.10%×2=210（元）
5000+210=5210（元）

小丽的解法：
5000×（1+2.10%×2）
=5000×（1+0.042）
=5000×1.042
=5210（元）

答：到期时王奶奶可以取回5210元。

做一做

　　2015年11月，张爷爷把儿子寄来的8000元钱存入银行，存期为3年，年利率为2.75%。到期支取时，张爷爷可得到多少利息？到期时张爷爷一共能取回多少钱？

11

【练习2 知识比较型思维导图】

阅读人教版《数学（五年级下册）》第四单元《体积和容积》，画总结思维导图。

3. 长 方 体 和 正 方 体 的 体 积

体积和体积单位

乌鸦是怎样喝到水的？为什么？

实验观察：取两个同样大小的玻璃杯，先往一个杯子里倒满水，取一块鹅卵石放入另一个杯子，再把第一个杯子里的水倒进第二个杯子里，会出现什么情况？为什么？

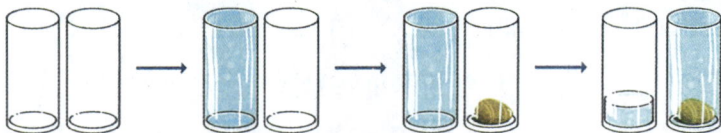

下面的洗衣机、影碟机和手机，哪个所占的空间大？

物体所占空间的大小叫做物体的**体积**。

上面三个物体，哪个体积最大？哪个体积最小？

怎样比较下面两个长方体体积的大小呢？

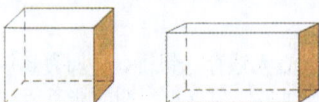

也要用统一的体积单位来测量吧？

27

计量体积要用体积单位,常用的体积单位有**立方厘米、立方分米**和**立方米**,可以分别写成 cm³、dm³ 和 m³。

（1）棱长是 1 cm 的正方体,体积是 1 cm³。

1 cm³

一个手指尖的体积大约是 1 cm³。

（2）棱长是 1 dm 的正方体,体积是 1 dm³。

粉笔盒的体积接近于 1 dm³。

粉笔

（3）棱长是 1 m 的正方体,体积是 1 m³。

用 3 根 1 m 长的木条做成一个互成直角的架子,放在墙角,看看 1 m³ 有多大。

做一做

1. 说一说 1 cm、1 cm²、1 cm³ 分别是用来计量什么量的单位,它们有什么不同。

2. 下面的图形是用棱长 1 cm 的小正方体拼成的,说出它们的体积各是多少。

28

体积单位间的进率

2 下图是一个棱长为 1 dm 的正方体，体积是 1 dm³。想一想：它的体积是多少立方厘米呢？

如果把它的棱长看作是 10 cm，可以把它切成 1000 块 1 cm³ 的小正方体。

它的底面积是 1 dm²，就是 100 cm²，100 × 10，一共是 1000 cm³。

$$10 \times 10 \times 10 = 1000 （cm^3）$$

$$1 dm^3 = 1000 cm^3$$

仿照上面的方法，你能推算出 1 m³ 等于多少立方分米吗？

$$1 m^3 = \underline{\qquad} dm^3$$

到现在为止，我们已经学习了哪些计量单位？请整理在表中。

这是我整理的表格。

	单位名称	相邻两个单位间的进率
长度	米、分米、厘米	
面积	平方米、平方分米、平方厘米	
体积	立方米、立方分米、立方厘米	

34

容积和容积单位

箱子、油桶、仓库等所能容纳物体的体积，通常叫做它们的**容积**。

计量容积，一般就用体积单位。计量液体的体积，如水、油等，常用容积单位**升**和**毫升**，也可以写成 L 和 mL。

$$1 L = 1000 mL$$

可以用量筒或量杯度量液体的体积。

10 mL   250 mL   1 L

小组活动：

（1）将一瓶矿泉水倒在纸杯中，看看可以倒满几杯。

（2）估计一下，一纸杯水大约有多少毫升，几杯水大约是 1 L。

1 瓶矿泉水是 550 mL。

1 L 水原来有这么多。

（3）说一说在哪些物品上标有毫升、升。

容积单位和体积单位有这样的关系。

$$1 L = 1 dm^3$$
$$1 mL = 1 cm^3$$

长方体或正方体容器容积的计算方法，跟体积的计算方法相同，但要从容器里面量长、宽、高。

5 一种小汽车上的长方体油箱，从里面量长 5 dm，宽 4 dm，高 2 dm。这个油箱可以装汽油多少升？

$$5 \times 4 \times 2 = 40 (dm^3)$$

$$40 dm^3 = \underline{\qquad} L$$

38

【练习 3　知识提炼型思维导图】

阅读人教版《数学（六年级下册）》第二单元《折扣》，画总结思维导图。

2 百分数（二）

折扣

　　商店有时降价出售商品，叫做打折扣销售，俗称"打折"。几折就表示十分之几，也就是百分之几十。例如，打九折出售，就是按原价的 90% 出售。

八五折就是原价的 85%。

爸爸，什么叫做"八五折"？

我少花了（　）元。

买这辆车只花了（　）元。

1

（1）爸爸给小雨买了一辆自行车，原价 180 元，现在商店打八五折出售。买这辆车用了多少钱？

　　180×＿＿＿＝＿＿＿（元）

（2）爸爸买了一个随身听，原价 160 元，现在只花了九折的钱，比原价便宜了多少钱？

　　160×（1－90%）＝＿＿＿＿＝＿＿＿（元）

做一做

　　算出下面各物品打折后出售的价钱。（单位：元）

六五折	七折	八八折

原价：80.00　　　　原价：105.00　　　　原价：35.00

现价：＿＿＿　　　　现价：＿＿＿　　　　现价：＿＿＿

8

三、英语

（一）概念

课堂上，利用图形、线条、关键词对课堂的知识重难点进行梳理、记忆、比较、归纳的思维导图。

（二）作用

1.有利于提高课堂学习效率

毋庸置疑，思维导图在小学英语课堂教学中的应用能够促进学生思维的开发，从而提高课堂学习效率。这主要是从以下几个方面来实现的：第一，思维导图能很好地把握住教学重点，将细枝末叶的知识进行适当的舍弃，通过从点到面的方法来达到教学目的。第二，从中心词出发，将所有的知识连接成一个完整的网络，搭建一个记忆框架，让学生能学会对知识的自我选择与整合。

2.有利于营造轻松的学习氛围

在当前，学生主体地位已逐渐在课堂教学中凸显，教师已不再实行填鸭式教学，更多地从学生的需求和接受能力等方面来组合教学内容。这一方法同样适合思维导图式教学，在小学英语课堂教学中，能够抓住学习的重点内容，引导学生进行发散性思维，为其营造接近真实的语境，让学生在轻松的氛围中学习并理解新的知识，建立自身的思维知识网。

3.有利于发挥学生的创造性

和传统教学不同，思维导图式教学更加注重学生的特点，教师在这个过程中起到搭建桥梁和督促的作用。一旦学生掌握了思维导图的方法，就会根据自身的需要对知识进行加工，并融入自己的想法。在这样的情况下，学生单一的知识网络就会发生根本性的变化，从而激发其对知识的探究欲望，这对于培养学生的创造性起着重要的作用。

课堂总结思维导图有许多类型，作为英语教师可以根据课堂教学的不同内容，引导学生绘制不同类型的思维导图，帮助学生理解课堂教学的内容。

（三）各种类型总结导图的概念、案例、作用、制作方法和练习

1.句型总结思维导图

①概念

句型总结思维导图是一种以鱼骨图为支架的句型理解思维导图。

②案例

【案例1】

在教授 My favourite is 句型时，教师引导学生绘制了鱼骨图。

1. My favourite day is _____.

2. My favourite food is _____.

3. My favourite colour is _____.

4. My favourite animal is _____.

5. My favourite number is _____.

6. My favourite _____ **is** _____.

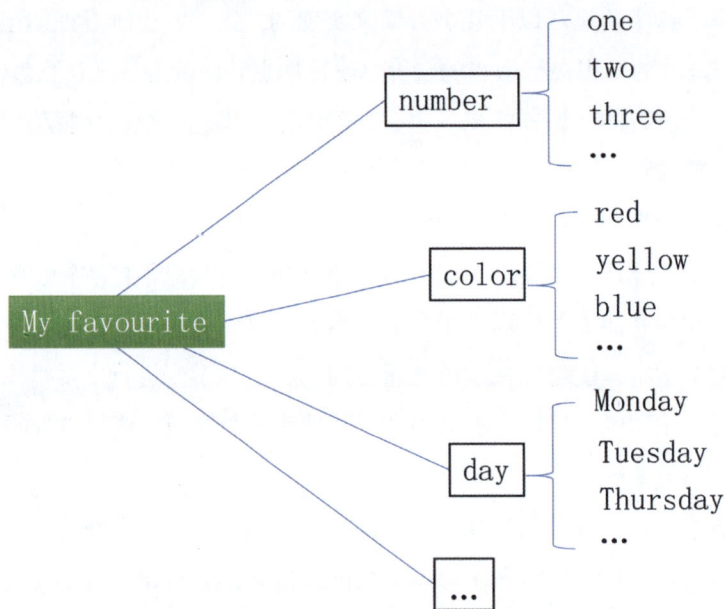

三（1）班　李禛好

在这张思维导图中，学生可以清晰地看到第二级分支的词语和第三级分支的词语存在归总的逻辑语义。看到这张思维导图，学生可以很快地生成许多 My favourite is… 结构句型，如 My favourite number is one. My favourite color is red. 等。

【案例2】

在教授 I dream about… 和 I dream 时，教师引导学生利用了思维导图梳理两个句型的不同。

Unit 6 Dreams

1 🔊 **Look, listen and number the pictures.**

| 1 | ... I can fly. |

... I am a doctor.

... about my friends.

I **often / sometimes / never** dream

... I can talk to animals.

... about ghosts.

... I have got a little sister.

... I can travel around the world.

PAIRWORK

Talk about your dreams.

Do you often have dreams?

What do you often dream about?

I often dream about ...
I sometimes dream about ...
I never dream ...

44

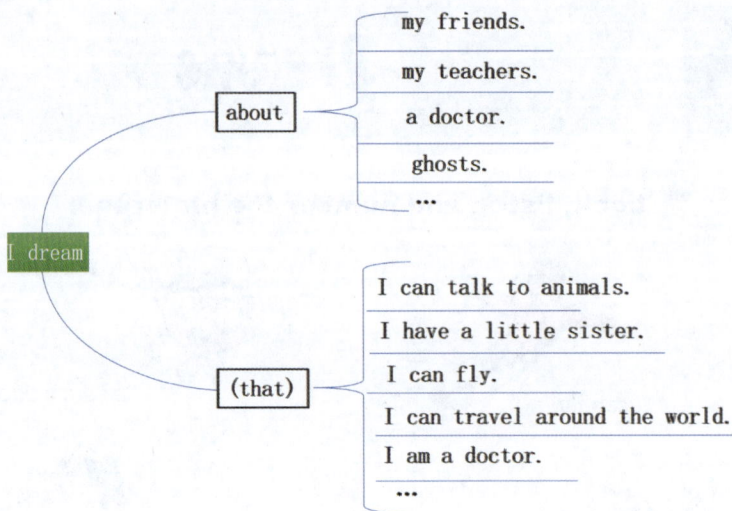

```
                                        my friends.

                                        my teachers.

                              about     a doctor.

                                        ghosts.

                                        ...

              I dream

                                        I can talk to animals.

                                        I have a little sister.

                              (that)    I can fly.

                                        I can travel around the world.

                                        I am a doctor.

                                        ...
```

五（1）班　李述欣

在这张思维导图中，学生可以清晰地看到 I dream of 后面接名词，而 I dream（that）后面接完整的句子。

③作用

在传统的英语句型学习中，教师通常的教授方法就是教授学生读单词、读句型，通过反复的操练，使学生习得句型。这样的教学方式，使学生通过机械训练学习句型构造，并不能够深入地理解句子的构成，缺少理解性的记忆，学生很容易忘记或者记不清句型结构，造成知识的缺失。在句型教授环节，教师可以利用思维导图直观地呈现单词与单词、单词与句子之间的内在联系，为学生搭建英语句型学习的支架，帮助学生更好地记忆句型，形成英语的思维方式。

④制作方法

A. 理清句子中，词与词或意群与意群之间的逻辑。小学阶段大部分的句型都是简单句，因此学生只要能够理解句子中词与词之间的逻辑关系，就可以绘出句型思维导图。中学阶段，学生会接触到复杂的英语从句，就需要学生能够在复杂的句型中，理清每个意群之间的逻辑关系，才能够绘制句型思维导图。

B. 用鱼骨图搭建句子框架，构成句型思维导图。英语属于线性思维，因此无论多么复杂的句型都可以通过鱼骨图来搭建句型结构。学生可以利用线条、关键词等元素构建句子内部逻辑结构，完成句型思维导图，辅助记忆和理解。

⑤练习

利用鱼骨图绘制...is wearing...句型思维导图。

4b 🎙 **Listen and tick (✓). Right or wrong?**

	R	W
1. Elena is wearing white jeans.	☐	☐
2. Peter is wearing a black T-shirt.	☐	☐
3. John is wearing green socks.	☐	☐
4. Sue is wearing red shoes.	☐	☐
5. Andy is wearing a blue and yellow cap.	☐	☐
6. Jane is wearing a pink sweater.	☐	☐

2. 语篇总结思维导图

①概念

语篇总结思维导图利用关键词、关键句型梳理语篇脉络和逻辑结构，从而提高语篇理解的思维导图。语篇思维导图的运用根据不同的语篇类型可以绘制不同类型的思维导图。

②案例

【案例1】表示层级关系的鱼骨图

用来表明类别、分类、分析、结构、描述和举例。

Family Tree

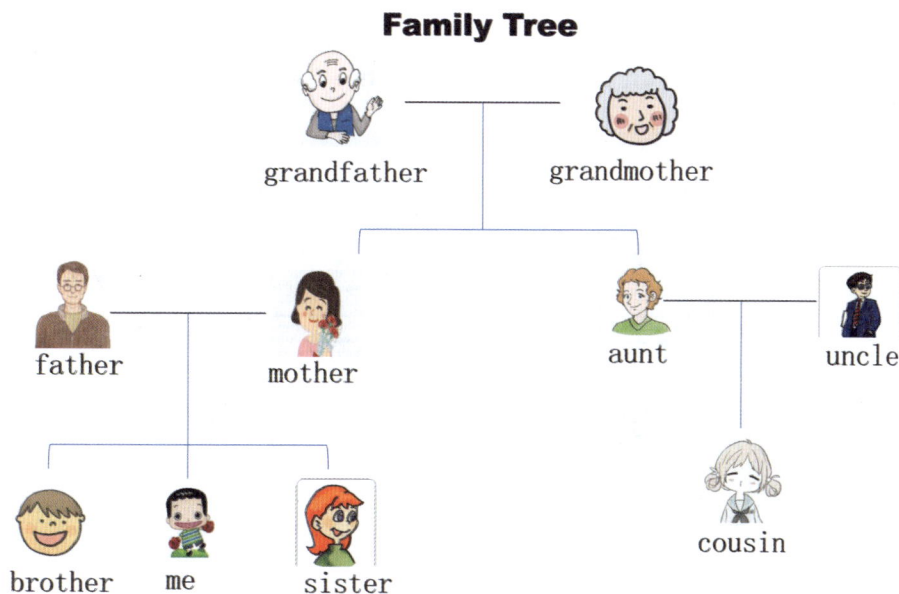

六（1）班　李敏嫣

Family Tree 这一课中，根据辈分的分级可以分为不同的上下等级分支，学生利用思维导图归纳了 family 有关的单词，也将单词的内部关系呈现出来，辅助理解和记忆。

【案例 2】发散型鱼骨图

围绕一级关键词，提取下一级关键词，进行语篇内容梳理和归纳的思维导图。这种思维导图常用于"总—分—总"的语篇结构中。

7a Listen and point.

There are four seasons in a year.

7b Listen again and colour the frames.

如在学习外研社版《英语（四年级上册）》Unit 1 Season 时，学生以 spring, autumn, summer, winter 为分支，分别梳理出了每个季节不同的特点，辅助更好地掌握文章的脉络。

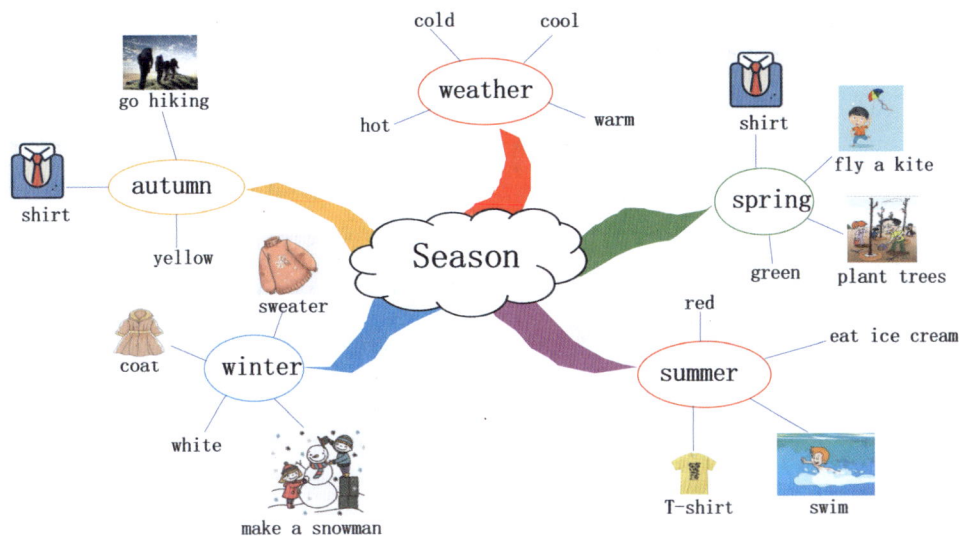

四（1）班　褚博文

【案例3】比较型鱼骨图

通过比较两篇或者两篇以上的语篇，总结语篇结构的相同点，提取关键词，绘制比较型鱼骨图。这类思维导图主要应用于多篇并列文本中。

在外研社版《英语（五年级上册）》Unit 3 Time 中，有一篇比较复杂的语篇。这篇语言材料是一篇对比材料，介绍两个人物的个人信息和一天的生活习惯。对于小学生来说，这篇语言材料涉及的信息量非常多，很多学生会因为材料复杂，信息量多、单词多，而对语言材料产生畏惧和抵触情绪，成为影响学生阅读的障碍。在处理复杂语言材料的时候，教师引导学生先提炼出关键的词语：age，lives，likes，time，让学生根据关键词进行有目的的阅读，在文本中寻找填充关键词的信息，完成思维导图。在这个过程中，学生可以学会在阅读中寻找关键词，设计思维导图，使思维更加有条理，更加细化。

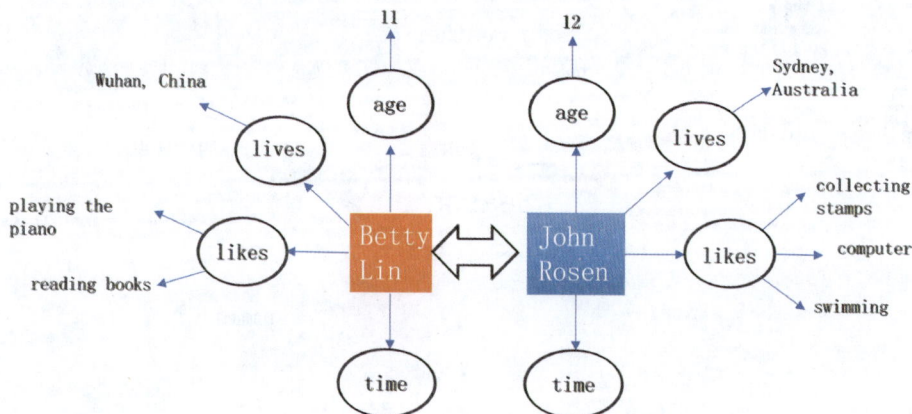

五（4）班　刘圣苗

【案例4】蝶形图

蝶形图，表示同一主题或条件下不同结果和情况的对比。这类思维导图更加适合低年级的学生处理简单的语篇材料。

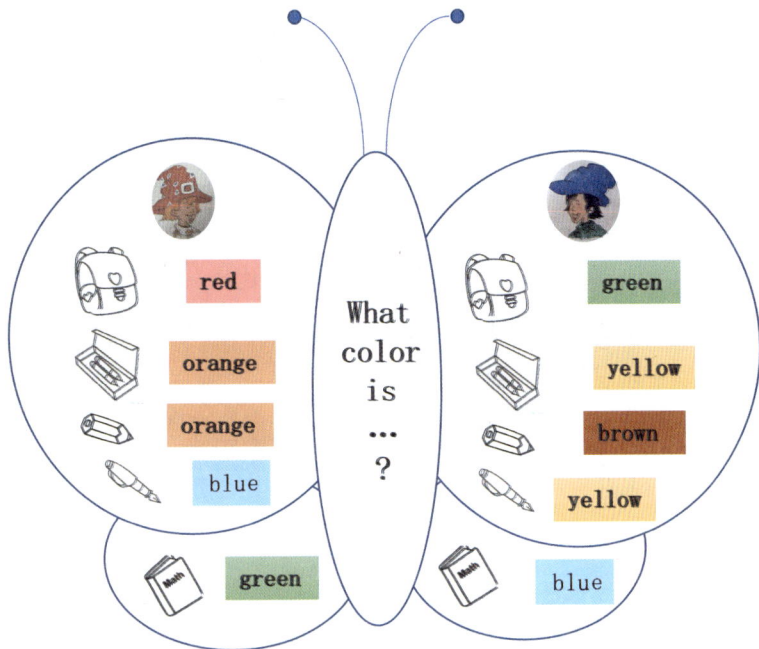

三（2）班　高逸轩

同样是比较型思维导图，蝶形图更加适合低年级学生，因为蝶形图不需要提取关键词，只需要将不同点罗列出来，更加简单、直观，易于低年级学生掌握。如外研社版《英语（三年级上册）》Unit 4 School things 第三部分的语篇材料，学生只需要将不同颜色的文具罗列出来，写在不同的区域。

③作用

A. 有利于提高语篇学习的效率

语篇总结思维导图能很好地把握住语篇重点，将细枝末叶的信息进行适当的舍弃。

B. 有利于调动学生学习英语的积极性

语篇总结思维导图摒弃了传统英语课堂中教师讲、学生学的学习模式。在课堂上，教师引导学生通过绘制思维导图理解语篇内容，学生一边画一边理解，通过寻找关键词和关键信息梳理语篇脉络。这个过程中，学生成为了学习的主体，而个体的差异性，让每个学生绘制的思维导图也各不相同，各具特色。

④制作方法

确定语篇类型，根据语篇类型选择合适的语篇思维导图。

A. 层级关系型——层级关系鱼骨图

绘制层级关系鱼骨图首先要对所学内容的层级关系非常清晰。通常一级是最高级别，放在第一层；二级是第二级别，放在第二层，以此类推。每个级别的内容需要学生对语篇有清晰的理解和认识再进行填充。

B. 对比关系型——对比型鱼骨图或蝶形图

面对复杂的语篇，我们可以选择对比型鱼骨图。一级分支是语篇中需要对比的对象，二级分支是对比的关键点或关键词，三级分支是每个关键点中的具体内容。

面对简单的对比型语篇，我们可以选择蝶形图进行比较。蝴蝶的两瓣翅膀分别是对比的对象以及对比的具体内容,两瓣翅膀的内容应该是一一对应的关系,但是呈现不同的结果。

C. 总分总关系型——发散型鱼骨图

面对总分总或总分类型的语篇，我们可以选择发散型鱼骨图。一级分支是语篇的主题，二级分支是主题中的几个分论点，三级分支是分论点中的具体内容，根据语篇中的具体内容进行填充。

（六）练习

请根据外研社版《英语(六年级下册)》Unit 2 Food and health 的内容绘制总结思维导图。

5 Read and label the healthy eating tips.

四、道德与法治

（一）概念

道德与法治总结思维导图是学生在学习后，通过韦恩图、蝴蝶图、网状图等形式呈现自己对事件或问题是与非、对与错的辨析，形成正确的道德观念，从而自觉践行良好的道德行为。

（二）案例及制作方法

在绘制《我们爱整洁》一课的总结思维导图时，学生通过学习利用蝴蝶图来呈现自身对爱整洁和不整洁的进一步认知。蝴蝶左边翅膀列举了一系列爱整洁的行为，右边翅膀列举了不爱整洁的行为。通过对比，明确了什么叫整洁，在平时生活中如何做才算整洁，人和环境为什么要整洁。蝶心呈现学习后领悟到的道理：只有爱整洁，使自己有一个良好的形象，才能交到更多的朋友，受到大家的欢迎与尊重。

保持整洁有办法

这样是爱整洁吗

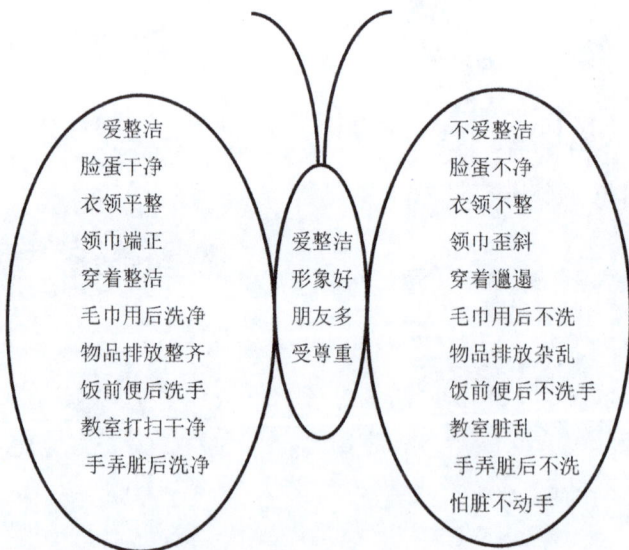

一（3）班　王秉和

（三）作用

通过总结思维导图，学生能更好地把道德与法治课堂教学内容与学生的社会生活、家庭生活、学校生活有效结合起来，让生活融进学习之中。通过韦恩图、蝴蝶图、网状图等形式呈现所学知识间的联系、对比及拓展延伸，提高学生的学习兴趣，清晰学生的思维路径，形成良好的道德品质。

1.用总结思维导图发散学生的思维

将主题或关键词放在思维导图的中央，以此为中心点一层又一层向外放射。人的大脑具有无限联想和创造的本质，那么思维导图也可以无穷无尽地延展。

绘制总结思维导图的时候，学生会处在不断有新发现和建立新关系的边缘，这会鼓励思想不间断、无止境地流动。思维导图让学生的思想向各方向延伸，从不同角度理解各种概念。

从知识构建的角度看，思维导图能够使我们分清知识之间的主次联系，更清晰地看出新旧知识如何彼比关联，也更能创新性地培养学生的逻辑思维能力和应用新知识的能力。

2.用总结思维导图助力学生知行合一

要想实现知行合一，首先要建立正确道德准则和良好的行为意识。通过韦恩图和蝴蝶图，帮助学生更加清晰地明辨是非对错，善恶美丑，有助于学生形成良好意识形态和行为习惯。

总结思维导图不仅显示了一些事实，而且把事物之间的关系也列出来了。学生不再被动阅读一串串长长的句子，而是积极地对内容进行加工、分析和整理，并和文本、生活、自我体验积极地对话。学生在比较观察中，一下子就能产生联想，促进了对教材、课题知识更深的理解。

（四）练习

请绘制部编版《道德与法治（一年级下册）》第9课《我和我的家》总结思维导图。

9 我和我的家

我来到我家

听妈妈说……

我出生后，爸爸把我抱在怀里，一个劲儿地说我长得像他。然后，爸爸开始兴奋地给亲戚朋友打电话，告诉他们我出生的消息。奶奶乐呵呵地说："瞧这孩子的机灵劲儿，长大一定跟妈妈一样聪明！"因为我的出生，全家都很高兴，很多亲戚朋友都来祝贺呢！

我和弟弟

1. 我来到我家时，可不是一个人，还有我的弟弟小亮。
2. 听说弟弟只比我晚出生半小时，那我也是哥哥呢，所以……

我的家人

到妈妈的妈妈家去做客，见到妈妈的姐姐，应该叫_____。

我

爸爸　　　妈妈

奶奶　　　外公

一家人就像枝繁叶茂的树一样，每个人都很重要哟！

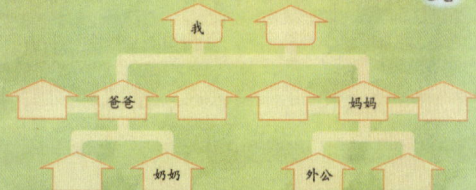

3. 弟弟总喜欢跟我在一起，我走到哪儿，他跟到哪儿。
4. 不管做什么，我们都会一起来。

保持整洁有办法

我自己会系红领巾，发现歪了就赶快扶正。

用完毛巾后洗一洗，再挂起来。

洗脸时记得洗眼角和脖子。

我还知道一些保持整洁的好办法……

等着我

5. 皮皮这才红了脸，刷牙洗澡去换衣。
6. 整洁的皮皮很神气，大家夸赞讨人喜。

家人的故事

听我奶奶说，她小时候……

我妈妈织毛衣可快了。我觉得她很了不起！

我叔叔在很远很远的地方站岗，那里很冷很冷，但他和战友们不怕寒冷。叔叔说他们在保卫着我们的安全。

7. 我到底像谁呢？我觉得我更像弟弟！
8. 我和弟弟商量好了：长大了一起去航海。

五、科学

（一）概念

总结思维导图是学生在学完某一课后，对所学知识有着清晰细致的了解后立即完成的归纳图示。

（二）案例

【案例1】教科版《科学（三年级上册》第一单元《植物》第3课《大树和小草》。（韦恩图范例）

本节课是教科版《科学（三年级上册）》第一单元《植物》的第三节课，是小学生刚接触《科学》的前端部分。在前几节课，学生已经初步了解到了植物的一些特征，但还是不透彻。学习本节课内容，可使学生对观察、分类的方法有进一步的了解和掌握，有利于学生顺利完成知识的梳理，为学生学习以后的知识有很大的帮助。书中伴有许多图片、简洁易懂的文字，这些内容有助于学生建立对静态的多种事物进行分类观察的意识，以及逐步形成分类的能力，并养成分类的习惯。本节课是以观察、比较为主，适合学生初步进入科学课堂、初步认识自然的一般步骤。通过学生观察、对比、分类实验，逐步地了解到大树与小草的不同点与相同点,初步认识到草本植物与木本植物的概念以及较浅特征的区别。

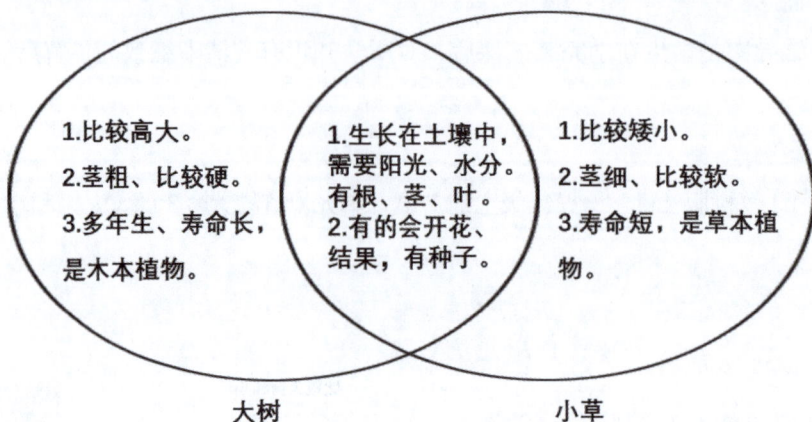

1.比较高大。

2.茎粗、比较硬。

3.多年生、寿命长,是木本植物。

1.生长在土壤中,需要阳光、水分。有根、茎、叶。

2.有的会开花、结果,有种子。

1.比较矮小。

2.茎细、比较软。

3.寿命短,是草本植物。

大树　　　　　　　小草

《大树和小草》总结思维导图

【案例2】教科版《科学(六年级上册)》第一单元《工具与机械》第5~6课《定滑轮和动滑轮》《滑轮组》。(鱼骨图范例)

工具和机械

6 滑轮组

在建筑工地上，总少不了高大的起重机。观察起重机的工作，我们有什么发现？

观察起重机上的滑轮

起重机是怎样将那么重的建筑材料送到高处的呢？

这么多的滑轮有什么作用呢？

注意安全哦！

数一数塔式起重机上一共有多少个定滑轮和动滑轮。

滑轮组的作用

把动滑轮和定滑轮组合在一起使用，就构成了滑轮组。

● 我们用一个定滑轮和一个动滑轮组装一个最简单的滑轮组。

滑轮组会有什么样的作用？

用这个滑轮组来提升不同重量的物体。观察用力的方向，测量用力的大小。

与直接提升物体的用力方向、用力大小比较，我们有什么发现？

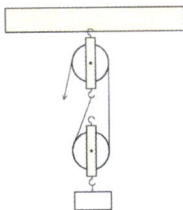

滑轮组作用的实验记录表（一）

直接提升物体的力（N）	用滑轮组提升物体的力（N）	我们的发现

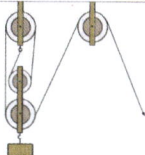

● 我们用多个定滑轮和多个动滑轮组装一个滑轮组。

这样的滑轮组作用会怎样？作出我们的推测，并用实验检验推测。

滑轮组作用的实验记录表（二）

直接提升物体的力（N）	用滑轮组提升物体的力（N）	我们的发现

想一想，滑轮组中的滑轮数量越多越好吗？

用我们的研究结果解释，为什么塔式起重机能够吊起那么重的物体。

● 有趣的游戏。

找一根长绳子和两根光滑的木棒，绳子的一端拴在一根木棒上，然后在两根木棒间绕一圈半或两圈。

两个同学各自握住一根木棒，一个同学拉住绳子自由的一端，三人同时用力。增加绳子在木棒上绕的圈数，继续做这个游戏。

我们发现了什么有趣的现象？怎样解释这种现象？

14

15

本节课实际上是教科版《科学（六年级上册）》第一单元《工具和机械》的第5节课《定滑轮和动滑轮》和第6节课《滑轮组》的综合。《定滑轮和动滑轮》中滑轮这种简单机械与生活和生产联系密切，有着广泛的应用，是本单元的重点内容之一。从教材体系上看，学生已学过简单机械杠杆、轮轴等知识，为本课的学习作了铺垫，而本课内容又为今后学习更为复杂的机械打下基础，起到了承上启下的作用，而且这一部分与我们的生活密切相关。所以，学习本节课有着广泛的现实意义。在这节课上，我们要认识滑轮的基本结构，知道定滑轮、动滑轮的特点，会使用它们提升物体，了解滑轮组的特点，能使用它。而滑轮组是本单元认识的最后一种简单机械。本课是按照"明确概念—比较实验（得出结论）—原理应用"的思路编写的。在此之前，学生已学习了《定滑轮和动滑轮》，这为过渡到第6节课《滑轮组》的学习起着铺垫作用。主要使学生在了解定、动滑轮的作用的基础上，了解滑轮组的作用。

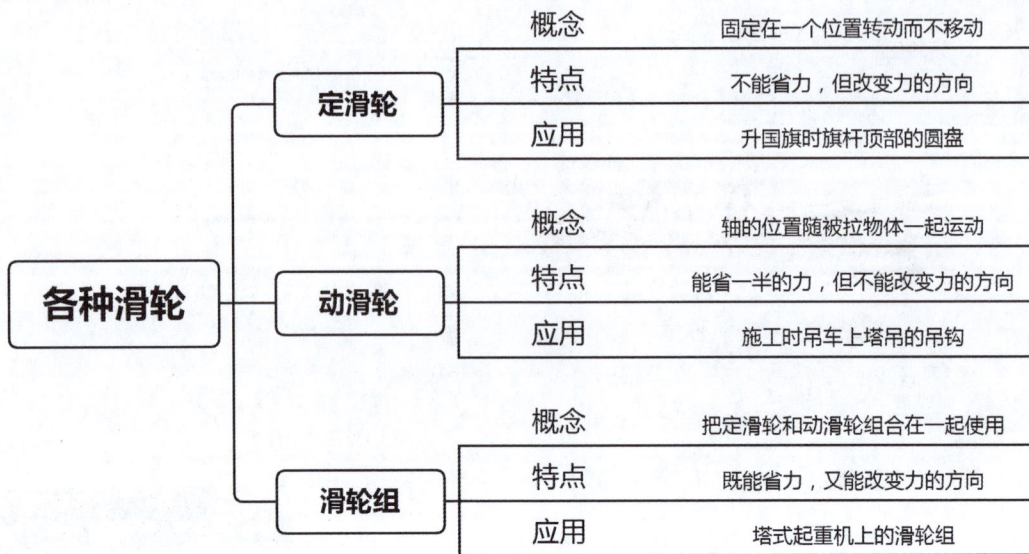

第 5~6 课《定滑轮和动滑轮》《滑轮组》的思维导图

（三）作用

总结思维导图的图形种类会根据内容的不同而变化。比如这一课是讲一个事物的多个方面，学生也许会用鱼骨图；如果这一课是比较几种事物的异同之处，学生也许就会用韦恩图。总而言之，学生通过画图能对这一课的重点知识有着更加精准的理解和把握。

（四）绘制方法

1.韦恩图绘制方法

绘制韦恩图时，首先要画两个带有交集的圆，圆的大小和形状可以根据文字的多少作适当的调整；然后在两圆交集的部分写上比较事物的相同点；最后在没有交集的部分分别写上比较事物的不同之处。

2.鱼骨图绘制方法

绘制鱼骨图时，首先要写出本课的课题，如果是两三节课的内容相似，也可以自拟一个标题；接着引出分支确定好中心词；然后每个中心词又引出多个分支，写上该部分的具体内容；最后，如果有必要，还可以在重点词上圈画做上标记，以此来突出重点。

（五）练习

1.请根据教材，绘制教科版《科学（三年级上册）》第三单元《我们周围的材料》中《认识塑料》部分的总结思维导图。

2. 请根据教材，绘制教科版《科学（四年级下册）》第二单元《新的生命》中《完全花和不完全花》部分的总结思维导图。

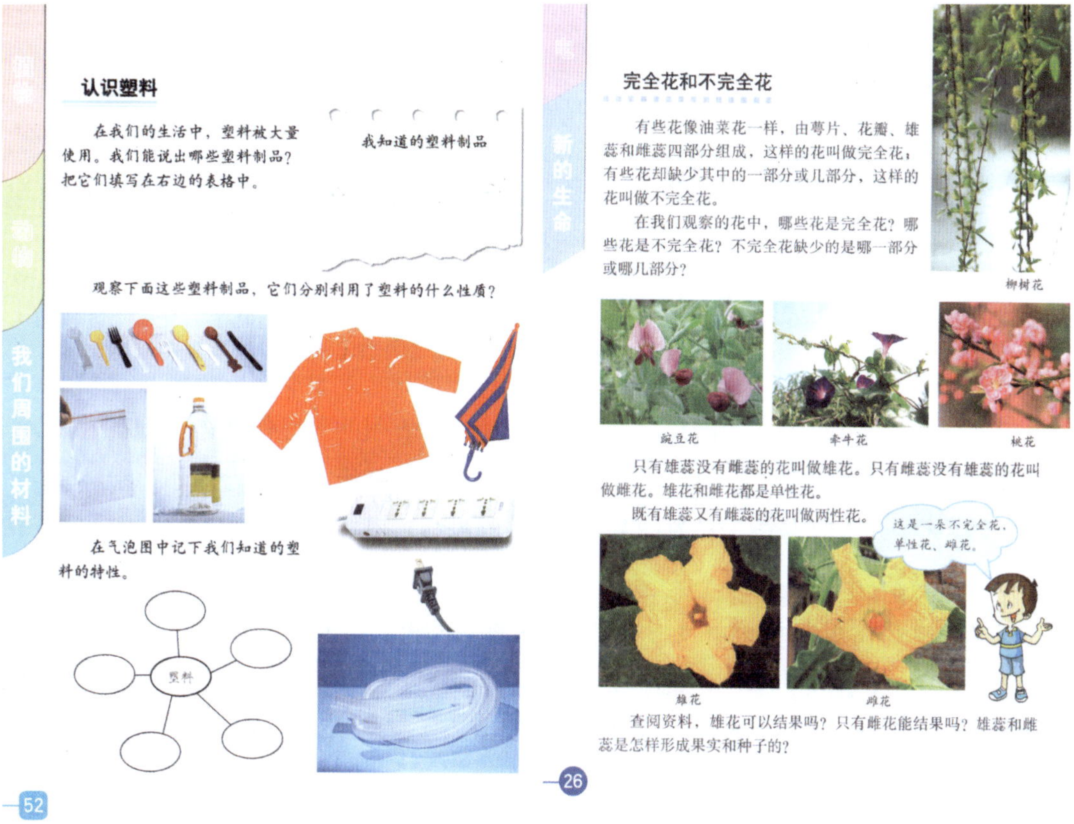

我们周围的材料

认识塑料

在我们的生活中，塑料被大量使用。我们能说出哪些塑料制品？把它们填写在右边的表格中。

我知道的塑料制品

观察下面这些塑料制品，它们分别利用了塑料的什么性质？

在气泡图中记下我们知道的塑料的特性。

塑料

52

新的生命

完全花和不完全花

有些花像油菜花一样，由萼片、花瓣、雄蕊和雌蕊四部分组成，这样的花叫做完全花；有些花却缺少其中的一部分或几部分，这样的花叫做不完全花。

在我们观察的花中，哪些花是完全花？哪些花是不完全花？不完全花缺少的是哪一部分或哪几部分？

柳树花

豌豆花　牵牛花　桃花

只有雄蕊没有雌蕊的花叫做雄花。只有雌蕊没有雄蕊的花叫做雌花。雄花和雌花都是单性花。

既有雄蕊又有雌蕊的花叫做两性花。

这是一朵不完全花，单性花、雌花。

雄花　雌花

查阅资料，雄花可以结果吗？只有雌花能结果吗？雄蕊和雌蕊是怎样形成果实和种子的？

26

第五章
复习思维导图

一、语文

（一）概念

复习思维导图是对学过了的知识要点进行归类整理，帮助学生有效复习记忆，可以针对一个单元的知识要点梳理，也可以就某一类知识点进行整册书的归纳整理，逐步将零星的科学知识组织起来，最终汇总为各大知识体系的思维导图。

（二）案例

语文复习思维导图分为单元复习思维导图和总复习思维导图。

【案例1　单元复习思维导图】

单元复习是对一个单元里的知识要点进行归纳、整理复习。例如，鄂教版《语文（六年级上册）》第一单元的复习思维导图：

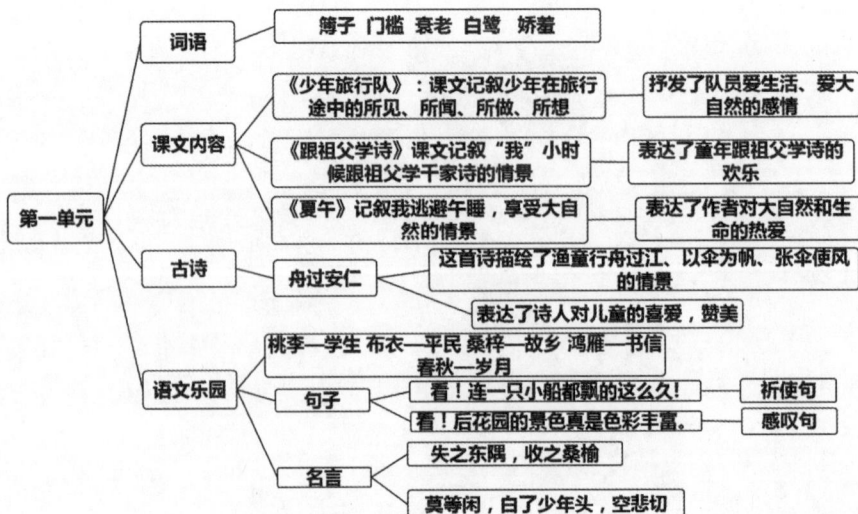

六（2）班　陈旭阳

这个单元的复习思维导图是从一个单元的生字词、课文内容及表达情感、古诗诗意及情感、语文乐园的知识要点四个版块进行整理复习。

【案例2　总复习思维导图】

总复习是针对整册书的知识点进行归类整理复习。可以从生字、词语、句子，以及相同文体的课文等方面进行整理复习。例如，生字整理复习：

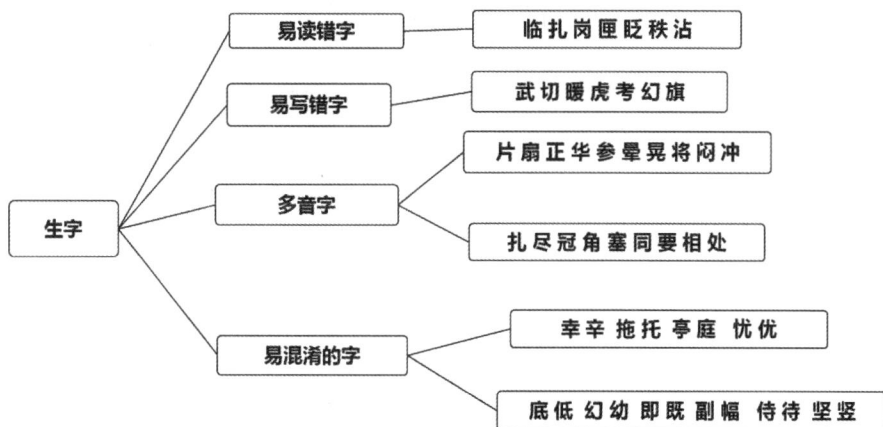

三（2）班　章子轩

这幅生字复习思维导图，是从整册书中易读错的字、易写错的字、多音字以及易混淆的字四个分支进行归类整理复习而绘制出来的。

再如，词语整理复习：

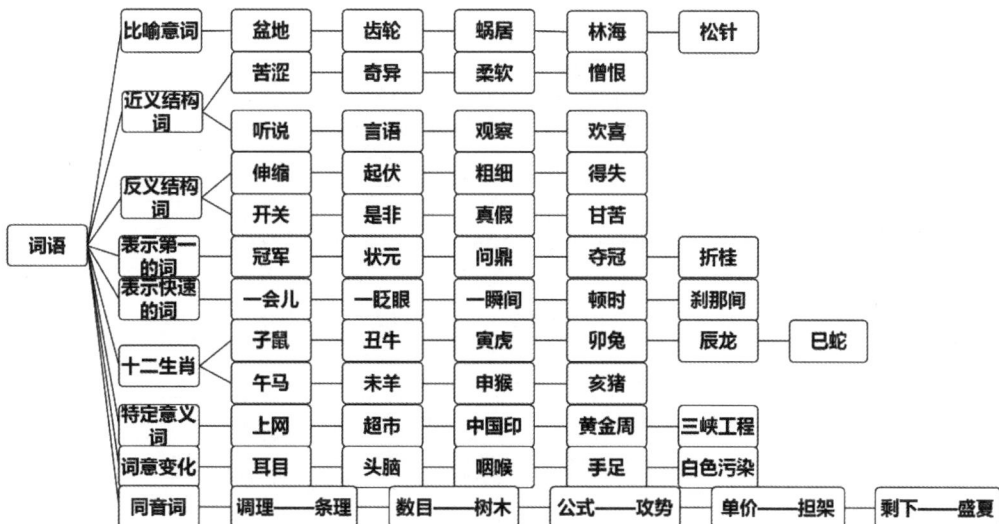

三（3）班　廖若彦

这幅鄂教版《语文（三年级下册）》有关词语的复习思维导图，是从不同类型对词语进行归类整理复习。

再如，句子复习思维导图：

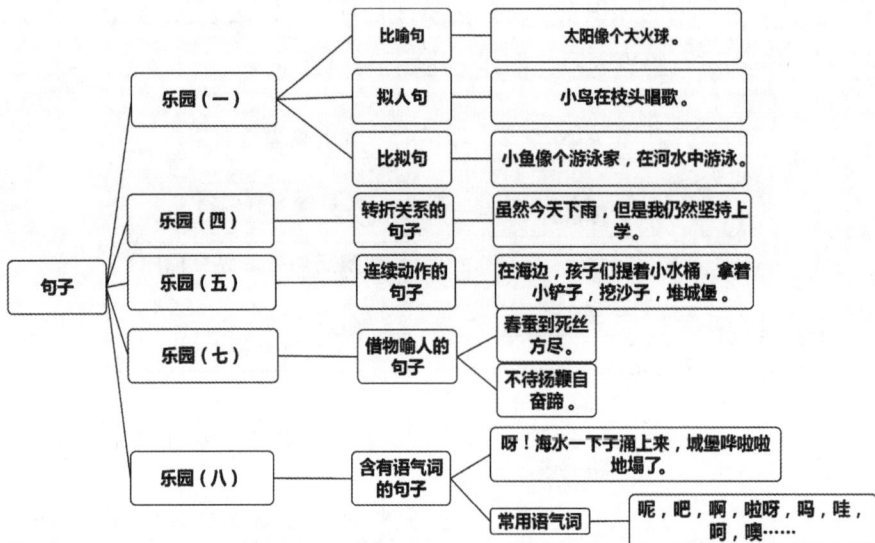

```
                              ┌─ 比喻句 ──── 太阳像个大火球。
              ┌─ 乐园（一）──┼─ 拟人句 ──── 小鸟在枝头唱歌。
              │              └─ 比拟句 ──── 小鱼像个游泳家，在河水中游泳。
              │
              ├─ 乐园（四）── 转折关系的句子 ── 虽然今天下雨，但是我仍然坚持上学。
              │
   句子 ──────┼─ 乐园（五）── 连续动作的句子 ── 在海边，孩子们提着小水桶，拿着小铲子，挖沙子，堆城堡。
              │
              ├─ 乐园（七）── 借物喻人的句子 ─┬─ 春蚕到死丝方尽。
              │                              └─ 不待扬鞭自奋蹄。
              │
              └─ 乐园（八）── 含有语气词的句子 ─┬─ 呀！海水一下子涌上来，城堡哗啦啦地塌了。
                                              └─ 常用语气词 ── 呢，吧，啊，啦呀，吗，哇，呵，噢……
```

三（3）班　李　蓉

这幅鄂教版《语文（三年级下册）》有关句子的复习思维导图，将乐园里有关句子的知识要点进行归类整理复习。

再如，文体复习思维导图：

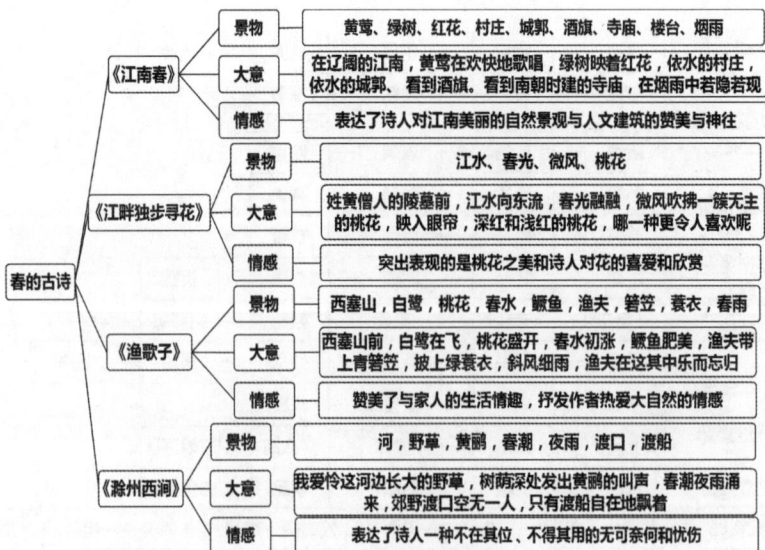

```
              ┌─《江南春》────┬─ 景物 ── 黄莺、绿树、红花、村庄、城郭、酒旗、寺庙、楼台、烟雨
              │              ├─ 大意 ── 在辽阔的江南，黄莺在欢快地歌唱，绿树映着红花，依水的村庄、依水的城郭、看到酒旗，看到南朝时建的寺庙，在烟雨中若隐若现
              │              └─ 情感 ── 表达了诗人对江南美丽的自然景观与人文建筑的赞美与神往
              │
              ├─《江畔独步寻花》─┬─ 景物 ── 江水、春光、微风、桃花
              │                ├─ 大意 ── 姓黄僧人的陵墓前，江水向东流，春光融融，微风吹拂一簇无主的桃花，映入眼帘，深红和浅红的桃花，哪一种更令人喜欢呢
              │                └─ 情感 ── 突出表现的是桃花之美和诗人对花的喜爱和欣赏
   春的古诗 ──┤
              ├─《渔歌子》────┬─ 景物 ── 西塞山、白鹭、桃花、春水、鳜鱼、渔夫、箬笠、蓑衣、春雨
              │              ├─ 大意 ── 西塞山前，白鹭在飞，桃花盛开，春水初涨，鳜鱼肥美，渔夫带上青箬笠，披上绿蓑衣，斜风细雨，渔夫在这其中乐而忘归
              │              └─ 情感 ── 赞美了与家人的生活情趣，抒发作者热爱大自然的情感
              │
              └─《滁州西涧》──┬─ 景物 ── 河、野草、黄鹂、春潮、夜雨、渡口、渡船
                            ├─ 大意 ── 我爱怜这河边长大的野草，树荫深处发出黄鹂的叫声，春潮夜雨涌来，郊野渡口空无一人，只有渡船自在地飘着
                            └─ 情感 ── 表达了诗人一种不在其位、不得其用的无可奈何和忧伤
```

五（三）班　赵雪睿

这是小学鄂教版《语文（五年级下册）》的古诗复习思维导图，《江南春》《江畔独步寻花》《渔歌子》《滁州西涧》这四首都是有关春的古诗，导图从古诗描绘的景物、古诗的本意及古诗表达的情感等方面进行整理复习。

（三）作用

学生在依据个人的理解与知识结构绘制不同思维导图的过程中，整理各学习单元，既完成了纵向的知识学习，又达成了各要点间的横向联系，在愉快的活动中完成具有个性的思维导图，同时加深了对抽象的科学知识和理论的理解。这种多维度发散性思考的学习方式已经超越了学科界限，利于学生认知结构的完善和能力的提升。

课堂听讲结束时，学生选取自己最满意的思维导图作为最终的课堂笔记保存起来，总结巩固课堂所学知识，预备今后复习之用。再进一步，将每节课的思维导图作为分支图，并入总图，挂在高一层次的分支上。这样做，及时将新学的知识归入已有的知识系统，主动进行知识建构，形成自己的学科知识网络，从而培养学生整体构建思维。

第一，思维导图能清晰地展示学科全局和各知识点及概念间的脉络关系。从一本书的目录做起，把根据书的目录画出一张总的整体思维导图，然后再根据章节，把想要的知识点、概念和要点放到相应的分支上面。课堂学习后，每课所得的思维导图都是一张分支图，要把它放到与整体联系的相应分支上面，构建知识网络。

随着学习篇目的增加，老师可尝试着鼓励学生用思维导图的形式将自己阅读过的书目和知识点进行整理。在制作的过程中，可以试着不让学生去查阅已读的书，让他凭印象去分类，就可以看出哪些书或哪些知识对他的印象是比较深刻的。

进行期中、期末复习，备战考试时，即可汇总前面每个章节、每节课的思维导图，在深入理解的基础上，将不同的知识点、概念和要点组织出一张合理而有系统的思维导图。这样学生就学会了从宏观把握知识，对于课本所包含的知识有更深层次的认识和了解，也学会了如何去总结复习。同时，思维导图还有助于学生及时地复习。思维导图色彩鲜明，能给人留下深刻的印象；又因思维导图的简洁明了，学生利用早、中、晚及睡前的 3 到 5 分钟的时间就可在头脑中过一遍。这样就使得学生的复习快速、高效。

第二，运用思维导图可做复习计划。复习不是简单的机械重复，是一个阶段性的学习的巩固验收和进一步系统提高的过程。期末复习主要是对已学过知识的温习、巩固，将平时分散学习的知识分门别类地进行分析综合，系统归类和延伸。

明确复习任务，主要有五个方面：

①查漏补缺。通过教材复习及日常考核结果，对知识进行查漏补缺，对薄弱处进行重点强化。

②巩固吸收。把有关知识放到本学期所学内容中，去定位、理解。

③构建体系。对知识举行系统整理归纳，形成自己的知识框，使知识系统化，真正成为自己知识链条的一个有机组成部分。

④强化记忆。以适合自己认知水平和知识基础的方式进行浓缩记忆。

⑤力求规范。在解题思路、方法、过程方面力求简捷规范，在书面表达和卷面形式上做到简洁规范，提升应用技能技巧，使知识融会贯通。

第三，运用思维导图帮助背诵。思维导图不仅用于有效复习，对于记忆大篇幅的课文也很有帮助。用思维导图背诵课文，可分为四个步骤：识图、复述、忆图和背诵。

①识图。结合课文，从整体上把握该思维导图的布局，弄清图像的每个区域和课文段落之间的对应关系；观察图像中的关键图符（关键图符一般是用粗线画的）或文字；跟着曲线逐词逐句复现课文的全貌。

②复述。熟悉文字和图形的对应关系，尽快形成左右脑并用的态势。当这种对应关系较为熟悉后，再根据思维导图的关键词复述。

③忆图。要从整幅图中剥离出图像的框架（即图像的关键图符及其位置和大概关系），在脑海中浮现这个框架并逐渐细化，从整体上把握这个图像。当闭上眼睛，头脑中能比较清晰地浮现出此图像时，忆图就完成了。注意：这就是在训练右脑了！

④背诵。一边回想图像，一边口中念念有词地背诵，背不下来又看看图像。当背得一字不差时，就大功告成了！

意义识记的办法很多，我们可以根据个人的理解和对知识储备情况，用不同思维导图去记忆和掌握知识。如，通过理解抓住了新旧知识间的联系的方法，它使新知识有了支撑点，不仅便于记得牢固，而且还可以使旧知识得到新的理解。

在理解的基础上，用知识系统归纳的方法，使所要记忆的内容利用思维导图纳入知识的体系之中，成为整体的一部分，这样就更容易记忆了。

（四）练习

请以一个单元学习内容来绘制单元复习思维导图。

二、数学

（一）概念

数学课后复习思维导图是让学生通过图形、文字、线条等直观方式，将一个单元或者一册教材所学的知识要点进行系统归类，然后把各个知识要点的主要内容进行整理阐释、异同辨析和综合应用，从而提高学生的总结归纳能力，培养学生的思维技巧，唤醒记忆潜力，提高自我总结归纳能力的一种思维工具。

（二）案例

【案例1 单元复习思维导图】

人教版《数学（四年级下册）》的《乘法运算定律》单元复习思维导图。

5 负责挖坑、种树的一共有多少人？

4×25=25×4

你能再写出几个这样的等式吗？你发现了什么？

___×___=___×___

两个数相乘，交换两个因数的位置，积不变。

这叫做**乘法交换律**

用字母表示：$a×b=$___×___

6 一共要浇多少桶水？

（25×5）×2   25×（5×2）
=125×2   =25×10
=250   =250

（25×5）×2 ○ 25×（5×2）

请你再举出几个这样的例子。

（___×___）×___=___×（___×___）
___×（___×___）=（___×___）×___

从上面的算式中，你发现了什么？

三个数相乘，先乘前两个数，或者先乘后两个数，积不变。 这叫做**乘法结合律**

用字母怎样表示？

（$a×b$）×$c=$___×（___×___）

比较加法交换律和乘法交换律、加法结合律和乘法结合律，你发现了什么？

做一做

根据乘法运算定律填上合适的数。

12×32=32×___   108×75=___×___
30×6×7=30×（6×___）   125×（8×40）=（___×___）×___

7 一共有多少名同学参加了这次植树活动？

（4+2）×25   4×25+2×25
=6×25   =100+50
=150   =150

所以，（4+2）×25=4×25+2×25。

想一想：25×（4+2） ○ 25×4+25×2。

两个数的和与一个数相乘，可以先把它们与这个数分别相乘，再相加。

这叫做**乘法分配律** 用字母怎样表示？

（$a+b$）×$c=$___×___+___×___

想一想：$a×$（$b+c$）=___×___+___×___。

做一做

1. 下面哪些算式是正确的？正确的画"√"，错误的画"×"。

56×（19+28）=56×19+28   （ ）
32×（7×3）=32×7+32×3   （ ）
64×64+36×64=（64+36）×64   （ ）

2.
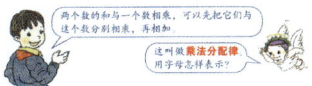
观察右边的竖式，说说在计算的过程中运用了什么运算定律。

$$\begin{array}{r} 25 \\ \times\ 12 \\ \hline 50 \\ 250 \\ \hline 300 \end{array}$$

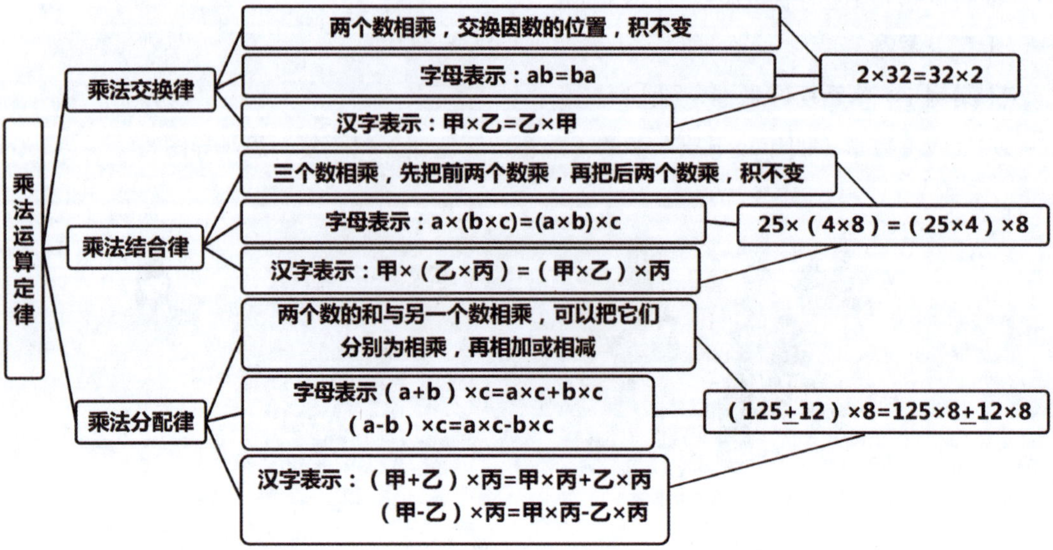

四（1）班　胡师于

《乘法运算定律》是人教版《数学（四年级下册）》的内容，这是学生学完本单元以后绘制的单元复习思维导图。从图中我们可以看到，学生首先写出了课题，从而明确这一单元的主题——乘法运算定律，然后画出三条直线，表示由这个主题引出的三个一级分支。

在第一个分支中，学生用三个二级分支分别介绍了什么是乘法交换律，怎样用字母表示乘法交换律，怎样用文字表示乘法交换律。最后对乘法交换律的应用进行了举例说明。

在第二个分支中，学生用三个二级分支分别介绍了什么是乘法结合律，怎样用字母表示乘法结合律，怎样用文字表示乘法结合律。最后对乘法结合律的应用进行了举例说明。

在第三个分支中，学生用三个二级分支分别介绍了什么是乘法分配律，怎样用字母表示乘法分配律，怎样用文字表示乘法分配律。最后对乘法分配律的应用进行了举例说明。

从内容上看，这幅单元复习思维导图全面展现了《乘法运算定律》这一单元所涉及的主要知识点，甚至在乘法分配律中补充了小括号内是减法的情况。从结构上来看，简洁明了，各分支之间逻辑关系清晰，反映出学生较高的总结思维能力。

【案例2　全册复习思维导图】

人教版《数学（二年级下册）》全册复习思维导图。

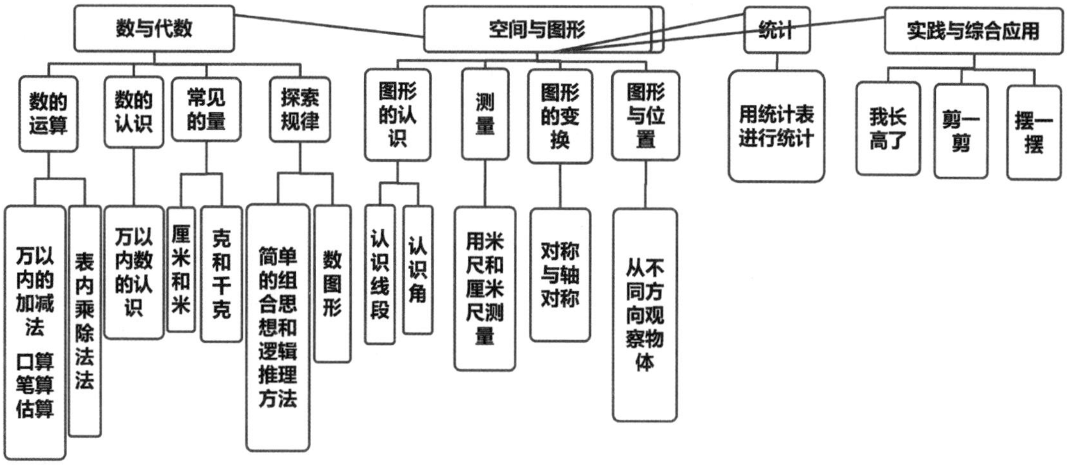

二（1）班　王珂涵

这张图是学生在学习完人教版《数学(二年级下册)》教材以后绘制的全册复习思维导图。从图中我们可以看到，学生首先把本册教材所学的内容按照数与代数、空间与图形、统计、实践与综合应用四大板块进行了分类，并以此四类作为全册思维导图的一级分支。

在第一个一级分支"数与代数"中，学生再次对数与代数进行分类整理，对数的运算、数的认识、常见的量、探索计算规律四个知识要点进行了划分，并在每个知识要点下进行细致的说明。

在第二个一级分支"空间与图形"中，学生同样对空间与图形进行分类整理，对图形的认识、测量、图形的变换、图形与位置四个知识要点进行了划分，并在每个知识要点下进行了细致的说明。

在第三个一级分支"统计"和第四个分支"实践与综合运用"中，由于涉及的知识要点较少，学生只需对这些板块的知识要点进行罗列。从这幅全册复习思维导图中，我们可以看到学生已经初步掌握了对知识进行分类整理提高记忆效率的方法。特别是在全册复习时，由于所涉及的知识内容较多，分类整理的必要性和高效性得以突显。

（三）作用

课后复习是使学生巩固知识、提高运用知识解决问题能力的重要环节。学生对运用思维导图这种方式进行复习总结都表现出一定的兴趣。在复习中，首先，学生独立对整章知识进行总结，根据自己的理解，理清数学概念、规律及其区别、联系，区分重点难点，画出思维导图。其次，教师批阅学生交上来的作品，了解学生对整个章节知识的掌握情况，同时对其在思维导图中体现的思维错误进行一定程度的修改。再次，在复习课堂上抽取部分典型的作品，先由大家讨论该思维导图的优劣，进行补充与深化。最后由教师进行总结与提升。由于小学生的思维水平有限，教师主要是帮助学生将本章知识与已有知识进行联系，将新知识融入已有的知识体系中，形成知识网络，便于提取。各章、各单元间不是孤立的，而是互相联系的，让学生自己找出联系，把所有的思维导图编织成自己的知识网，整个过程也是其乐无穷的。

除了按章节复习之外，还可以按照知识分类复习，如函数知识，分一次函数、反比例函数、二次函数三个主要分支，每个主要分支再细分为函数概念、函数图像、函数性质及应用等，这样当思维导图完成时，学生也有了一个十分清晰的函数知识框架。

总复习思维导图是将全册《数学》书按知识版块绘制，对重要的知识点进行再归纳、再总结，用分层级的线条连接概念，可以起到提示知识重点、搭建多个知识点之间的关联、快速促进知识的整合的作用，帮助学生形成一个系统的知识体系，达到让学生查漏补缺、巩固所学知识的目的。

（四）制作方法

数学复习思维导图为了让学生对某一单元或者某一册教材加强对课程内容的整体认识，形成一个清晰的知识框架，通过图形、文字、线条等直观方式表现出知识点之间的分类和层级关系，因此往往采用鱼骨图来呈现。

1.单元复习思维导图

绘制单元思维导图，一般可以这样操作：

首先，自主回顾。绘制单元思维导图之前教师要引导学生浏览单元中的每一个小课题，让他们大致回顾每个课题的基本内容。

其次，再现知识。教师先要求学生取一个中央图，把单元主题写上去，也可以根据主题画上匹配的彩色图像；然后由中央图发散开去，画出思维导图主干——通常是本单元的主要知识点。学生画出的知识点往往是零散的、跳跃的，彼此之间缺乏有效的联系。这就需要教师引导他们将知识点进行一级分支，以构成思维导图的骨架。

再次，合作整理。一个完整的整理过程不仅仅是知识的梳理，还有方法的提炼。这个阶段，教师要引导学生在分组交流的基础上补充遗漏的知识点，提炼数学思想方法，进一步完善思维导图。

最后，构建网络。通过以上三步，导图的主体和框架已基本形成，但此时的导图往往存在分类重复、关联不当等问题。因此，这一步的重点是进一步理清每一级的结构，审视知识点的分类是否准确、关联是否科学全面等。这一步的另一个任务是给导图配上文字。

2. 全册复习思维导图

首先，自主回顾。绘制全册思维导图之前教师要引导学生浏览全册教材中的每一个单元的课题，让他们大致回顾每个单元的基本内容。

其次，板块分类。这里教师可以提示学生，数学知识分类有其自身的方法和规律，每一册的教材所涉及的知识内容大概可以按照数与代数、空间与图形、概率与统计、数学思考这四大板块进行，并把这四个板块作为全册复习思维导图的一级分支。

再次，要点归纳。让学生试着把全册不同的单元按这四大板块进行分类，把有先后关系或者联系的单元尽量分在一个板块中，知识要点中除了知识内容外，还应包括解决一些数学问题的基本方法和基本技能。

最后，知识点细化。通过以上三步，导图的主体和框架已基本形成，但此时的导图往往内容不够细致。因此，这一步的重点是教师要引导学生在分组交流的基础上，将每一个知识要点下的详细知识进行查漏补缺。

（五）练习

【练习1】

阅读人教版《数学（三年级下册）》第四单元《两位数乘两位数》，绘制单元复习思维导图。

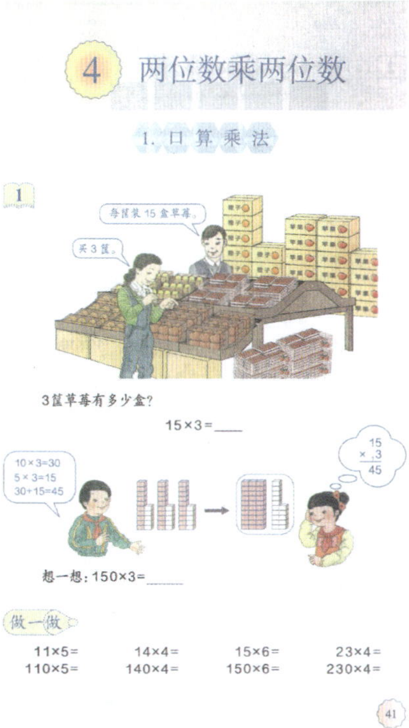

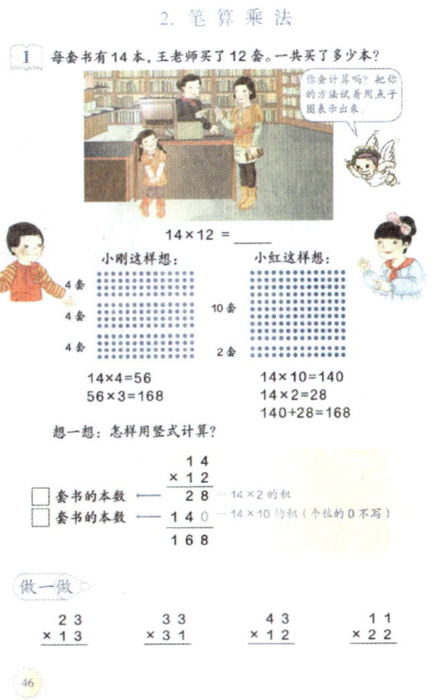

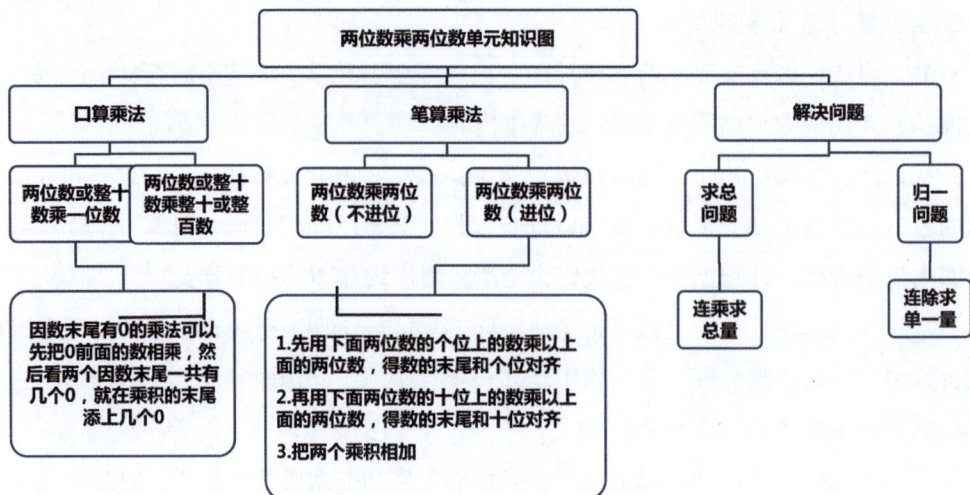

两位数乘两位数单元知识图

口算乘法
笔算乘法
解决问题

两位数或整十数乘一位数
两位数或整十数乘整十或整百数
两位数乘两位数（不进位）
两位数乘两位数（进位）
求总问题
归一问题

因数末尾有0的乘法可以先把0前面的数相乘，然后看两个因数末尾一共有几个0，就在乘积的末尾添上几个0

1.先用下面两位数的个位上的数乘以上面的两位数，得数的末尾和个位对齐
2.再用下面两位数的十位上的数乘以上面的两位数，得数的末尾和十位对齐
3.把两个乘积相加

连乘求总量
连除求单一量

六（1）班　洪宗扬

【练习2】

阅读人教版《数学（一年级下册）》，绘制全册复习思维导图：

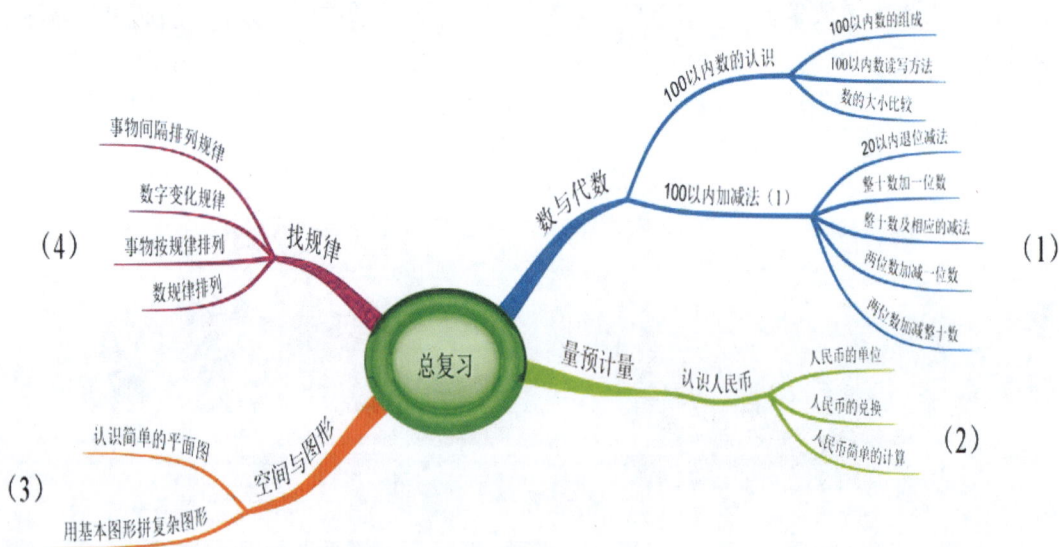

一（1）班　谢佳希

三、英语

（一）概念

对所学知识进行系统总结、分析及归类。可以根据知识点单词、语法、句型来分类，

也可以根据单元主题、内容来归类。

（二）作用

1.将复杂的语言知识和规律图像化，形成网络，帮助学生记忆和理解。

2.突出重点，让复习更加有针对性。

3.增添趣味，让复习过程不再枯燥。

（三）各种类型复习导图的概念、案例、作用、制作方法，以及练习

1.单词复习思维导图

（1）归属类单词导图

①概念

以某个语义场为中心的放射状单词思维导图。英语词汇并不是一个系列独立的个体，而是有着各自所归属的领域或范围，它们因拥有某种共同的特征而被组建成一个语义场。英语词汇并不是一个系列独立的个体，而是有着各自所归属的领域或范围，它们因拥有某种共同的特征而被组建成一个语义场，所以在词汇教学中，教师通常会将同一类别的单词根据语义进行分类。

②案例

在学习外研社版《英语（四年级下册）》Unit 2 My friends 时，这个单元的重点单词和难点单词较多，学生记忆困难。教师在教学的过程中，可以利用思维导图，对单元中同一类别的单词进行分类，如：Music, Chinese, Maths, English, Science, Art, PE 等单词归属为 subject 的语义场。课堂上，教师以 subject 为中心，引导学生根据中心词联想与之相关的单词，将 subject 语义场内的单词绘制成思维导图。

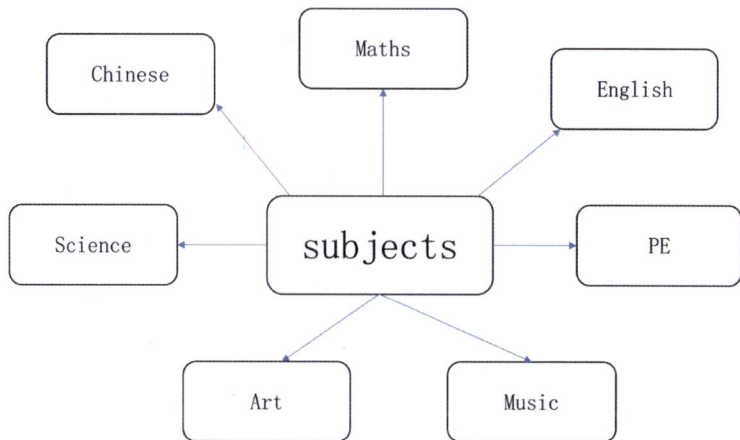

四（1）班　方静瑶

③作用

通过这样的方式，学生对单词的语义理解更加深入和清晰了，能够帮助学生轻松地记忆单词的语义。同时，发散式的联想记忆，通过调动旧知习得新知，激发了学生的学习兴趣和主动性，让单词教学变得清晰，简洁而有趣。

④制作方法

A.选定一个中心词，这个中心词在语义上有一个词域场。

B.围绕中心词画发散状思维导图，导图的分支即词域内的单词。

⑤练习

请归纳 colours 为中心的单词思维导图。

归属类单词复习思维导图

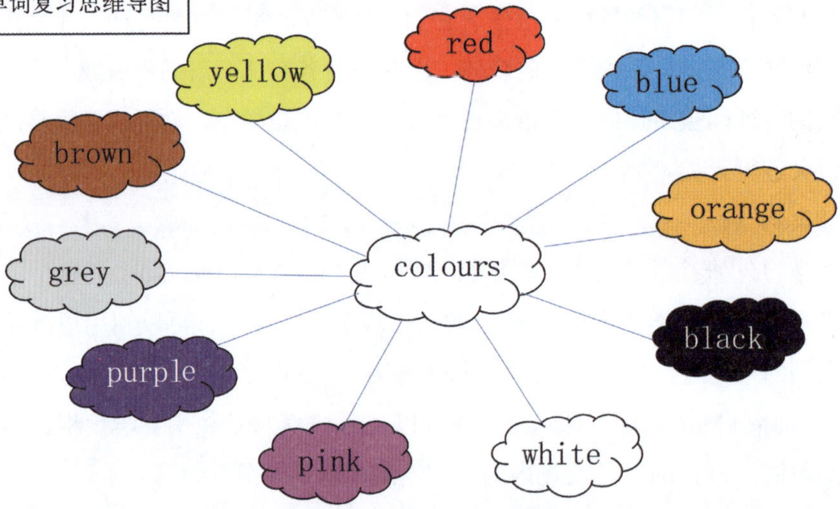

三（1）班 魏承汐

（2）归形（音）类单词导图

①概念

以同一字母组合为中心的放射状单词思维导图。思维导图跟自然拼读相辅相成。自然拼读是语音密码的解析，学生经过训练之后可以快速地认读单词，记忆单词积累，但是这需要平时归纳总结大量的语音材料。教师可以引导学生绘制单词拼读思维导图，归纳相同字母组的单词，训练学生的拼读，帮助学生记忆单词的发音。

②案例

【案例1】

ee 字母组合，通常在单词中发元音 /i:/。以 ee 字母组合为中心，教师可以引导学生找到有 ee 字母组合的单词，如 tree，three，sweet，green，meet，teeth 等，绘制成单词拼读思维导图。

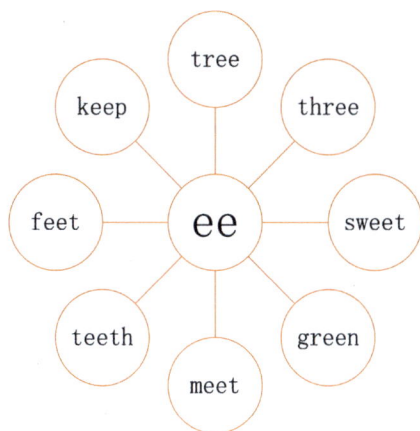

五（3）班　王昭雯

学生在归纳 ee 字母组合的单词时，会关注到单词的拼写和单词的语音。在教师的引导下，学生可以将拼写和语音联系到一起，掌握拼读规律，让拼读单词不再成为困难。

【案例 2】

sh 字母组合，通常在单词中发元音 /ʃ/。这个字母比较常见，但是发音困难，是学生语音突破的难点。因此教师在教学的过程中，可以归纳 sh 字母组合的单词，强化 /ʃ/ 发音，如将 shoes，shirt，shape，sheep，show 等单词绘制成单词拼读思维导图。

五（4）班　肖雨馨

③作用

语音记忆是词汇教学中需要突破的重点和难点，大量的教学实践证明，拼读教学可以帮助学生记忆单词的语音。在教授拼读方法中，教师可以引导学生绘制单词拼读思维导图，即归纳相同字母或字母组合的单词，训练学生的拼读，记忆拼读规律。

④制作方法

A. 以自然拼读法中某个发音的字母或字母组合为中心。

B. 围绕中心词画发散状思维导图，导图的分支是具有相同字母或字母组合发音的单词。

⑤练习

请绘制 tr 字母组合的思维导图。

归形（音）类单词复习思维导图

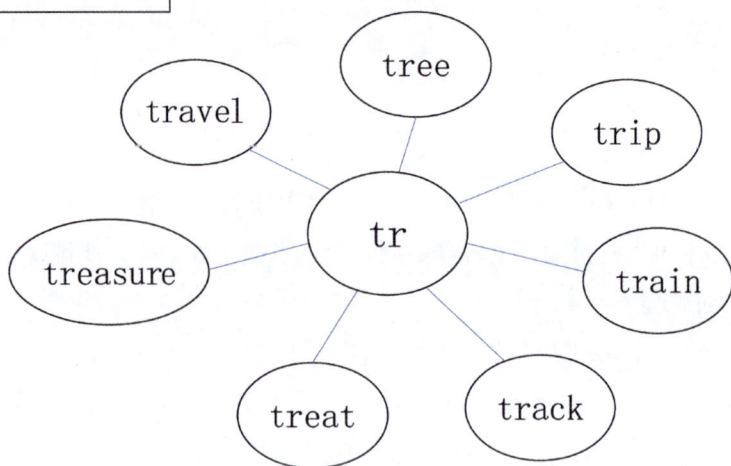

六（2）班　左羽珊

（3）总结词形变化导图

①概念

在英语学习中，许多单词在具体的语言环境下会产生词形的变化，例如，在现代进行时语境中，动词后面要加 –ing，在过去时语境中，动词后要加 –ed。名词单复数也会产生词形变化。英语的词形变化会遵循一定的规律，教师可以引导学生利用思维导图方式归纳总结单词的词形变化，理解变化规律，这样才能够将单词应用于具体的语言环境中。

②案例

在学习动物单词的时候，名词单复数的变化是教学重点。dog，cat，frog 等单词，复数形态直接在单词后面加 –s，而 fish，sheep，deer 三个单词属于单复数同形单词。为了让学生更加直观地理解变形规律，教师引导学生绘制韦恩图，左边的圆圈内是名词的单数，右边的圆圈内是名词的复数，中间重合的部分是单复同形的单词。

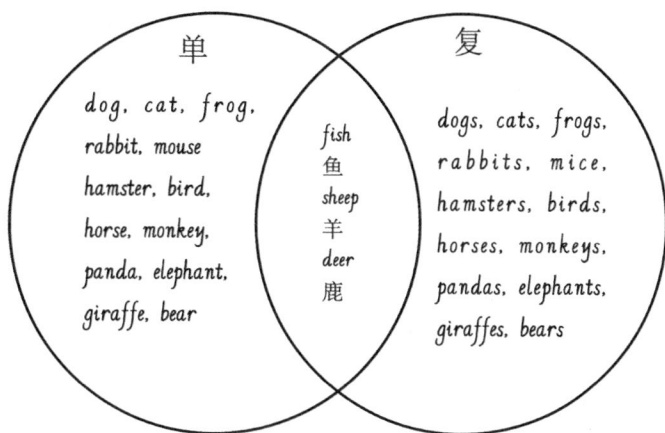

单 / 复

dog、cat、frog、rabbit、mouse hamster、bird、horse、monkey、panda、elephant、giraffe、bear

fish 鱼 sheep 羊 deer 鹿

dogs、cats、frogs、rabbits、mice、hamsters、birds、horses、monkeys、pandas、elephants、giraffes、bears

四（4）班　徐慧心

③作用

利用思维导图归纳总结词形变化，可以将抽象的规律图像化，复杂的变形线条化，帮助学生理解和记忆英语词形变化的规律，以及各种形态，帮助学生在各种语境中正确地使用单词形态。

④制作方法

A. 确定单词变形的规律，如动词第三人称单数变化规则（简称"动词三单"）、名词单复数变形规律等。

B. 确定用韦恩图或蝶形图比较不同单词变形的不同点和相同点。

⑤练习

请用蝶形图归纳总结动词现在进行时和过去时的词形变化。

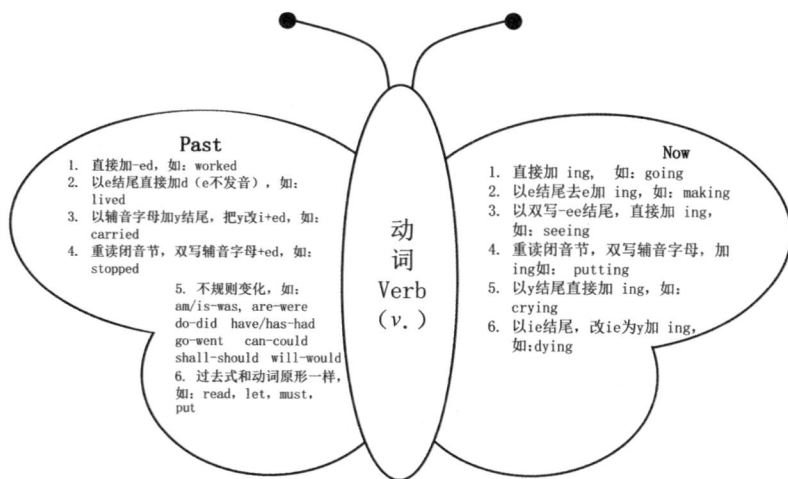

Past
1. 直接加-ed，如：worked
2. 以e结尾直接加d（e不发音），如：lived
3. 以辅音字母加y结尾，把y改i+ed，如：carried
4. 重读闭音节，双写辅音字母+ed，如：stopped
5. 不规则变化，如：am/is-was，are-were do-did have/has-had go-went can-could shall-should will-would
6. 过去式和动词原形一样，如：read、let、must、put

动词 Verb（v.）

Now
1. 直接加 ing，如：going
2. 以e结尾去e加 ing，如：making
3. 以双写-ee结尾，直接加 ing，如：seeing
4. 重读闭音节，双写辅音字母，加 ing如：putting
5. 以y结尾直接加 ing，如：crying
6. 以ie结尾，改ie为y加 ing，如：dying

2. 句型复习思维导图

①概念

从句子的结构特点出发，通过剖析句子的结构，把零散的句型分析、汇总串联成网络，使每个句子都有了归属的思维导图。

②案例

There be 句型复习思维导图：

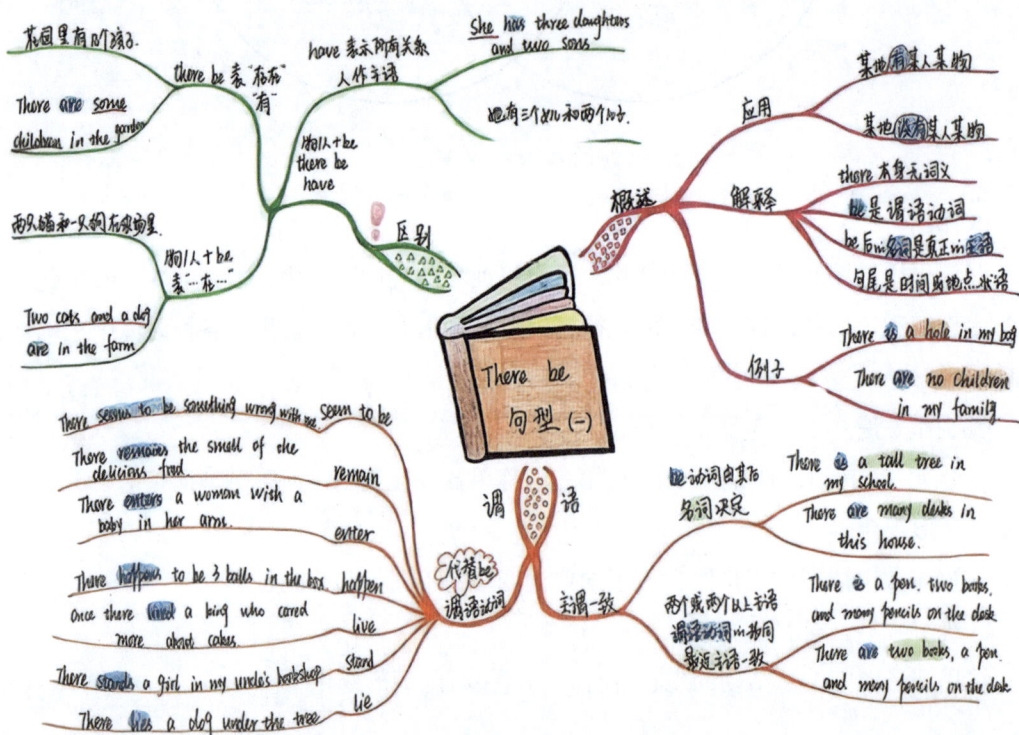

六（4）班　李天乐

③作用

句型复习思维导图能够很好地帮助学生分析句型结构，学生在制作思维导图过程中，不但复习巩固了知识点，而且动手绘制思维导图的过程能激发大脑的各个层次，让记忆句子更加有技巧。

④制作方法

A. 以某个英语句型为核心。

B. 设立句型的分支，分别为概述（应用、解释、例子）、谓语（动词三单）、区别（与相似句型的区别）等。

⑤练习

请归纳句型 have to 的用法。

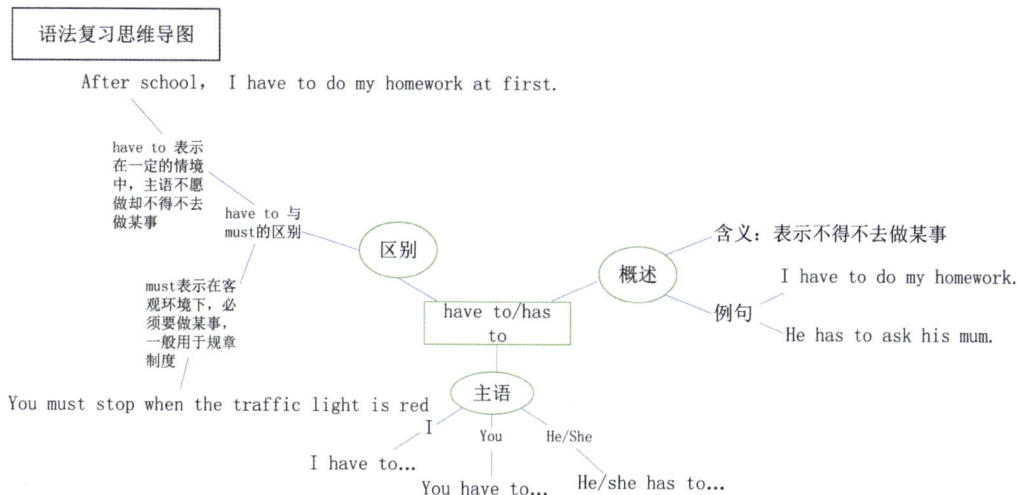

五（2）班　龚晓煊

3.语法复习思维导图

①概念

将复杂的语法规则图像化，帮助学生理解和记忆的思维导图。

②案例

英语动词时态是非常重要，但是学生容易混淆的语法知识。小学阶段学生会接触到一般现在时、一般将来时、一般进行时和一般过去时四种时态，每一种时态对应着动词词态的变化。对于小学生来说，这样的语法知识内容复杂，知识点多，记忆难度大，因此在归纳总结的时候，更需要用思维导图进行归纳和总结，将分散的知识网络化，将复杂的语法图像化，提高学生对语法的理解，增强学生的记忆。

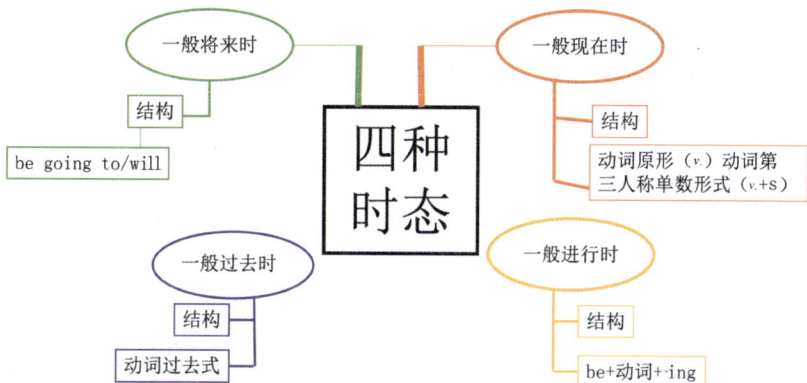

③作用

英语语法是英语语言规则的总结，相对难以理解和枯燥。虽然小学英语教学中不强调教授语法知识，但是并不意味着小学生不应该掌握一些简单的英语语法规则，为学习打下扎实的基础。因此，教师在总结语法规则时需要巧妙地利用思维导图，使深奥、抽象的语法规则变得更加具体、形象和简单，让学生可以通过图形梳理语言的内在规律，在脑海中形成完整的知识网络。

④制作方法

在小学阶段，语法主要包括时态、名词单复数变形，以及第三人称单数几个变化。绘制语法思维导图重点要对语法知识非常清楚，并选择恰当的思维导图梳理规则。

⑤练习

请总结动词在第三人称单数后的用法。

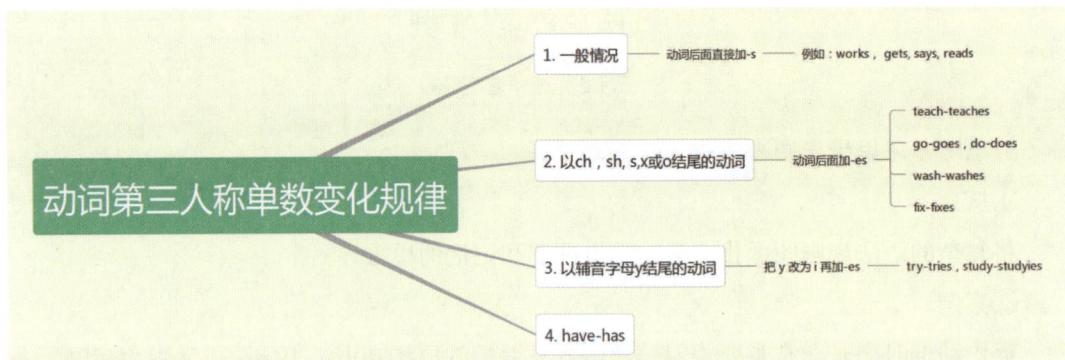

动词第三人称单数变化规律

1. 一般情况 —— 动词后面直接加-s —— 例如：works，gets，says，reads

2. 以ch，sh，s,x或o结尾的动词 —— 动词后面加-es —— teach-teaches / go-goes，do-does / wash-washes / fix-fixes

3. 以辅音字母y结尾的动词 —— 把 y 改为 i 再加-es —— try-tries，study-studyies

4. have-has

五（4）班　贺梦涵

4. 主题（单元）复习思维导图

①概念

因为英语课程通常以一个单元作为一个主题进行教学，因此单元复习思维导图也是以主题思维导图的方式呈现。即该复习思维导图以主题为中心向四周发散，利用关键词为连接点进行知识梳理，归纳单元知识要点。

②案例

下图就是一幅外研社版《英语（五年级下册）》第一单元的复习思维导图。主题是 A phone call，在主题下延伸了单词、短语、句子三条分支，分支后是具体的知识要点。

1a 🎧 **Listen to the conversation.**

(The children are on their way home from school.)

Ken, Penny, Paula, Philip:	Bye, see you tomorrow.
Paula:	Hey, wait a moment.
	I've got a new CD-ROM.
Ken, Penny:	What is it about?
Paula:	Arctic animals.
Philip:	Super.
Paula:	Can you come to my place?
Ken, Penny, Philip:	Yes, great.
Ken:	I have to ask Mum first.
Philip:	Right, and I have to ask my grandmother.
Penny:	Is there a phone box near here?
Paula:	Yeah. There's one over there.
Penny:	Hurry up. Phone your mum and your grandma!

1b **Read the conversation. Then answer the questions.**

Hello, is that Mum?

1. Who has got a new CD-ROM?
2. Who has to phone his mother?
3. Who has to phone his grandmother?
4. Where are they going to make the phone call?
5. Where do the children want to go?

GROUPWORK

Act out the conversation in groups.

2a 🎧 **Read the sentences. Then listen and number.**

(Mrs Brown's computer has something wrong.
She is phoning her grandson Mike for help.)

Hello!

- [ ] Yes, it's Mike. Who's speaking?
- [ ] Oh sorry, Granny. I have to do my homework. What about this evening?
- [1] Hello!
- [ ] OK. See you this evening.
- [ ] It's your granny. Can you come to my place now? My computer doesn't work!
- [ ] Hi, is that Mike?
- [ ] Bye-bye.

Hi, is that Mike?

2b **Write down the telephone conversation in the correct order. Then practise in pairs.**

Mike:	Hello!
Granny:	Hi, is that Mike?
Mike:	
Granny:	
Mike:	
Granny:	
Mike:	

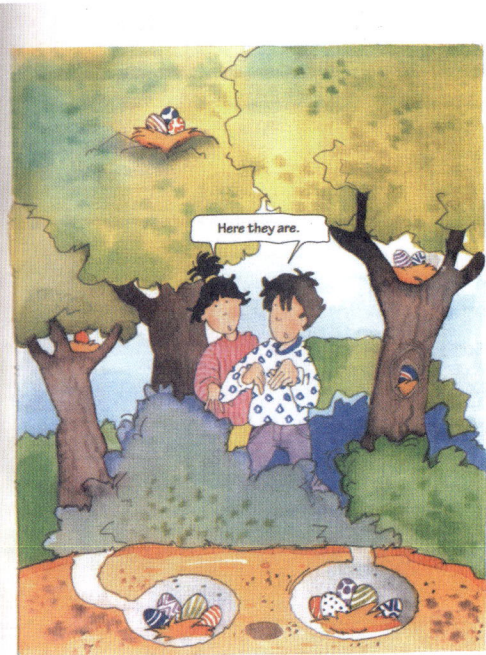

3 🎧 **A story** — The Easter Bunny is ill.

The red paint, please.

One week before Easter.

Here you are.

One day before Easter.

What can I do?

Hello, Squirrel. Can you help me?

On Easter Sunday.

Yes, of course.

Where are the eggs?

Here they are.

How many eggs can you find?

4 🔲 **Read the text. Then listen and repeat.**

Mobile phones are very popular across the world. You can use a mobile phone to write emails, listen to music, watch TV programmes and play games. You can use it to visit your favourite websites and even do shopping.

PAIRWORK

Discuss what you can do with a mobile phone.

make phone calls   visit websites   see films

get messages   take photos

What can you do with a mobile phone?

Can you visit websites?

I can send and get messages.

Of course I can, but I don't visit websites often

5a Grammar puzzle.

① I — have to / has to → ask Mum first.

② My father — collect / collects → stamps.

③ His parents — love / loves → music and art.

④ Philip — have to / has to → get up before 7:00.

⑤ Their uncle — have got / has got → many CD-ROMs.

5b Check your answers with your partner. Then read.

6 Complete the sentences with the correct form of the words in the box.

① My cousin Yanmei _____ hard at English.

② She _____ English very much.

③ She _____ many English storybooks.

④ She often _____ her storybooks.

like
work
read
collect

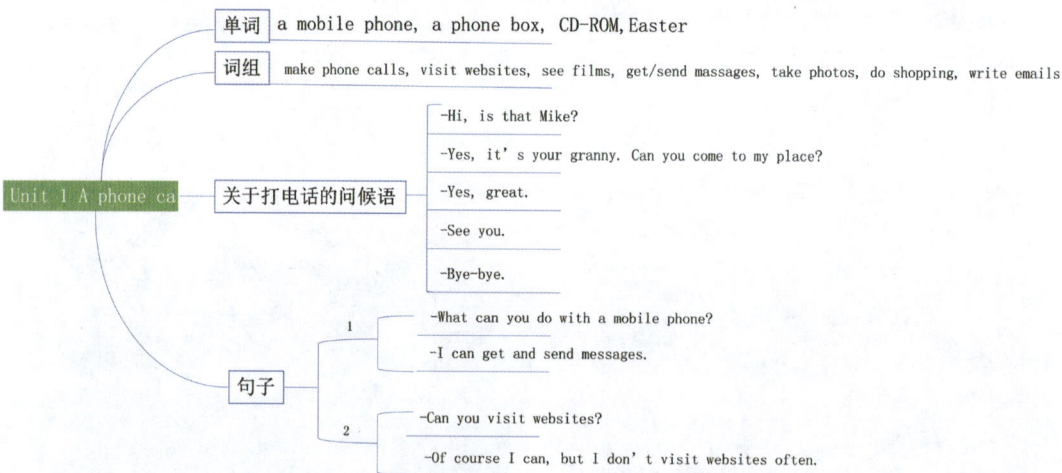

Unit 1 A phone ca

- 单词 — a mobile phone, a phone box, CD-ROM, Easter
- 词组 — make phone calls, visit websites, see films, get/send massages, take photos, do shopping, write emails
- 关于打电话的问候语
  - -Hi, is that Mike?
  - -Yes, it's your granny. Can you come to my place?
  - -Yes, great.
  - -See you.
  - -Bye-bye.
- 句子
  - 1
    - -What can you do with a mobile phone?
    - -I can get and send messages.
  - 2
    - -Can you visit websites?
    - -Of course I can, but I don't visit websites often.

五（2）班　喻安祺

③作用

小学生在进行单元整体复习中，没办法将课本全部的知识点印刻脑海中，这就需要老师引入思维导图这种学习方法。通过思维导图来建立课本知识网络，展现给学生的知识点不再是文字形式，而是生动的图形形式，这种形式有利于提高学生的学习效率。对于小学生来说，对图形的敏感程度往往大于对文字的敏感程度，因此，可以通过这种方式来简化学生对于知识点的记忆。思维导图的建立要求学生根据自身的特点和学习经验对课本的知识进行总结，不断完善知识体系，通过这种方式强化学生对于知识点的掌握。

④制作方法

绘制单元复习知识导图，首先要对单元的知识非常熟悉。然后可以根据知识点的类型将单元知识分为单词、句型、对话、故事、语法等类别，画出分支。最后，完成分支后面的具体内容。这种分类比较直观，知识归类比较全面，学生易于操作，但是缺少单元内容的内在联系，适合英语基础比较薄弱的学生使用。

⑤练习

画出外研社版《英语（五年级上册）》第一单元的复习思维导图。

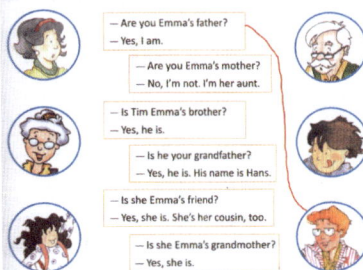

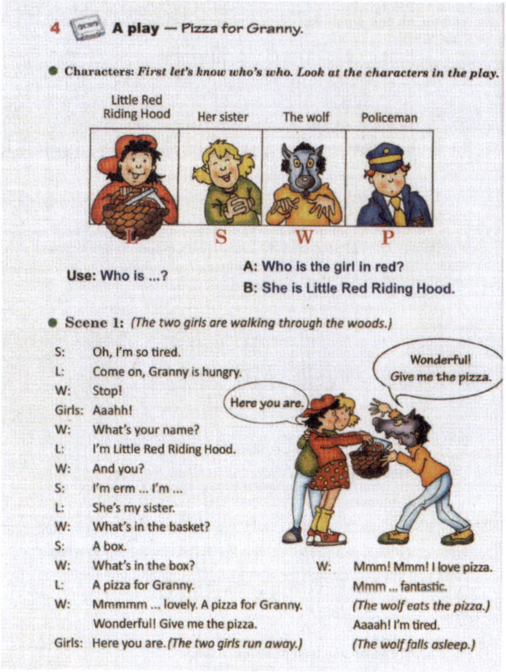

4 A play — Pizza for Granny.

Characters: *First let's know who's who. Look at the characters in the play.*

Little Red Riding Hood — Her sister — The wolf — Policeman

L S W P

Use: Who is ...?

A: Who is the girl in red?
B: She is Little Red Riding Hood.

Scene 1: *(The two girls are walking through the woods.)*

S: Oh, I'm so tired.
L: Come on, Granny is hungry.
W: Stop!
Girls: Aaahh!
W: What's your name?
L: I'm Little Red Riding Hood.
W: And you?
S: I'm erm ... I'm ...
L: She's my sister.
W: What's in the basket?
S: A box.
W: What's in the box?
L: A pizza for Granny.
W: Mmmmm ... lovely. A pizza for Granny. Wonderful! Give me the pizza.
Girls: Here you are. *(The two girls run away.)*
W: Mmm! Mmm! I love pizza. Mmm ... fantastic. *(The wolf eats the pizza.)* Aaaah! I'm tired. *(The wolf falls asleep.)*

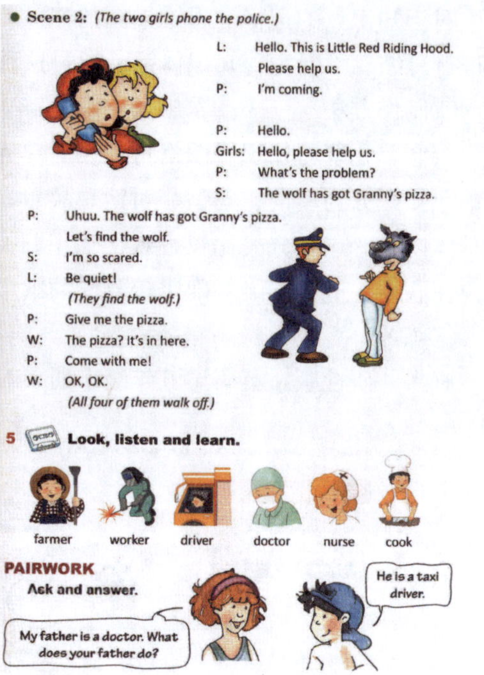

Scene 2: *(The two girls phone the police.)*

L: Hello. This is Little Red Riding Hood. Please help us.
P: I'm coming.
P: Hello.
Girls: Hello, please help us.
P: What's the problem?
S: The wolf has got Granny's pizza.
P: Uhuu. The wolf has got Granny's pizza. Let's find the wolf.
S: I'm so scared.
L: Be quiet!
(They find the wolf.)
P: Give me the pizza.
W: The pizza? It's in here.
P: Come with me!
W: OK, OK.
(All four of them walk off.)

5 Look, listen and learn.

farmer worker driver doctor nurse cook

PAIRWORK
Ask and answer.

5. 整本书总复习思维导图

①概念

在学期末，学生也可以绘制整本书的复习思维导图，对整本书的内容进行梳理和归纳，从而提高期末复习的效率。同样地整本书的复习思维导图也有两种绘制方法。

②案例以及制作方法

【案例 1】

外研社版《英语（三年级下册）》整本书的复习思维导图。

三年级下册共有两个单元，每个单元的主题分别是 pets，the days of a week，clothes，feelings，food 和 body。确定了分支后，再分别归纳每个主题下的知识要点。这种总复习思维导图要求学生对每个单元的知识点非常熟悉，并且能够理解知识点之间的内在逻辑，才可以条理清晰地归纳整本书的知识要点，并且绘制成思维导图。

【制作方法】

以单元主题为分支，绘制复习思维导图。

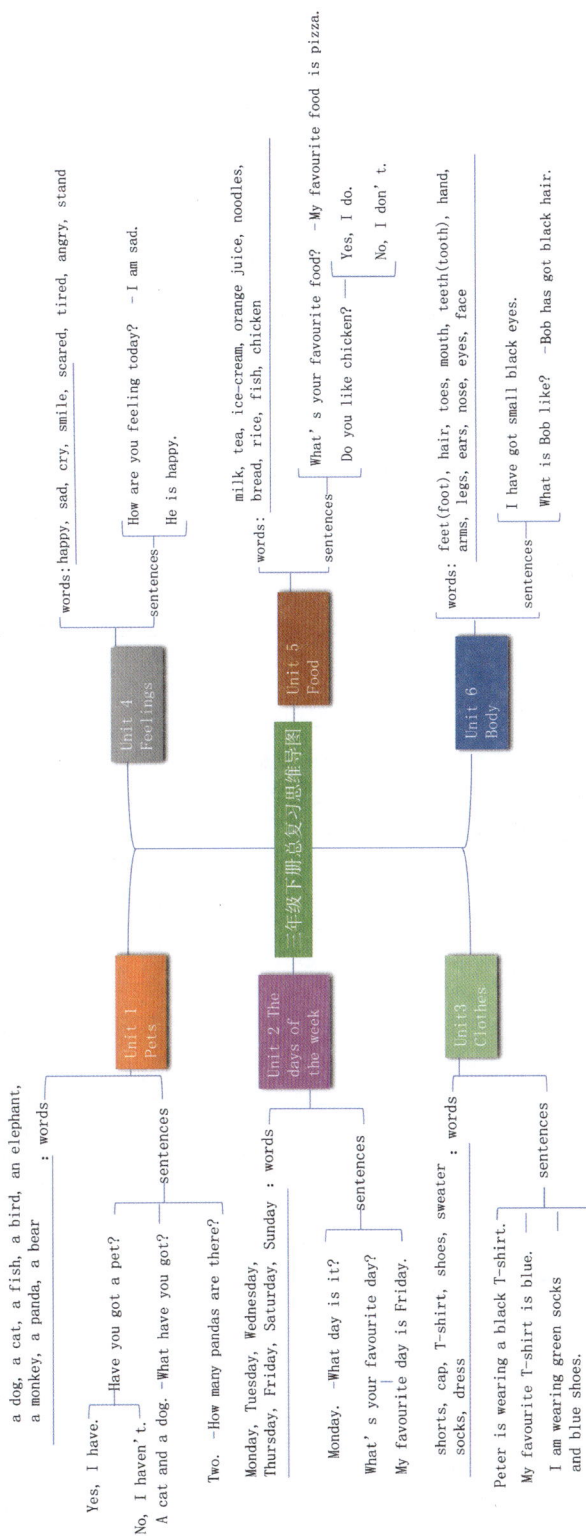

三年级下册总复习思维导图

Unit 4 Feelings
- **words:** happy, sad, cry, smile, scared, tired, angry, stand
- **sentences:** How are you feeling today? – I am sad. / He is happy.

Unit 5 Food
- **words:** milk, tea, ice-cream, orange juice, noodles, bread, rice, fish, chicken
- **sentences:** What's your favourite food? – My favourite food is pizza. / Do you like chicken? – Yes, I do. / No, I don't.

Unit 6 Body
- **words:** feet(foot), hair, toes, mouth, teeth(tooth), hand, arms, legs, ears, nose, eyes, face
- **sentences:** I have got small black eyes. / What is Bob like? – Bob has got black hair.

Unit 1 Pets
- **words:** a dog, a cat, a fish, a bird, an elephant, a monkey, a panda, a bear
- **sentences:** Have you got a pet? – Yes, I have. / No, I haven't. / What have you got? – A cat and a dog. / How many pandas are there? – Two.

Unit 2 The days of the week
- **words:** Monday, Tuesday, Wednesday, Thursday, Friday, Saturday, Sunday
- **sentences:** What day is it? – Monday. / What's your favourite day? – My favourite day is Friday.

Unit 3 Clothes
- **words:** shorts, cap, T-shirt, shoes, sweater, socks, dress
- **sentences:** Peter is wearing a black T-shirt. / My favourite T-shirt is blue. / I am wearing green socks and blue shoes.

四（4）班　李徐可

【案例2】

外研社版《英语（三年级上册）》的总复习思维导图。

学生将知识点分为字母、单词、情景交际、对话、故事、动作和语法几个类别，然后再归纳几个类别下的具体内容。这种思维导图要求学生对于整本书的知识要点的归类非常清晰，对重点知识非常熟悉。

【制作方法】

打破整本书的单元壁垒，根据语言知识的类型，归纳整本书的知识要点的总复习思维导图。

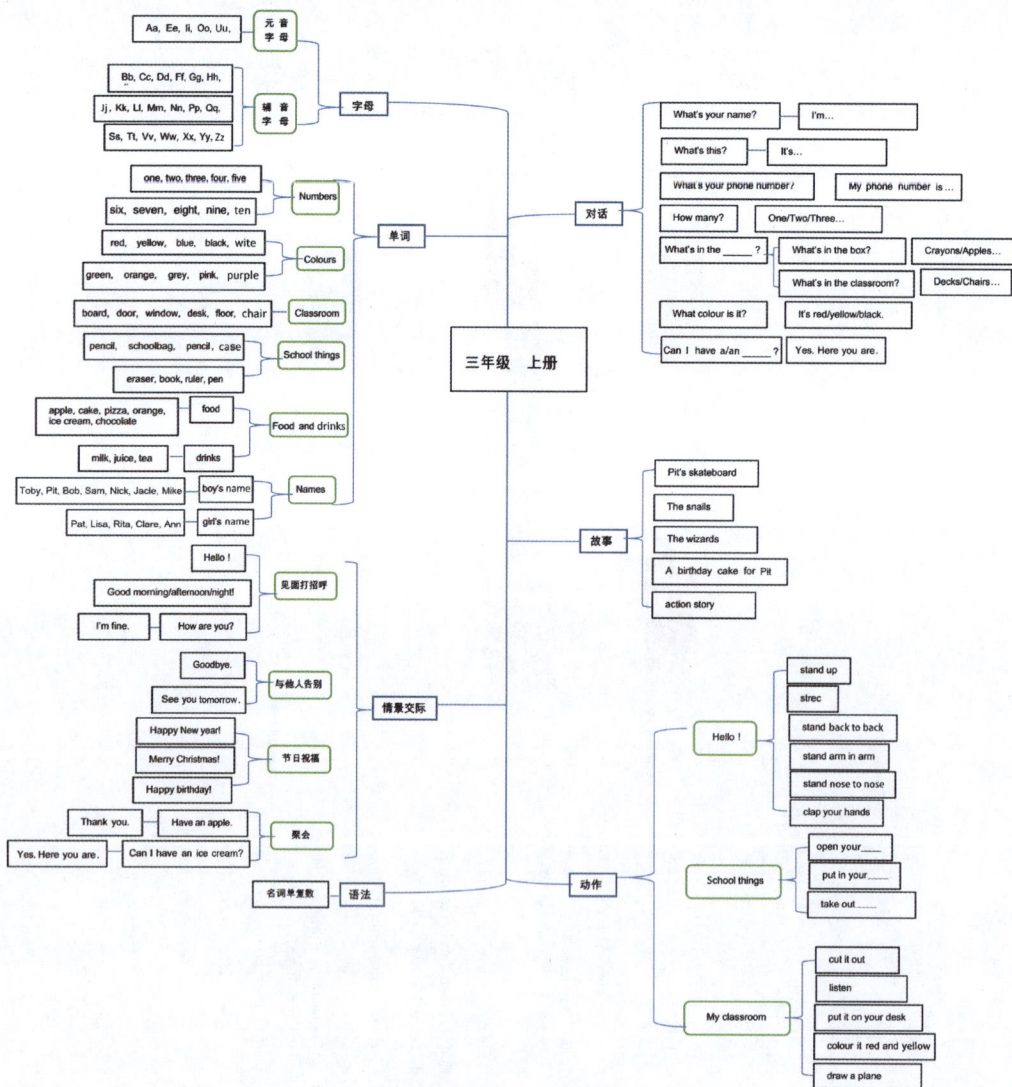

四（4）班　杜　畅

③练习

请绘制外研社版《英语（四年级上册）》总复习思维导图。

四、道德与法治

（一）概念

道德与法治复习思维导图一般用鱼骨图，按单元整理绘制。学生整理出一个单元的知识点，找出单元的核心主题，再找出次主题，以及知识点与知识点之间的关系，不断地分层下去。每一个主题都用关键词来表达，有些也可以用图形来表达。

（二）案例以及制作方法

《道德与法治（三年级下册）》第三单元《感谢为大家服务的人》复习思维导图。

在思维导图左侧写明单元及主题，通过三条分支注明课题，下一级呈现每一课的知识点及相关拓展内容，最后揭示单元想传递的情感及阐述的道理。

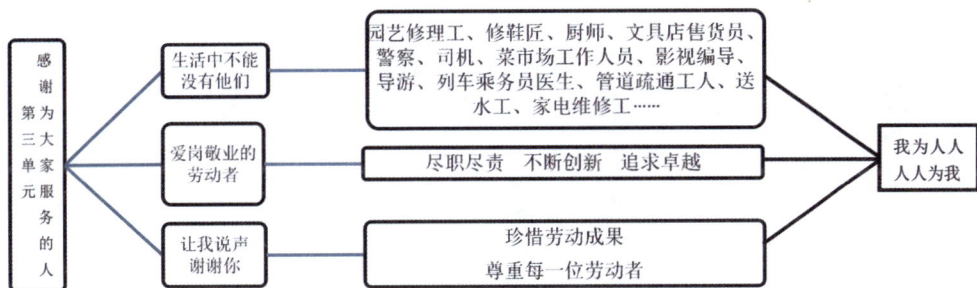

感谢第三大单元服务的人
- 生活中不能没有他们 —— 园艺修理工、修鞋匠、厨师、文具店售货员、警察、司机、菜市场工作人员、影视编导、导游、列车乘务员医生、管道疏通工人、送水工、家电维修工……
- 爱岗敬业的劳动者 —— 尽职尽责　不断创新　追求卓越
- 让我说声谢谢你 —— 珍惜劳动成果　尊重每一位劳动者

我为人人
人人为我

我们的生活离不开他们

留意一天中，有哪些人在为我们服务。

每天清晨，他们把新鲜蔬菜送到菜市场。

我上学从没迟到过，真要好好感谢开公交车的司机叔叔！

白天，爷爷奶奶出去旅游，导游阿姨热情地为他们服务。

晚上，我们看电视的时候，这些幕后英雄正忙着呢！

42

如果没有送气员，我们会很不方便。

我爸爸可以把煤气罐扛上楼。

邻居王大爷脚不好，送气上门给他带来了很大的方便。

如果没有……

说一说，如果没有他们，我们的生活会怎样？

如果没有交通警察……

你想对为我们服务的人说点什么？做张爱心小卡片，把你想说的话写在上面，送给他们吧！

43

这些为大家服务的人们是怎么工作的呢？他们有哪些苦与乐？让我们去体验一下吧。

我和叔叔送快递

暑假里，我和叔叔一起送快递，体验了快递员的辛苦，感受到了他们的重要。

7点半，叔叔就带着我到了公司，开始分拣快递件，堆积成山的快递件少说也有一百多件吧。

8点半，我们送出了第一个快递件。我才跑到5楼，就觉得好累。不到一个小时，我们送出了30多个，平均每个用时不到2分钟！送小件还行，送大件爬楼要歇好几次。途中，叔叔不断接到电话，一些客户要得急，一次次地催促，我们几乎是一路都在跑。我双腿发软，嗓子冒烟。问叔叔累不累，他说："怎么不累呢！但只有快速、准确才能让客户满意，尽管累，也要坚持。"

大家一起交流自己的体验。

44

活动　我为人人，人人为我

人们在社会上生活，从事各种各样的工作，分工有不同，但都是在为别人提供服务，也享受着别人提供的服务。人与人之间，相互服务，共生共存，也就是人们常说的"我为人人，人人为我"。

他们是如何为别人服务的，又是如何享受别人服务的？

我是一名公交车司机，我为人们的出行服务。我生病了，医生为我服务。

请你在空白处填上一个熟悉的职业，并说说他们是如何为别人服务的。

参加了这个活动，你有什么感想？

45

112

8 爱岗敬业的劳动者

干一行 爱一行 精一行

很多劳动者，恭敬严肃地对待工作，尽职尽责、不断创新、追求卓越。他们身上散发着一种朴素的精神，这种精神就是爱岗敬业。

列车乘务员热情地为旅客服务，为旅客提供了舒适的乘车环境。他们年复一年在火车上工作，往返于同一条线路，工作十分辛苦。特别是每年春运，那是他们最忙碌、最辛劳的时候。

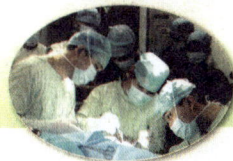

为了病人尽快康复，医生们认真讨论治疗方案。有时做一台手术要持续八九个小时，顾不上吃饭和休息。

管道疏通是一个最脏、最累的工作，但为了保障城市居民有一个良好的生活环境，管道疏通工人不论环境多么恶劣，气味多么难闻，他们依旧坚守在工作岗位上。

我们小学生怎样做才算敬业呢？

(46)

寻找身边的"状元"

在我们身边，有许多人在平凡的岗位上做出了不平凡的成绩。让我们去寻找身边的"状元"吧！

这是我们班同学找到的"服务状元"。

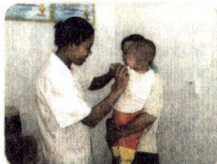

李阿姨是有名的"一针准"，她在全县护士技能比赛中得过第一名。

王叔叔能把一块豆腐切成一堆细如头发的豆腐丝。他还参加过电视台举办的厨师擂台赛呢！

送水工赵伯伯处处为客户着想，多次受到客户表扬。

陈叔叔被居民称为"家电妙医生"。

寻访身边的行业"状元"，你会发现，即使非常辛苦地工作着，他们在自己的职业中也体会到乐趣和价值感。

(47)

活动

采访记录

时间：2014 年 5 月 5 日
地点：雅丽美发厅
对象：市美发比赛一等奖获得者张叔叔
提问：您是怎样获得一等奖的？
答：做个有心人，加强学习和练习。有一次我在街上看见一位女士的发型很漂亮，不知不觉跟着她走，结果和妻子走散了，还挨了一顿狠"批"呢。
我的发现：张叔叔每设计一个发型后，便像一面镜子让顾客从各个角度欣赏，他也睁着眼睛左看右看，好像艺术家在欣赏自己的作品。

他们是怎样成为"状元"的呢？我们去采访一下！

在采访超市"捆扎能手"周阿姨时，我还向她学了两招！真没想到，看起来简单的事，做起来却这么难。

阿姨当初也练习了很长时间，手都磨出了茧，终于掌握了这项本领。

采访你身边的行业状元，仔细观察他们的动作神态，摸摸他们的双手，你会感受到什么？

(48)

我们身边的这些为大家服务的人，每天从事的都是一些普普通通的工作。但是，他们干一行，爱一行，认真去做，为社会做出了很大的贡献。

徐虎的故事

全国劳动模范徐虎是上海普陀区中山北路房管所的水电修理工。他发现，晚上居民下班后出现的水电故障比较多，给大家带来很多不便。于是，他在自己管理的地区挂出了几个醒目的水电急修特约报修箱。十多年来，每天晚上 7 点钟，无论严寒酷暑，还是刮风下雨，他都背上工具箱，骑自行车准时出门，用宝贵的业余时间，为出现水电故障的家庭上门修理。居民都亲切地称他为"晚上 7 点钟的太阳"。

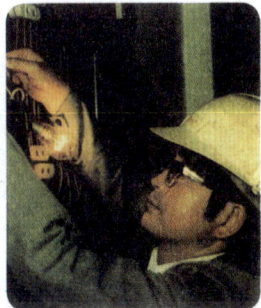

徐虎在平凡的岗位上，做出了不平凡的业绩。

徐虎的故事给我们什么启示？

9 让我说声谢谢你

珍惜与尊重

珍惜劳动成果是中华民族的传统美德。学习、生活用品都是劳动者辛勤劳动生产制造的,我们应当珍惜。不管是体力劳动还是脑力劳动,都应该得到尊重。

> 浪费和破坏,是对劳动成果的不珍惜,也是对劳动者的不尊重。

> 妈妈常跟我说,爱护环境卫生就是对环卫工人的尊重。所以我们每次出去游玩,都自备一个拉圾袋,不乱扔拉圾。

> 如果我吃饭时倒饭,爸爸就会批评我,说我浪费粮食,不珍惜农民伯伯的劳动成果。

> 我觉得人生求乐的方法,最好莫过于尊重劳动。一切乐境,都可由劳动得来,一切苦境,都可由劳动解脱。
> ——李大钊

杜鲁门当选美国总统后,有人向他的母亲表示祝贺:"您有这样的儿子,一定十分自豪吧!"总统的母亲很平静地说:"是的。不过,我还有一个儿子,现在正在地里挖土豆,同样让我感到骄傲。"

> 不论何种劳动,都值得我们尊重。可生活中我却看到了一幕……

> 你从杜鲁门母亲的话中明白了什么?

> 如果你不好好读书,将来就像她一样扫马路。

> 我是环卫工人,很多人都很尊重我们,但是,也有少数人瞧不起我们。

我这样认为:
_____
_____

关爱劳动者

劳动者很平凡,但他们是值得尊敬和称颂的人。大家应感谢他们对社会做出的贡献,把关爱传递到每一位劳动者心中,让社会更加温暖、和谐!

> 一起去了解社会对普通劳动者的感谢和关爱吧。

> 关爱劳动者,我们在行动。

> 我决定下楼去取包裹,让快递员叔叔少爬几层楼。他们太辛苦啦!

给劳动者送上鲜花。

组织职工检查身体。

建立环卫工人休息室。

给建筑工人赠书。

> 给我家修水管的价钱离开时,我给他倒了一杯水,还说了声"谢谢"!

> 在食堂吃完饭,同学们自觉地把餐具送到回收处。

法律之窗

为了维护职工休息休假权利,调动职工工作积极性,根据《中华人民共和国劳动法》和《中华人民共和国公务员法》,2007年12月7日国务院会议通过了《职工带薪年休假条例》,自2008年1月1日起施行。

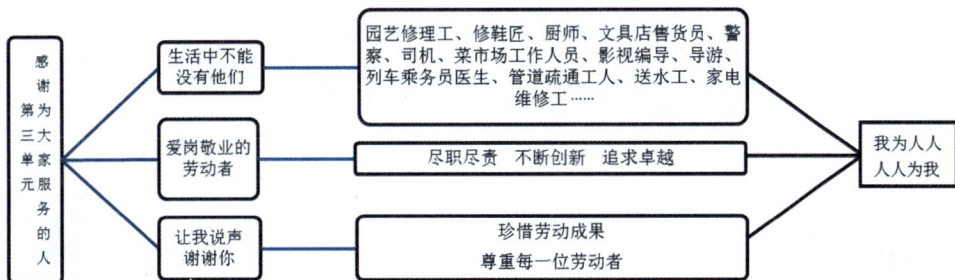

（三）作用

道德与法治这门课程单元及知识构架清晰，但知识点众多，如果我们能够很好地运用思维导图来整理复习，就可以减轻学生学习的负担，激发学生大脑潜能，调动发散性思维。不仅能有效地提高学生的记忆力，将知识点记全、记牢，还能增强他们的创造力。

道德与法治教学内容涉及广泛，为思维导图在教学中的运用提供了广阔的空间。小学中、高年级的学生正处于具体形象思维向抽象思维转变过渡阶段。用思维导图可以把某一体系的知识在不同年级的不同点呈现表现出来。这是一种非常实用的学习工具，既能帮助学生复习旧知识、掌握抽象概念，还可以将知识图形结合，形成清晰的条理和结构。

人们对图片的识别及记忆能力极强，追溯其原因，是因为图片能极大地调动大脑对颜色、形状、结构、想象、联想等技能，从而加强创造性思维及记忆。

在信息量如此之大的科技时代，在教学中使用思维导图，将教会学生思维与学习，培养孩子的创新能力。思维导图将复杂问题简单化，简单问题条理化，让条理性的问题容易理解，从而增强学习思考的系统性、条理性和缜密性。

学生在复习时，采用思维导图的方式，使复习变得简单而有趣，通过整理学到的知识，对同一主题思维导图多次进行绘制，不仅可以展现新旧知识间的关系，加强记忆，更能激发创造思维，促进有效学习。

（四）练习

请绘制《道德与法治（三年级下册）》第四单元的复习思维导图。

到哪里买

我们的各类日常生活用品都是到商店和市场去购买的，各种各样的购物场所为人们的生活提供了方便。

村里的小卖部，店虽小，有诚信。

镇上的集贸市场，公平交易。

社区的便利店，方便购物。

综合性大型超市，一站式服务。

在你们家和学校附近，有哪些购物场所？调查一下。

学校附近：

我家附近：

(57)

购物新方式

不仅购物的场所多种多样，而且购物的方式也有很多，有电话购物、电视购物、网络购物等。购物付款方式也各不相同，除了现金支付，还可以用银行卡刷卡支付。

电话购物

通过打电话购买商品的购物方式。消费者直接与厂家、经销商等电话联系购买商品。

电视购物

经营者在电视上播放广告片，消费者收看电视了解商品信息，拨打屏幕上显示的免费电话订购商品的购物方式。

网络购物

消费者在互联网检索商品信息，通过电子订购单发出购物信息，快递公司送货上门的购物方式。随着互联网的普及，网络购物的人越来越多。

(58)

在父母的陪伴指导下，从网上购买你需要的课外书或文具，体验、了解网络购物的便捷和乐趣。

网上购物流程

选择多款产品时建议先加入购物车购买哦！

挑选宝贝　加入购物车　付款

客户评价　确认收货　等待仓库发货

店主承诺7天无条件退货，收到货物我觉得不是我喜欢的，想另买，但退货的快递费由我出，这样划算吗？

可以查看店主的信誉度，选择销量大、好评多的店铺。

只看照片怎么知道商品质量好不好？

(59)

117

11 购物有窍门

货比三家

买东西，有很多小窍门。多留心、多观察、多请教，就能买到价廉物美的商品。

小丽和妈妈去买水果，发现同样的水果在不同的地方价格不同。

超市水果柜

社区水果店

流动水果摊

水果价格比较表		
场　所	水果	价　格（单位：元/千克）
超市水果柜		
社区水果店		
流动水果摊		

(60)

同样的商品，购物场所不同，价格会不同；同样的商品，在不同的时间段购买，价格也会有差别。

换季的衣服折扣大，买了明年穿限划算吗？

秋凉了还买裙子？

奶奶说正当时令的蔬菜又便宜又好吃，反季节的蔬菜瓜果价格特别贵。

我的记录（单位：元／千克）			
	5月20日	6月1日	7月15日
西 瓜	8.60	5.00	3.00
小白菜	3.20	2.60	3.00
青 椒	4.80	4.00	3.00

通过调查比较，我们发现影响商品价格的因素有：
1. 产品式样包装。
2. 商店所在地段。
3.
4.

把你的发现填在左边的横线上，并和同学们讨论。

(61)

货比三家，不仅要比价格，还要比质量哦！

商标小知识

商标是生产厂家提供的商品或服务的显著标志。商标的起源可追溯到古代，当时的作坊店铺就有招牌、幌子等标志，随着时代的变迁，这些标志逐渐演变成为今天的商标。

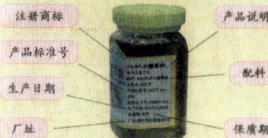

注册商标
产品标准号
生产日期
厂址

产品说明
配料
保质期

把你选购商品的小窍门和同学们说说。

法律之窗

第二十七条 产品或者其包装上的标识必须真实，并符合下列要求：

（一）有产品质量检验合格证明；

（二）有中文标明的产品名称、生产厂厂名和厂址；

（三）根据产品的特点和使用要求，需要标明产品规格、等级、所含主要成分的名称和含量的，用中文相应予以标明；需要事先让消费者知晓的，应当在外包装上标明，或者预先向消费者提供有关资料；

（四）限期使用的产品，应当在显著位置清晰地标明生产日期和安全使用期或者失效日期；

（五）使用不当，容易造成产品本身损坏或者可能危及人身、财产安全的产品，应当有警示标志或者中文警示说明。

裸装的食品和其他根据产品的特点难以附加标识的裸装产品，可以不加产品标识。

——《中华人民共和国产品质量法》

(62)

购物进行中……

今天蛋糕真便宜，多买些！

买多了吃不完，放变质了反而浪费。

蛋糕特价买一送一

购物前拟个购物单。

这个毛毛熊真可爱。

你已经有许多毛绒玩具了。

做个聪明的消费者，你有什么好建议？

1. 购买内容：
2.
3.

(63)

走进商场或超市，面对琳琅满目的商品，每个消费者的一言一行都经受着考验，怎样做才是文明小顾客呢？

超市购物用的手推车非当玩具车。

乱拿乱放不需要的物品，会给别的顾客带来不便。

阿姨，谢谢您！把我买的这些东西都装好了。

付钱时排队，要讲秩序。

我认为，购物时

等都是文明行为。

(64)

法律保护消费者

　　广告帮助我们认识了解商品的品牌，为我们提供购物信息。但是有的广告夸大其词，吹嘘自己的产品，千万不能轻信。《中华人民共和国广告法》规定，制造、散播虚假广告是违法的，会受到法律制裁。

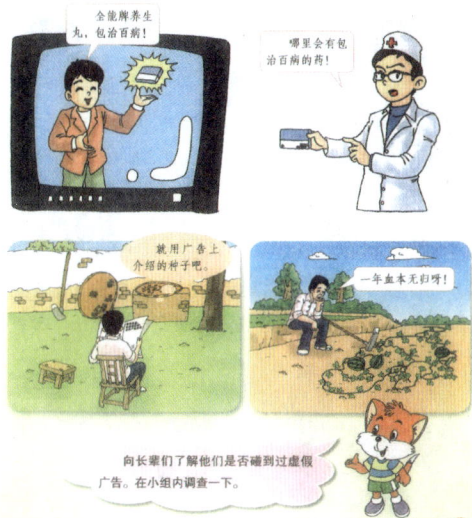

全能牌养生丸，包治百病！

哪里会有包治百病的药！

就用广告上介绍的种子吧。

一年血本无归呀！

向长辈们了解他们是否碰到过虚假广告。在小组内调查一下。

⑥⑤

　　在购物中，商家一般都会给购买者开发票。发票既是购买货物的凭证，也是税务部门征收税款的主要依据。

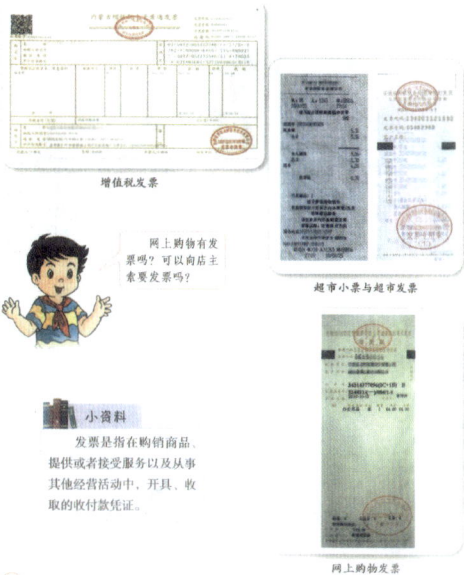

增值税发票

超市小票与超市发票

网上购物有发票吗？可以向店主索要发票吗？

小资料
　　发票是指在购销商品、提供或者接受服务以及从事其他经营活动中，开具、收取的收付款凭证。

网上购物发票

⑥⑥

　　在父母的陪伴指导下，从网上购你需要的课外书或文具，体验、了解网络购物的便捷和乐趣。

网上购物流程

选择多款产品时建议先加入购物车购买哦

挑选宝贝　加入购物车　付款

客户评价　确认收货　等待仓库发货

店主承诺7天无条件退货，收到货物我觉得不是我喜欢的，想另买，但退货的快递费由我出，这样划算吗？

可以查看店主的信誉度，选择销量大，好评多的店铺。

只看照片怎么知道商品质量好不好？

⑤⑨

12 我来算算账

算算家里的开支

　　日常生活中的各种消费都要用钱。家里的钱是从哪里来的？家庭每个月的收入有多少，各种消费的支出是多少？

我家的主要经济来源是爸爸妈妈上班挣的工资，但总听他们说工作压力大。

爸爸、奶奶的退休金。

爸爸说，家里的存款利息也是收入。

　　我的父母在农村务农，家里的收入要看当年的收成，有时候收入还可以，但父母很辛苦。

　　我的爸爸在外地打工，一年才能回来一次。听妈妈说，爸爸的收入还不错，但要负担一家人的生活还是有些累吧。

⑥⑧

当商品出现质量问题，发票就是退货、换货和维修的凭证。

购物发票作用大！当商品质量有问题时，发票就是凭证，可用它换货、退货。

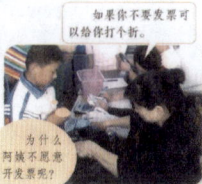

如果你不要发票可以给你打个折。

为什么阿姨不愿意开发票呢？

很多时候发票都没有拿，我都随手扔了。

我们家里有个专门的盒子放发票。

店主说没有发票，只有收据，那我还买吗？

⑥⑦

别人有的我该不该有

丰富多样的商品"诱惑"着我们，合理的消费才是关键。随意消费、过度消费都不可取。

六一儿童节，很多同学都收到亲朋好友送的礼物，我好羡慕啊！

我的好朋友换了新笔盒，我也想换一个！

手机多方便啊，爷爷奶奶答应给我买，可是爸爸妈就是不同意！

你有没有类似的想法？

⑦⓪

活动 该不该买新书包

好东西那么多，我们不可能什么都买回来。

根据家庭的经济条件来决定吧。

不能爱啥就买啥，可不能这样惯坏了孩子。

就一个孙子，该买。

听了大人们的意见，我们来开个辩论会吧！

辩论会

小资料
怎样开好辩论会？
1. 确定辩题，选出辩手；
2. 自选观点，分组准备；
3. 尊重他人，注意倾听；
4. 总结评议，提高认识。

⑦①

合理消费 不忘节俭

合理消费，反对"浪费"。联合国把每年的10月31日设立为"世界勤俭日"，提醒人们保持勤俭节约的美德。

你会这样吗？有则改之，无则加勉！

教室讲台上堆着好多铅笔，都是班上同学掉的，可就是无人认领！

张燕只要遇上喜欢的小饰品，就不考虑价格了。

说说你身边的浪费现象。

学校食堂的餐盘中经常会剩着很多饭和菜。

一粥一饭，当思来之不易；半丝半缕，恒念物力维艰。
——《朱子家训》

⑦②

做第四单元聪明的消费者
- 到哪里去购物
  - 丰富多样的商品：食品、服饰、学习用品、其他用品 → 满足人们的生活需求
  - 各种各样的购物场所：小卖部、集贸超市、便利店、超市 → 为购物提供方便
  - 多种多样的购物方式：电话购物、电视购物、网络购物 / 多种多样的付款方式：现金、刷卡、支付宝、微信 → 购物更加便捷
- 购物有窍门
  - 货比三家：比价格、比质量
  - 聪明消费、理智消费、文明消费
  - 勿听虚假广告 / 索要收款凭证
- 我来算算账
  - 经济来源：工资、退休金、存款利息 / 列家庭支出表，量入为出
  - 杜绝随意消费、过度消费
  - 保持勤俭节约的美德

五、科学

（一）概念

复习思维导图是学生学完整册书或者某一单元后绘制的较复杂的、系统性的网络结构图。

（二）案例

【案例1】

教科版《科学（五年级下册）》的学习内容，是由《沉和浮》《热》《时间的测量》和《地球的运动》四个单元组成的。

在《沉和浮》单元里，学生从物体的沉浮现象开始，在一系列的探究活动中，探寻物体沉浮的规律，研究影响沉浮的变量，最后形成有关沉浮现象的解释：一是用浮力和重力的关系解释沉浮现象，二是从密度的层面解释沉浮现象。

在《热》单元里，将观察热量变化过程中产生的物体的热胀冷缩现象，观察热量在物体中传递的现象，探索热量传递的规律，发现物体的导热性能是不同的，在生活中的应用

也是不同的。

在《时间的测量》单元里，让学生感受时间的长短，了解古时候的计时仪器，学习制作计时工具并进行观测和测量，认识计时工具的工作原理，感受计时工具的发展对人类生活和发展的影响，感受人类为了不断改进工具所作的不懈努力。

在《地球的运动》单元里，让学生认识昼夜交替现象，认识人类对地球运动的探究过程，基于可观察到的现象和事实进行学习，运用相对运动、参照物、模拟再现等原理和方法进行推理、论证，不断地利用已知探究未知的方法，最终认识地球运动（自转和公转）的模式。

目录

沉和浮／热／时间的测量／地球的运动

沉和浮

1. 物体在水中是沉还是浮　　2
2. 沉浮与什么因素有关　　5
3. 橡皮泥在水中的沉浮　　7
4. 造一艘小船　　9
5. 浮力　　12
6. 下沉的物体会受到水的浮力吗　　15
7. 马铃薯在液体中的沉浮　　17
8. 探索马铃薯沉浮的原因　　19

热

1. 热起来了　　26
2. 给冷水加热　　28
3. 液体的热胀冷缩　　30
4. 空气的热胀冷缩　　33
5. 金属热胀冷缩吗　　36
6. 热是怎样传递的　　39
7. 传热比赛　　41
8. 设计制作一个保温杯　　43

Contents

时间的测量

1. 时间在流逝   50

2. 太阳钟   52

3. 用水测量时间   54

4. 我的水钟   56

5. 机械摆钟   58

6. 摆的研究   60

7. 做一个钟摆   62

8. 制作一个一分钟计时器   64

地球的运动

1. 昼夜交替现象   72

2. 人类认识地球及其运动的历史   75

3. 证明地球在自转   77

4. 谁先迎来黎明   79

5. 北极星"不动"的秘密   82

6. 地球在公转吗   84

7. 为什么一年有四季   86

8. 极昼和极夜的解释   88

五（2）班　漆朗也

科学 五下复习

时间的测量

- 天
  - 最早使用的时间单位
  - 把1天分为24小时
  - 把1天分为12个时辰
  - 古埃及人
  - 古中国人
  - 日晷
  - 水钟
    - 受水型水钟
    - 泄水型水钟
  - 摆钟
  - （同一个）摆，每摆动一次所需要的时间相同
  - 摆绳动一次所需要的时间相同
  - 摆长、支架和摆锤相同
  - 摆长（越短）摆动（越快）
  - 摆长（越长）摆动（越慢）
  - （摆锤）与（传统摆锤摆）联合工作
  - 与（摆长）有关
    - 摆具有（等时性）
    - 保持摆动的方向不变
  - 与（摆锤轻重）无关
  - 机械摆钟

地球的运动

- 太阳不动，是宇宙的中心，地球和其他行星绕着太阳转
- 地球是宇宙的中心，静止不动，每天转一周
- 所有的日月星辰都绕着地球转
- 《天体运行论》
- 托勒密　古希腊
- 哥白尼　波兰
- 傅科摆　傅科
- 地球是球体
- 地球是球形
- 天体不平西转
- 东边早西边晚
- 星星绕着北极星顺时针（自东向西）转动，北极星不动
- 利用摆具有（保持摆动的方向不变）的特点
- 不同地方迎来黎明的时间不同
- 地轴倾斜
- 地心说
- 日心说
- 自转
  - 自西向东（逆时针）
  - 24小时
  - 周期
  - 方向
  - 1年
  - 地球的周年视差
  - 昼夜交替
  - 解释现象
  - 公转
- 四季的形成（还与地轴倾斜，地球自转有关）
- 极昼极夜（还与地轴倾斜，地球自转有关）
- 每隔15度为1个时区
- 划为（24）个时区
- 相邻两个时区相差1小时
- 英国伦敦格林尼治天文台
- 0度经线为标准
- 时间：向东加，向西减
- 天体运动
- 昼夜交替
- 傅科摆
- 恒星的周年视差
- 贝塞尔
- 世界时区图

热

- 热胀冷缩
- 热传递
  - 方式
    - 传导
    - 对流
    - 辐射（空气）
- 产生方式多种
- 受热（体积膨胀）和（微粒运动）有关，遇冷（体积缩小）
- 许多固体、液体、气体都具有（热胀冷缩）
- 同一物体，不同温度
- 加热传热
- 不同物体
- 不同材料构成的物体（导热性能）不同
- 导热性能好
- 导热性能差
- 金属（导热性能好）（热的良导体）
- 塑料、木头、空气（导热性能差）（热的不良导体）

沉和浮

- 浮力
  - 与（上浮）和（下沉）有关
  - 静止（悬浮）
  - 上浮　浮力>重力
  - 下沉　浮力<重力
  - 浮力=重力
- 与（液体性质）有关
  - 比（同体积）液体（重）
  - 比（同体积）液体（轻）
  - （在清水中加）盐
  - （在清水中加）清水
  - 改变浓度
  - 由（沉）变（浮）
- 与物体（排开的水量）有关
  - （测力计）可测浮力
  - 浸入水中的体积（越大）
  - 橡皮泥做成船型，浸入水的体积大
  - 钢铁造的轮船浮在水面上
- （不同材料）构成的物体（重量）和（体积）有关，改变（体积）
  - （体积）相同，（重量）（重）沉
  - （体积）相同，（重量）（轻）的容易浮
  - 空气、船型
  - 体积大
- （同种材料）构成的物体（重量）和（体积）有关
  - 沉浮状态（不变）
  - 下沉
  - 上浮
  - 排开的水量（越大）
  - 排开的水量大
  - 排开的水量小
  - 排开的水量变大

【案例2】

教科版《科学（五年级下册）》第一单元《沉与浮》。

本单元将在一系列的探究活动中，让学生自己去解决有关沉和浮的许多问题。学生将探究不同物体的浮沉，寻找关于对物体是上浮还是下沉现象的解释，而且能够明白物体与被放液体间的相互关系。当学生开始理解了他们所观察的结果之后，他们将鉴别出导致物体上浮或下沉的主要原因是什么。学生描述的语言可能和科学家精确的定义不很相同，但通过这些探究可以修正或完善他们的想法，使他们加强理解。这个探究过程会使学生认识到他们也可以弄明白事物的规律。

本单元的核心概念是有关物质的密度，它是物质固有的特性之一。密度是物质质量与体积的比值，它与物质的质量和体积都有关。

本单元还有一些很重要的具体概念：当把物体放入一种液体，相同体积下的物体与液体的重量不同将决定作用在物体上的浮力的大小。相同体积下，比液体重的物体会下沉，比液体轻的物体会上浮。

本单元的编写思路是：从物体的沉浮现象开始，探寻物体沉浮的规律，继而研究影响沉浮的变量（体积大小、重量、液体的密度），最后形成适合小学生年龄特点的有关沉浮现象的本质解释。

沉和浮

石块放入水中，沉下去了；木块放入水中，浮起来了。物体的沉浮现象与什么有关呢？铁块在水中是沉的，为什么钢铁造的大轮船却能浮在水面上，还能装载货物呢？从井中提水时，同样是盛满水的桶，离开水面后要比在水中感觉重很多。这又是什么原因呢？本单元的内容将帮助我们揭开物体沉浮的秘密。

浮力

液体对物体沉浮的影响

物体在不同液体中受到的浮力不同。

与体重在水中

重的放在油上，
轻的放在水上，
前者在维上。

与体重不和 的液体中

物体在液体中的浮力与同样大的液体的轻重有关。

物体比同体积的液体重，下沉；
物体比同体积的液体轻，上浮。

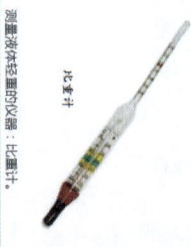

测量液体轻重的仪器：比重计。

比重计

浮力与重力的关系

浮力大于重力：把泡沫塑料块按压入水中，一松手，它就会上浮。

浮力小于重力：小石块放入水中会下沉。

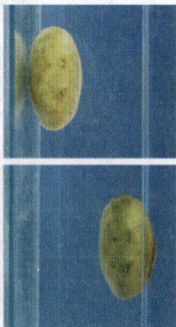

五（4）班　马宇哲

沉与浮

物体的沉浮现象与实际的应用

物体在水中的浮力变化

浮力：把小船和小球放入水中，手能感受到水对小船和小球的浮力还有一个向上的力，这个力就是水的浮力。

浮力可以用弹簧测力计进行测量。

浮力等于重力：当钢丝塑料球静止上浮在水面上时，它受到的浮力等于它受到的重力，且方向相反。

物体在水中的沉浮在实际中的应用

浮力：把小船和小球放入水中，手能感受到水对小船和小球的浮力还有一个向上的力，这个力就是水的浮力。

物体形状：通过改变橡皮泥在水中的排开量，来改变橡皮泥在水中的沉浮，橡皮泥小船的排开水量越大，小船就能装载更多的货物。

溶液原理：当溶液的浓度增大时，它的浮力也随着增大，重新控制物体的下沉和浮起。

不同材料构成的物体

把体积相同、质量不同的小球放入水中，体积大的物体容易沉，质量小、轻的物体容易浮。

把质量相同，体积不同的小球放入水中，体积大的物体容易浮，体积小的物体容易沉。

同种材料构成的物体

增大物体的体积，轻重、其沉浮状态不变。

减小物体的体积，轻重，其沉浮状态不变。

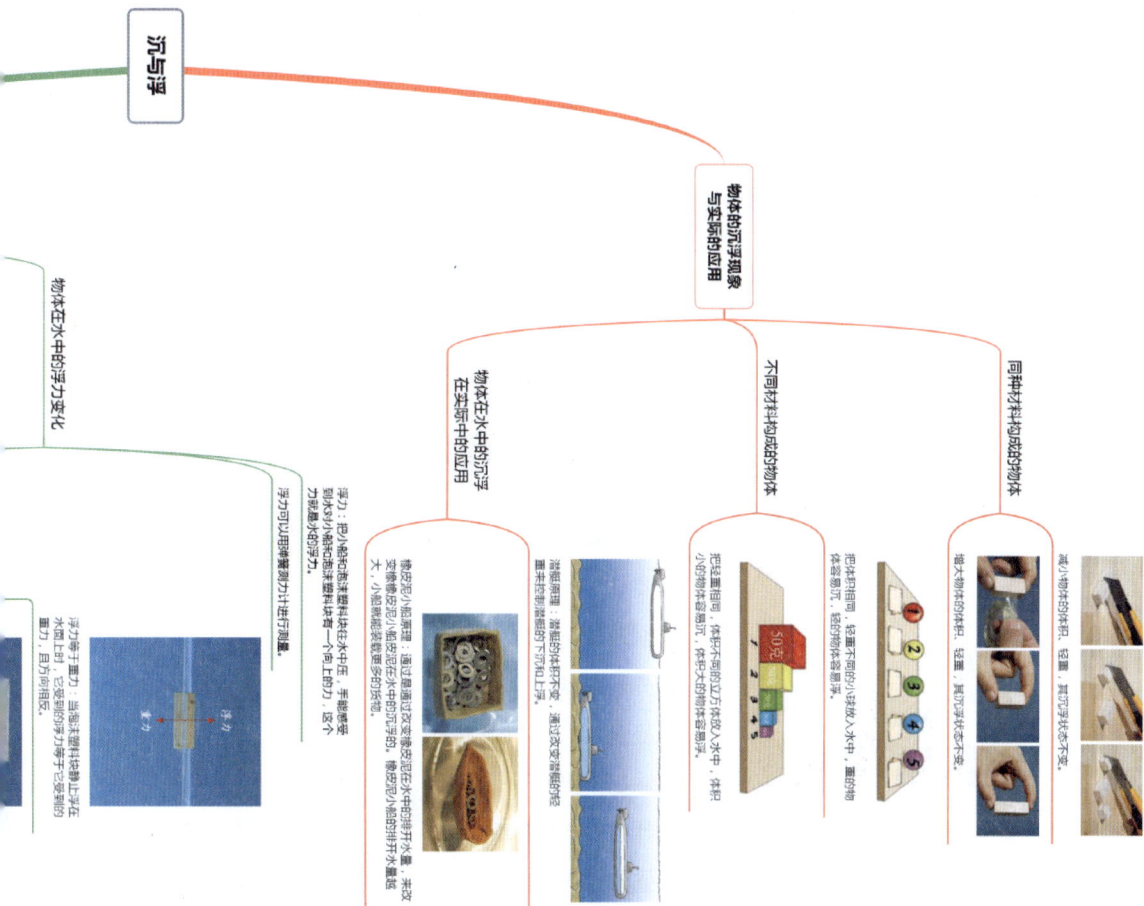

（三）作用

科学复习思维导图分为两种：单元复习思维导图和全册复习思维导图。

1. 全册复习思维导图。全册复习主要是学生对每个学期所学内容的大致框架，方便学生进行期末复习。

2. 单元复习思维导图。单元复习是对一个单元里的知识要点进行归纳、整理，方便学生进行单元复习。

（四）绘制方法

科学的复习思维导图主要采用鱼骨图，有时为了排版方便也会画成网状图。复习思维导图和预习、总结思维导图最大的区别在于它涉及整个单元甚至整册书，因此结构比较复杂，内容比较多。学生在绘制时一定要注意把握整体，再各条支线一顺到底。由于是复习，图中应该包含本单元或者本册书的全部重要内容或者考察要点，以便真正地起到复习之用。

（五）练习

请根据教材，绘制教科版《科学（五年级下册）》第四单元《地球的运动》的单元复习思维导图。

地球的运动

1. 昼夜交替现象　　　　　　72
2. 人类认识地球及其运动的历史　75
3. 证明地球在自转　　　　　77
4. 谁先迎来黎明　　　　　　79
5. 北极星"不动"的秘密　　82
6. 地球在公转吗　　　　　　84
7. 为什么一年有四季　　　　86
8. 极昼和极夜的解释　　　　88

第六章
课外阅读思维导图

一、语文

古有杜甫的"读书破万卷，下笔如有神"。而今，著名语言学家吕叔湘先生也说："问语文学得好的人，都说是课外看书。"阅读对于一个人的成长有着重要的影响，可以增加知识，开拓眼界，积累广博的知识，发展思维，陶冶性情。可以说，阅读是一个人成长的方式和渠道，人的精神发展史就是他的阅读史，一定的阅读积累，成就他一生的生命底色，影响和改变他未来的命运。

《义务教育语文课程标准》非常注重学生阅读能力的培养。《义务教育语文课程标准》的总目标要求学生："具有独立阅读的能力，学会运用多种阅读方法。有较为丰富的积累和良好的语感，注重情感体验，发展感受和理解的能力。能阅读日常的书报杂志，能初步鉴赏文学作品，丰富自己的精神世界。能借助工具书阅读浅易文言文。背诵优秀诗文240篇（段）。九年课外阅读总量应在400万字以上。"在教学建议中也提到"培养学生广泛的阅读兴趣，扩大阅读面，增加阅读量，提高阅读品位。提倡少做题，多读书，好读书，读好书，读整本的书。关注学生通过多种媒介的阅读，鼓励学生自主选择优秀的阅读材料。加强对课外阅读的指导，开展各种课外阅读活动，创造展示与交流的机会，营造人人爱读书的良好氛围"。这些具体要求体现了现行语文教学对课外阅读指导的重视。

阅读是语文学习的核心环节，也是精神成长和文化传承的重要手段，阅读仅仅依靠课堂是远远不够的，我们平常所说的课外阅读其实是针对小学语文课堂阅读教学来说的，它是包括在阅读里边的。我们也可以认为，课内阅读就是老师在课堂上直接讲出来而且要进行的一种阅读活动，也就是指我们经常所说的阅读课本。然而课外阅读是指在我们课内阅读活动以外的各种单个的另一种阅读活动，其中包括在学校和老师引导下的指定阅读和小学生自由选择阅读的两种。

课外阅读是语文实践活动中最重要、最普遍、最经常的形式，是课堂阅读的继续和扩展，是阅读能力训练的必不可少的组成部分，在开放的语文教育体系中，是语文教学的重要组成部分。在小学阶段培养学生的课外阅读习惯会让他们终身受益，对小学生知识的积累、心灵的成长、人格的塑造所起的作用无疑是举足轻重的。

（一）阅读教学的理念变化

阅读教学是语文教育的重要组成部分。传统阅读教学以"作者中心论""文本中心论"为理论基础，主张接受式学习。但实际上，文本既是一种物质符号系统，又是一种精神意识，具有一定的意义，作者的思想感情通过它进行传递与表达。如果教师一味引导学生对文本进行解读，学生往往更多停留在文本的"物质"表层，而忽略了文本的精神内涵。所以，现在越来越多的人认识到"读者中心论"的重要性。

1. 以作者为中心理论

以作者为中心的理论是指文本解读要发现作者赋予作品的原始意义，作者创造了文本，对文本所蕴含的意义拥有绝对的解释权。以作者为中心理论主要是恢复作者的本意，寻找与作者心灵的契合点。叶圣陶先生指出，在文本解读的过程中要遵循创作者固有的创作思路，把握作者的情境，追寻文本的原意。

2. 以文本为中心理论

以文本为中心理论是指文本解读要以文本为中心，在进行文本解读时，文本所蕴含的意义是通过对字、词、句、篇、语、修、逻、文的分析来确定。美国文学批评家韦勒克反复强调："作品就是一个隐含着并需要意义和价值的符号结构。"主张文本解读就应该以具有这样的符号结构的作品为主要对象，重在挖掘具有隐含意义的特殊符号的价值。

3. 以读者为中心理论

但随着接受美学的一些观点，阅读教学出现了新的态势，出现了"以读者为中心"理论。它强调读者不可低估的能动作用，强调读者不可或缺的，具有决定意义的创造。这也叫做"以学生为中心"理论，越来越多的教师认识到阅读教学中应充分重视学生的主体性阅读、个性化阅读，以促进学生的精神成长、阅读能力的提高。

那么如何理解尊重学生主体地位，实现生动有效的主体性阅读教学呢？训练学生画思维导图不失为一个好的方法。对于阅读能力弱的学生来说，他可以通过画阅读导图从盲目、茫然的阅读中找到一些阅读方法、路径，补自己的短板。对于阅读能力强的学生来说，画阅读导图则可以弥补他发现问题的不足，进而学会科学合理地表达。

（二）概念

课外阅读思维导图，顾名思义，是学生在课外进行阅读时完成的一种思维导图，包括阅读一篇文章、多篇文章、整本书、古诗词等。课外阅读思维导图实际上帮助学生在阅读时建立一种思维，促使阅读形成新的认识和理解。就好比你是一个寻宝人，带着探寻的目光去看一篇文章、一本书，期望从中获得那些你不知道和不懂的东西，在丛林里寻找那些你想要的宝藏。

（三）几种形式的课外阅读思维导图案例、制作方法和作用

1.单篇阅读的思维导图

阅读分析一篇文章，是学生进行的一项经常性训练，也是学生应该具备的一种基本能力。要想在有限的时间里面读懂一篇文章，掌握阅读的方法必不可少，并可依据此方法来画出思维导图。一般来说，阅读一篇文章方法包括这几步：

①快速阅读，边读边思考：文章的题目、作者、文体以及主要内容。

②默读文章，边读边思考：

A.标注文章的自然段，弄清每个自然段的意思。（或勾画关键词句，或写出提炼的词句）

B.接着思考文章从哪几个方面来写的。

③细读文章，边读边思考：

A.文中的人、事或物给你留下怎样的印象？你是从哪里看出来的？请圈点勾画出相关的词句。

B.作者又是如何来写的？

这样一步步阅读思考的过程适合用网状图来画思维导图。

例如，给《西湖的绿》这篇文章画思维导图。

【原文】

西湖的绿

宗　璞

我要说的地方，是多少人说过写过的杭州。六月间，我第四次到西子湖畔，距第一次来，已经有九年了。这九年间，我竟没有说过西湖一句好话。发议论说，论秀媚，西湖比不上长湖天真自然、楚楚有致；论宏伟，比不上太湖烟霞万顷、气象万千。好在到过的名胜不多，不然，不知还有多少谬论。

奇怪得很，这次却有炯乎不同的印象。六月，并不是好时候，没有春光，没有秋意，也没有雪。那几天，有的是满湖的烟雨，山光水色俱是一片迷蒙。西湖，仿佛在半醒半睡。空气中，弥漫了经了雨的栀子花的甜香。记起东坡诗句："水光潋滟晴方好，山色空蒙雨亦奇"，便想，东坡自是最了解西湖的人，实在应该仔细观赏、领略才是。

正像每次一样，匆匆地来，又匆匆地去。几天中我领略了西湖的"绿"。雨中去访灵隐，一下车，只觉得绿一扑眼而来。道旁古木参天，苍翠欲滴，似乎飘着的雨丝儿也都是绿的。

飞来峰上层层叠叠的树木，有的绿得发黑，深极了，浓极了；有的绿得发蓝，浅极了，亮极了。峰下蜿蜒的小径，布满青苔，直绿到了石头缝里。在冷泉亭上小坐，直觉得遍体生凉，心旷神怡。亭旁溪水波光粼粼，说是溪水，其实表达不出那奔流的气势，平稳处也是碧澄澄的，流得急了，水花飞溅，如飞珠滚玉一般，在着一片绿色的影中显得分外好看。

西湖的胜景很多，各处有不同的好处，即使一个绿色，也各有不同。黄龙洞绿的幽，屏风山绿得野，九溪十八涧绿得闲。不能一一去说。漫步苏堤，两边都是湖水，远水如烟，近水着了微雨，也泛起一层银灰的颜色。走着走着，忽见路旁的树十分古怪，一棵棵树身虽然离得较远，却给人一种莽莽苍苍的感觉，似乎是从树梢一直绿到了地下。走近看时，原来四树身上布满了绿茸茸的青苔，那样鲜嫩，那样可爱，使得绿阴阴的苏堤，更加绿了几分。有的青苔，形状也有趣，如耕牛，如牧人，如树木，如云霞；有的整片看来，布局宛然一幅青绿的山水画。这种苔绿，给我的印象是坚韧不拔，不知当初苏公对他们印象怎样。

在花港观鱼，看到了又一种绿。那是满池的新荷，圆圆的绿叶，或亭亭玉立于水上，或宛转靠在水面，只觉得一种蓬勃的生机，跳跃满池。绿色，本来是生命的颜色。我最爱看初春的杨柳嫩枝，那样鲜，那样亮，柳枝儿一摆，似乎蹬着脚告诉你，春天来了。荷叶，则要持重一些，初夏，则更成熟一些，但那透过那活泼的绿色表现出来的苗壮的生命力，是一样的。再加上叶面上的水珠儿滴溜溜滚着，简直好像满池荷叶都要裙袂飞扬，翩然起舞了。

具体绘制思维导图步骤及方法：

第一步：画出中心图标，在中心图标处标注清楚文章的题目（西湖的绿）、作者（宗璞）、文体（游记类散文）以及主要内容（作者六月间到西湖游玩，感受到了西湖的"绿"）。

第二步：画一级分支，文章从哪几个方面来写的，用关键词表述。（雨中访灵隐、漫步苏堤、花港观鱼）

第三步：画二级分支1，每一个方面最主要的特点是什么，用关键词概括。（灵隐寺的绿：颜色多变；苏堤的绿：坚忍不拔；花港观鱼的绿：生机勃勃）

第四步：画二级分支2，作者是怎样写的，提炼写作方法。（雨中访灵隐：由上到下、比喻、排比；漫步苏堤：由远及近、有详有略、对比、比喻、排比；花港观鱼：拟人、比喻）

第五步：画二级分支3，表达作者怎样的情感，为概括中心思想打下良好基础。（灵隐寺的绿：喜爱；苏堤的绿：敬佩；花港观鱼的绿：欣喜）

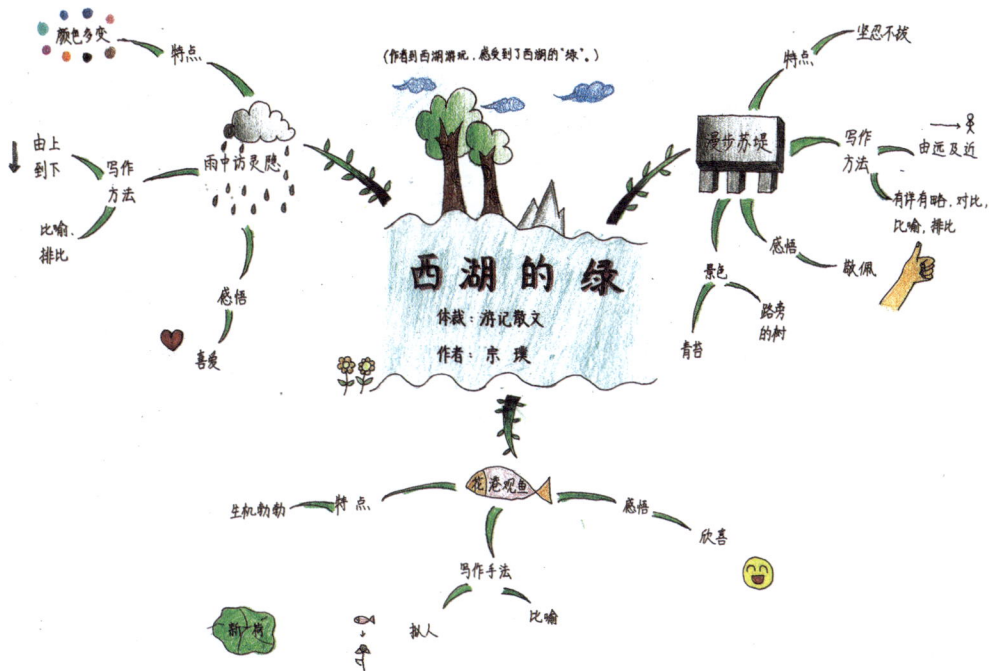

六（2）班　涂亚昊

　　掌握了此种阅读方法，并辅之以画思维导图来阅读文章，可以很快地让读者对所读内容建立整体感知，很好地把握文本的知识要点，从而提高阅读能力和理解能力。

　　2. 群文阅读的思维导图

　　随着社会的发展和科技的进步，传统的教学已经不能满足社会和学生的需要了，仅仅靠着课本的二十多篇文章，已经远远不够了。这就需要培养学生在短时间内大量阅读，需要学生掌握一定的阅读方法，学会阅读。

　　群文阅读，顾名思义，就是在较短的单位时间内，要呈现多篇文章。在多个文本、同一个主题或同一体裁教学的方向引导下，倡导学生阅读，并在阅读中推理出自己的观点，进而提升阅读力和思考力。群文阅读是一种新的阅读形式，也是一种新的教学理念，是教育改革提出的新要求。它是以粗读、略读为主法，以分享感悟为核心，以探索发现为乐趣的教学形式。从原先的"一篇"到现在的"一群"，群文阅读的教学价值绝不止阅读数量的增加，阅读形式的革新，更是教师对语文阅读教学理念的更新。群文阅读教学为小学语文阅读教学的创新与改进提供了新的思路，应在充分认识群文阅读教学优势的基础上，优化阅读教学策略，拓宽阅读教学思路，拓宽阅读材料的选择范围，不断提升学生阅读速度、理解能力，并使学生在阅读过程中积累更多情感体验，深切感受到汉语的深刻内涵与无穷魅力。

一般来说，群文阅读的方法包括这几步：

①略读或浏览，寻找关联

群文阅读要区别于单篇阅读。单篇阅读更侧重于精读，而群文阅读多采用浏览、略读的方式进行。略读、浏览，侧重于信息处理，提炼出这一组文章主题是什么或辨别是什么同一体裁的文章，找到它们之间的关联。也就是说这几篇文章为什么放到一起来读。

②默读思考，概括内容

默读时要快速思考每一篇文章的主要内容。这实际上也是在训练学生的归纳概括能力，使学生达到用简练的语句对每一篇文章内容进行概括。

③整合目标，一课一得

"群文阅读"阅读量的增加，决定了不能再以传统单篇文章的教学目标作为目标，而应对原来具体、细化的目标，做必要的整合。整合目标的点要更集中，注重一课一得即可。

④"求同"阅读，感悟主题

"群文阅读"下先要进行"求同"阅读，让学生把几篇文章横向联系起来读，抓住一两个核心问题引导学生的思考向纵深发展，丰富对文章相同点的认识（包括文章主旨、写作手法、作者情感等），使认识与方法形成序列。然后学生举一反三，进行拓展性阅读，这对学生的知识储备、思考力提出巨大挑战。

⑤"求异"品析，升华中心

进行群文阅读时，在基于群文"关联点"进行"求同"阅读的基础上，进行"求异品析"，是非常必要的。所谓"求异品析"，就是要利用群文的"同"和"异"，从面和点上去完成群文的品读和赏析，用"点"上的"异"，去深化和丰富"面"上的"同"；在"面"上"同"的基础上，去发现"点"上的"异"，进而能对群文的主题有更深入的认识，实现认识的升华。

这样在几篇文章之间建立联系和进行比较阅读的思维过程适合画韦恩图。

例如，给《凡卡》《穷人》《我的老师》这三篇文章画思维导图：

《凡卡》是俄国作家契诃夫创作的短篇小说，写于1886年。文章按写信的过程进行记叙：开始叙述圣诞节前夜凡卡趁老板、老板娘和伙计们到教堂做礼拜的机会，偷偷地给爷爷写信；接着，通过写信向慈祥的爷爷倾诉自己在鞋铺当学徒遭受的令人难以忍受的悲惨生活，再三哀求爷爷带他离开这儿，回到乡下去生活，并回忆了与爷爷在一起生活情景。这篇小说通过凡卡给爷爷写信这件事，反映了沙皇统治下俄国社会中穷苦儿童的悲惨命运，揭露了当时社会制度的黑暗。

《穷人》是俄国作家托尔斯泰所创作的一部短篇小说，集中描写了在一个浪涌风吼的夜晚，渔夫妻子桑娜在等候亲人归来时，出于善良和同情收留了邻居的两个孤儿，待渔夫归来，正和她的想法一致。作品精细地剖析了渔夫妻子桑娜的心理矛盾发展过程，表现出渔人夫妇宁可自己吃苦，克服困难，也要帮助邻居的高尚品质。

《我的老师》是冰心的一篇散文。在文中，她所怀念的中学老师T女士，是个非常爱护学生的老师。她尊重学生，把如慈母般的爱倾注在学生身上。文章用朴实的语言给我们描绘了一个对教育事业奉献了自己全部青春的老师。

具体绘制思维导图步骤及方法：

第一步：画出三个相交叉的圆，在三个圆交集的部分标注清楚三篇文章的关联。（写人的记叙文）

第二步：在三个圆中分别写上三篇文章的题目。（凡卡、穷人、我的老师）

第三步：比较主要内容，用一句话概括出每一篇文章的主要内容。（凡卡给爷爷写信求爷爷带他走；桑娜和渔夫抱回西蒙的孩子来抚养；T老师热诚为"我"补习算术）

第四步：比较人物特点，用关键词概括每一个人物的特点或品质。（凡卡：命运悲惨、善良可怜；桑娜和渔夫：勤劳善良、乐于助人；T老师：温柔细心、循循善诱）

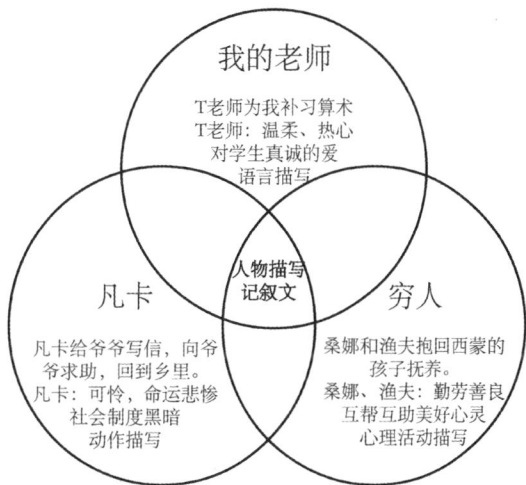

我的老师
T老师为我补习算术
T老师：温柔、热心
对学生真诚的爱
语言描写

人物描写
记叙文

凡卡
凡卡给爷爷写信，向爷爷求助，回到乡里。
凡卡：可怜，命运悲惨
社会制度黑暗
动作描写

穷人
桑娜和渔夫抱回西蒙的孩子抚养。
桑娜、渔夫：勤劳善良
互帮互助美好心灵
心理活动描写

六（1）班　洪宗扬

第五步：比较写作方法，用关键词提炼。（凡卡：动作描写；穷人：心理描写；T老师：语言描写）

第六步：比较作品情感，用关键词表述。（凡卡：社会制度的黑暗；穷人：互帮互助的美好心灵；T老师：对学生真诚的爱）

第七步：归纳总结：同样是写人的文章，可以用不同的细节描写（动作、心理活动、语言）来表现人物形象，突出文章中心。在三个圆交集的部分补充：细节描写。作者借三篇文章的主人公，都想表现一种真善美，抨击社会的假丑恶。

老师按这样的阅读方法和画思维导图的步骤指导学生进行群文阅读，不仅增加阅读量，更是把学生带入了深层次的阅读，通过比较、猜测、推论、反思等方法对文本进行探究性思考，使不同程度的学生，每个人都有自己的收获和感悟。学生除了掌握一定的阅读技巧，也学会了多元地看待世界，从不同的视角，用独特的眼光丰富自己的认知，感受到自己是阅读世界中的一员。

3.整本书阅读的思维导图

新课标提出让学生"多读书，读好书，读整本书"，这就意味着要求语文教学打破以往的课堂篇章教学的模式，注重对学生进行整本书阅读的指导和锻炼。整本书阅读中的"整"，既是对全书的脉络的全面把握，也是对全书内容的深度思考；"本"不仅仅是指单独的一本，也是指相关的许多本；"阅读"是指包含多种方式的阅读过程，可以说泛读、精读、略读、跳读等等。由此可见，整本书阅读应该是动态的、综合的和开放的。

整本书的阅读在于一个整体，不同于一篇课文的教学，学生阅读了一本书，留下些什么印象，感受到什么，收获到什么是非常重要的。整本书阅读，可以分为老师推荐的统一书目阅读和学生自由选择书目阅读。教师根据学生的年龄特点，事先推荐书目，学生课外阅读，利用阅读课，进行读书交流。整本书的阅读，既要关注学生的个性的体验，又要通过细节的挖掘，帮助学生走进阅读，体会字词的精妙之处。

书的篇幅长了，一节课的时间不够了，甚至一天、一周都不能解决问题，阅读过程比较长，有些学生可能会逐渐失去新鲜感，逐渐倦疲倦。也有的学生会因为理解能力有限，看不懂或理解不深入，导致看书的质量不高，往往在看完课外读物后只留下很少知识在头脑里。如何把知识快速而长久地留下来，在享受精神愉悦的同时，增添一份思想上的"神采飞扬"呢？思维导图的作用不言而喻，它只需要一张纸，条理清晰，色彩丰富，图案美观。只要一看，可以使学生很快地对一本书建立整体的感知，回顾起整本书的知识点，便于孩子记忆与复述故事情节，更好地进行积累；可以深入理解作品的主题、内涵等。它既着眼于提升学生的感性认识，又发展了他们的理性思维。课外阅读中绘制思维导图，就好比孩子在书中走了一个来回，把一本厚厚的书读成一张薄薄的纸。

那么，阅读过程中，在什么时候绘制思维导图呢？读完一本书后绘制思维导图或者一边读书一边做思维导图，这些办法都同样有效。

（1）读完一本书后绘制思维导图

绘制思维导图的过程就是一个整理阅读思路的过程。首先，你需要归纳，把厚书读薄。其次，你需要建立关联，书中各部分内容是什么关系。这两个问题解决了，这本书你就不算白看。最后，回看这本书，边读边动手制作思维导图，在画图的过程中，原先书中没读明白的地方一次次变得清晰准确，不知不觉增加了你的求知欲和积极性，提高了思维逻辑能力。也正所谓"书读千遍，其义自见"。事后画思维导图有一个长处，即你只有在掌握理解了全书内容和部分内容与彼此的关系后才开始画图，你的思维导图因此就会更为全面，核心更明确。

（2）边阅读边绘制思维导图

方法是把书本的目录以及内文快速地翻看一遍，先对全书的内容和框架有个大概了解，再确定中心图像和中心词，然后画出一个思维导图框架（把这本书的主要模块都列在一级分支上），接着在第二遍阅读的时候边阅读边提炼出关键词，读完整本书后再进行修改完善，把你对这本书的感悟和心得进行重新汇总提炼，增加一些重点符号、小图标等。一边阅读一边做思维导图，就好像与书的作者进行持续的对话，在书往前进展的时候会反映出知识的展开模式。不断扩大的思维导图也会让你注意到理解水平，并据此调整自己的注意力。

不管选择哪一种方法，对一本书做思维导图都是一个双向的过程。目标不是简单地以思维导图的形式复制作者的思想。它是要根据你自己的知识、理解力来组织和综合他或她的思想。你的思维导图应该能够理想地包括你自己的评论、想法以及从刚刚读到的东西里得到的创造性的理解。

那么反过来，可不可以用思维导图来进行阅读呢？答案是肯定的。例如：没有读过这本书的朋友，当看到一幅生动、直观又有趣的思维导图时，阅读的欲望会随之产生。这时思维导图就起到了"导读"的作用，带领我们享受阅读的快乐。这主要是开发自己的右脑，提升发散思维能力，提高学习乐趣和学习效率！

一般来说，绘制整本书的阅读思维导图的方法如下：

看完一本书，要求学生绘制一张思维导图，首先是梳理和整理。这个环节至关重要，画图之前一定要梳理文脉和文章大意，学生要关注书的内容，表达方法，谋篇布局，遣词造句的丰富，与文本对话，发现作品的特点，体会蕴含的丰富情感，人生哲理。基于对以上的认识，我们才能着手绘制阅读导图。具体方法如下：

（1）确定好中心主题词

中心主题词的确定是制作思维导图的关键。其它都是由此中心发散出去的与之相关联的重要内容。当指导学生读完一本书后，首先要确定所阅读书的中心主题。课外读物的种类很多，而且每一本书蕴含的知识点和思想都各不相同。因此，在读一本书时可以根据自己的理解和书本的特点确定主题、并画好与中心主题相关的中心图像。一本书中很多的"点"都可以作为中心主题词，小学生在读课外书时最常关注到的是书中的人物、事件、地点、时间变化等。

①人——小说中的主要人物，如《三国演义》的刘备、关羽、张飞等；《西游记》的唐僧师徒四人等；《水浒传》的 108 个好汉等。

②事——关键事件，对主要人物的成长产生影响或转变的主要事件，如《三毛流浪记》中三毛做报贩、擦皮鞋、当学徒等一系列事件，《鲁滨逊漂流记》中鲁滨逊在荒岛生存事

件等等。

③地点——跟故事的发生、发展密切联系的，可以推动情节发展的。如《格列佛游记》中格列佛在不同地点游历。

④时间——以时间推移为线索，如《林汉达中国历史故事集》按不同朝代记录一千零五十年的历史故事。

⑤品质——作者宣扬的，体现人性中最美好的一面，比如，《战马》一文关于勇气、忠诚、和平与爱等。

此外还有题目、背景等等，选择哪一个"点"，主要看我们目标的设定或者小说的特点而定，等学生掌握了思维导图的阅读方法后，就可根据自己的认识和兴趣确定。

（2）引发发散思维

确定好中心主题词，接下来就要组织学生发散思维。发散思维是思维导图的核心。根据中心主题继续补充思维导图的细节信息，注意使用关键词和图像。发散思维的质量保证思维导图的质量。不同的中心主题词，发散的思路流程是有所侧重的。

①以人物为主题画思维导图，要把与人物有关的关键事件、性格特点、精神品质、情感变化、背景、命运等内容整理出来做成思维导图，可以加深对书中人物的认识与把握。

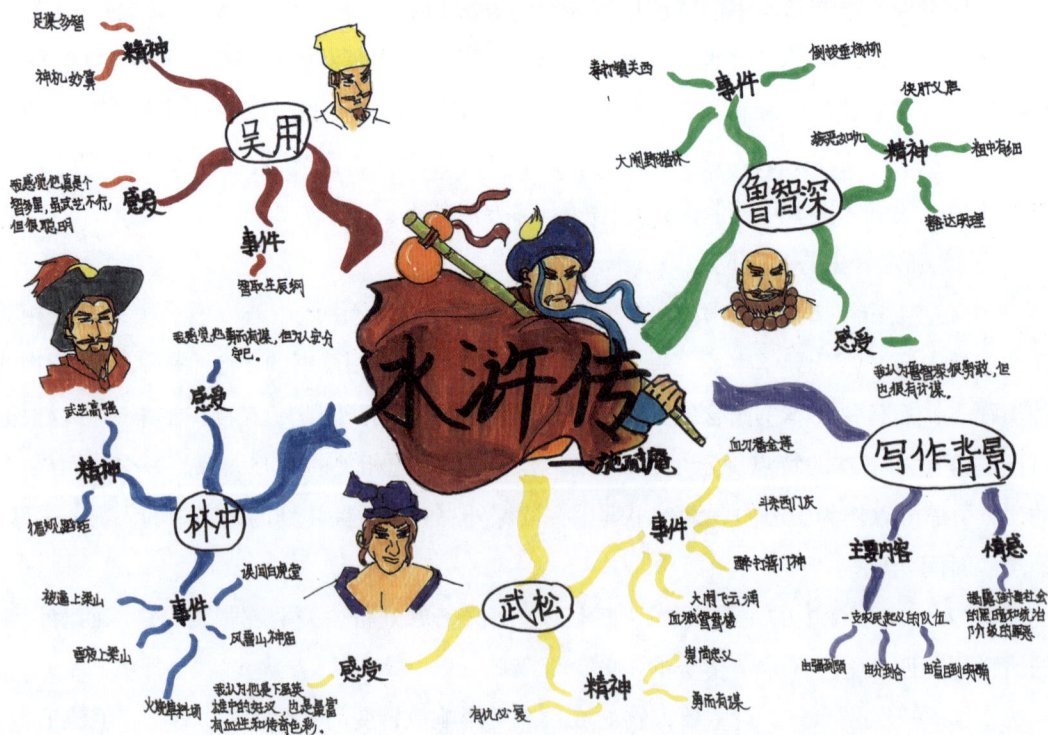

六（2）班　杜彬彦

　　这是五年级同学读了《水浒传》后，以"人"为中心制作的思维导图。从图中中心词是书名《水浒传》四个一级分支分别是书中四个人物：鲁智深、武松、林冲、吴用。二级分支里，分别列举了每个人物的主要事件，对其个性品质的归纳以及评价，从图中可以看出学生对4位人物形象有比较清醒的认识：吴用足智多谋，鲁智深侠肝义胆，武松勇而有谋，林冲循规蹈矩，等等。

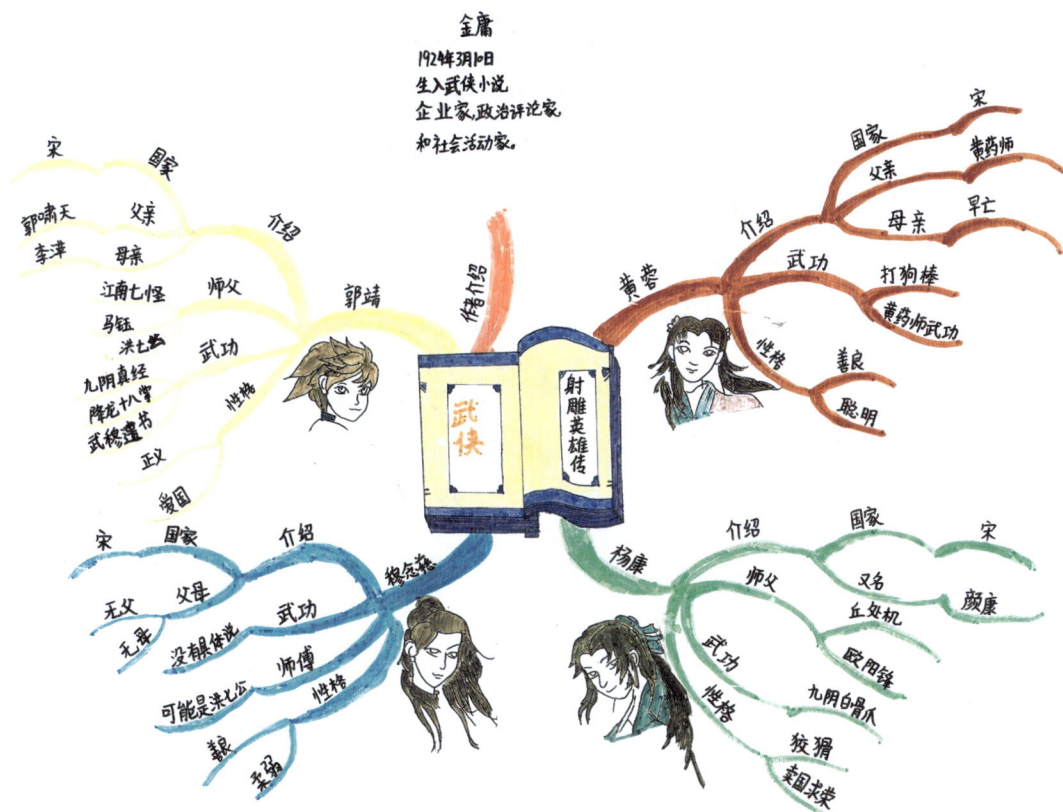

六（3）班　郭才伟

　　《射雕英雄传》是金庸创作的长篇武侠小说，以宁宗庆元五年至成吉思汗逝世这段历史为背景，反映了南宋抵抗金国与蒙古两大强敌的斗争，充满爱国的民族主义情愫。该小说历史背景突出，场景纷繁，气势宏伟，具有鲜明的"英雄史诗"风格。它以创造个性化的人物形象为中心，按照人物性格的发展需要及其内在可能性、必然性来设置情节，从而使这部小说达到了事虽奇、人却真的妙境。学生在阅读这本小说时，以书中四个重要人物郭靖、黄蓉、杨康、穆念慈为主题画思维导图。一级分支是四个人名，二级分支列举了每个人的背景、个性特点、主要本领等，三级分支对这些内容做了具体阐述。通过这张思维导图，将书中重要人物个性鲜明地呈现出来。

②从"关键事件"入手，就要引导学生分析思考事情发生的"原因—经过—结果"，探究事件的本质，从中获得成长的启示与教育。

六（2）班　成铭哲

《幸运大流浪》是作家唐敏所著的一本儿童小说，一个家住在厦门市鼓浪屿的富家小孩赵小雨因爸爸、妈妈的误解离家出走了。这时，他遇到了家在安徽到处流浪，以卖罐子、瓶子为生的小孩赵人才，他们两人一起去流浪、一起去公安厅抗议、一起到成都去游玩……最后一起回到家里，与父母化解了矛盾。

这是学生读完《幸运大流浪》所绘制的思维导图。这本书是按照事情的发展顺序写的，书中的每一个章节也是按照事情的发展顺序写的。因此，学生阅读时可以事件为主题画思维导图，一级分支分别为：认识赵人才、准备离家、流浪、凯旋。二级分支里，学生仔细分析每一件事的起因、经过、结果，并用关键词概括、归纳出来了，还写上了自己的想法。这可是一本300多页的书，学生只用一幅图就把它记下来了。

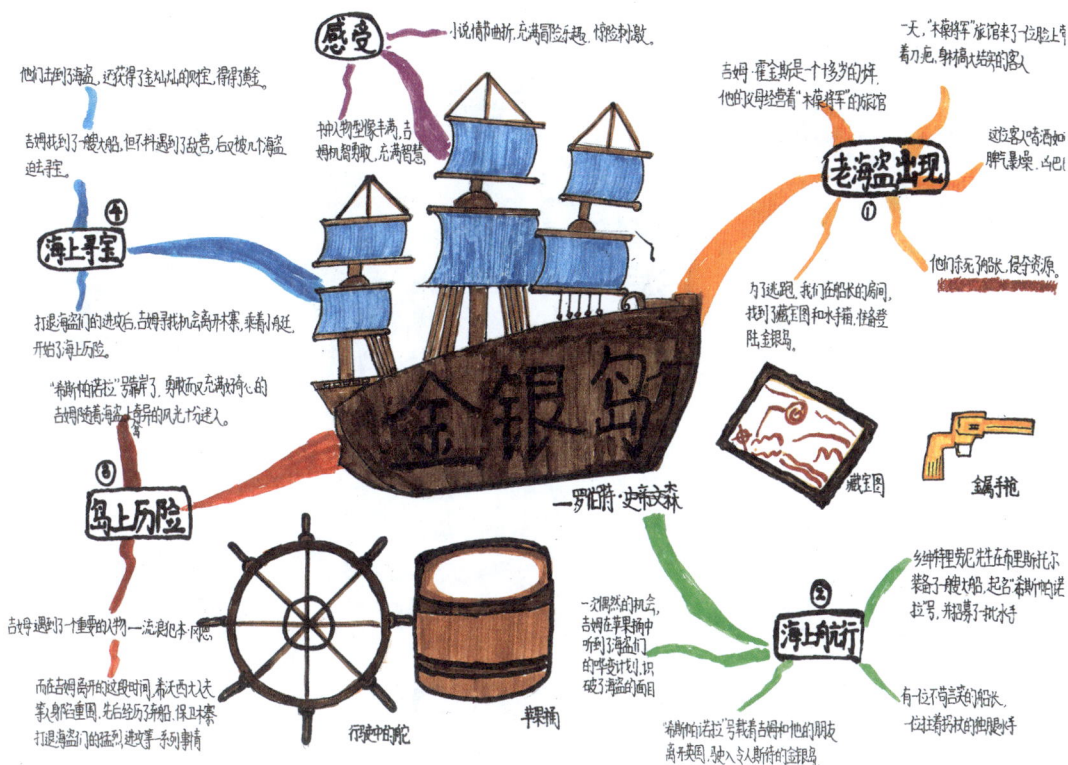

六（2）班　陈旭阳

《金银岛》是英国小说家罗伯特·路易斯·史蒂文森创作的一部长篇小说，讲述的是18世纪中期英国少年吉姆从垂危水手彭斯手中得到传说中的藏宝图，在当地乡绅支援下组织探险队前往金银岛，并与冈恩众人智斗海盗，最终平息了叛变并成功取得宝藏的故事。

阅读《金银岛》一书，按照老海盗出现、海上航行、岛上历险、海上寻宝等具体事件进行分支。

③根据地点制作思维导图，从地点的变化入手，以在不同的地点发生哪些事件思路制作思维导图，帮助学生理清文本内容。

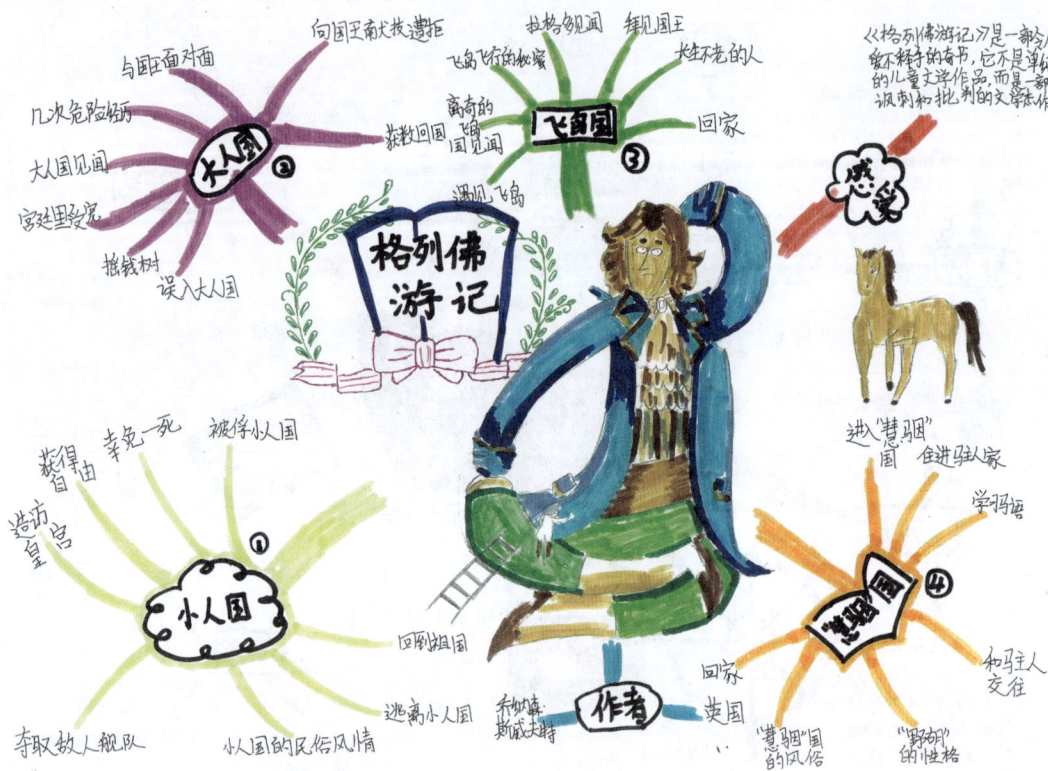

六（2）班　胡精悍

《格列佛游记》是英国作家乔纳森·斯威夫特创作的一部长篇游记体讽刺小说，作品以里梅尔·格列佛船长的口气叙述周游四国的经历。通过格列佛在利立浦特（小人国）、布罗卜丁奈格（大人国）、飞岛国、慧骃国的奇遇，反映了18世纪前半期英国统治阶级的腐败和罪恶。这是学生读完《格列佛游记》后制作的思维导图，一级分支为小人国、大人国、飞岛国和慧马国四处地点，二级分支则是在每个地点各发生了哪些离奇的故事，每个故事的起因、经过、结果，例如：小人国这一分支，就写了被俘小人国、幸免一死、获得自由、造访皇宫、夺取敌人舰队、逃离小人国这一完整的故事情节。整幅思维导图写出了格列佛的奇遇。

④品质。从"品质"入手，按照"情感—人物—事件"的思路制作思维导图。帮助学生经历书中人物的心路历程，感受人物的优秀品质，丰富人生体验。

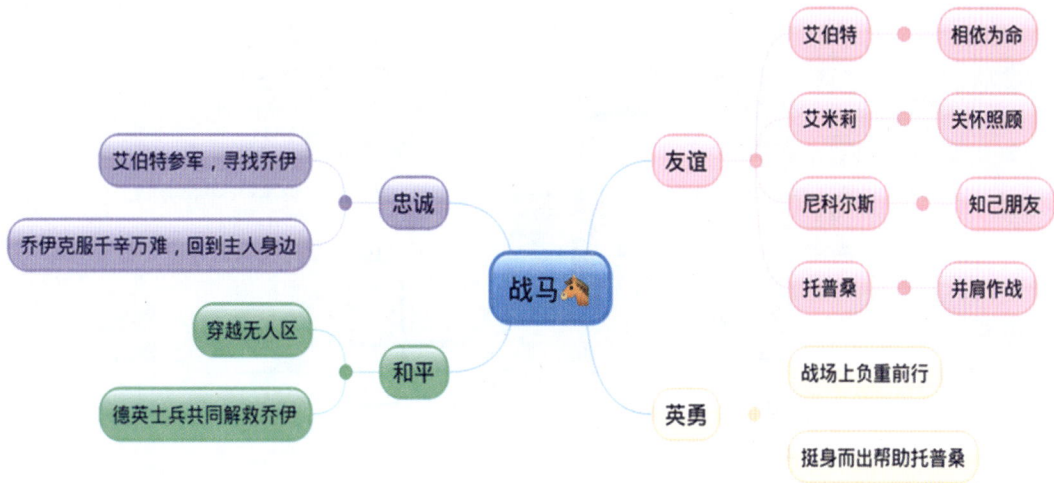

六（1）班　陈文蕴

　　《战马》是英国作家莫波格自己最满意的作品之一，以"一战"为题材，讲述了一个人与动物之间关于勇气、忠诚、和平与爱的非凡故事。前额上有着白色十字花纹的乔伊原本是一匹在乡间干活的小马，但是命运却安排它走上了战场，故事通过乔伊的视角全方位展示了战争的残忍与人性的美好。这是学生读完《战马》后，把乔伊的相关事件整理出来，这个故事深深地打动了他的心，这是单纯的说教所不能比拟的。

　　绘制阅读思维导图具体步骤：

　　①确定中心图标：一般居于纸张的正中间，图文结合。文字一般书写书名、文章名，也可以附上作家名和文体。

　　②画一级分支：（比较简单）

　　画以人物为主题的阅读导图，一级分支写人名（如阅读《三国演义》，一级分支可写：刘备、关羽、张飞、诸葛亮、赵云）。

六（1）班　杜寒旭

画以事件为主题的阅读导图，一级分支写事件名。

如阅读《木偶奇遇记》，一级分支是文中具体事件，分别为：匹诺曹诞生、第一次犯错、偶遇仙女出门寻父、又一次意外、变成驴、成为小孩。

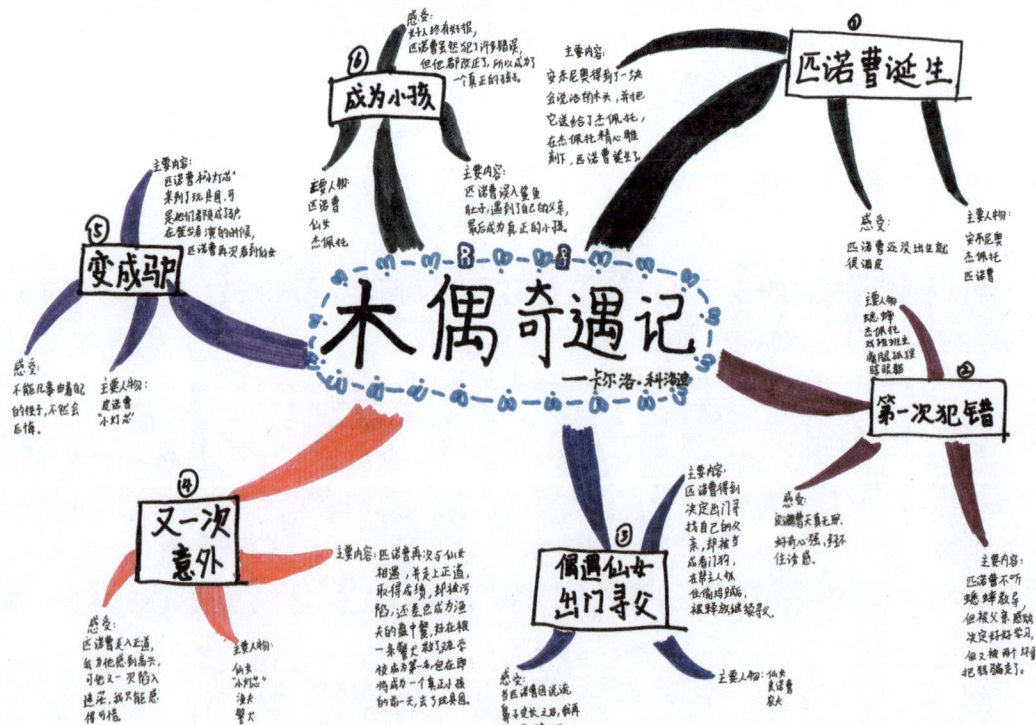

六（2）班　王聪慧

如阅读《鲁滨逊漂流记》，可按起因、经过、结果来画，在"经过"这一部分标注多个事件名：和小狗小鸟讲话、每天坚持写日记、从船上搬东西到荒岛、晒葡萄干、制作日历、种麦造船、发现并搭救"星期五"、获救等。

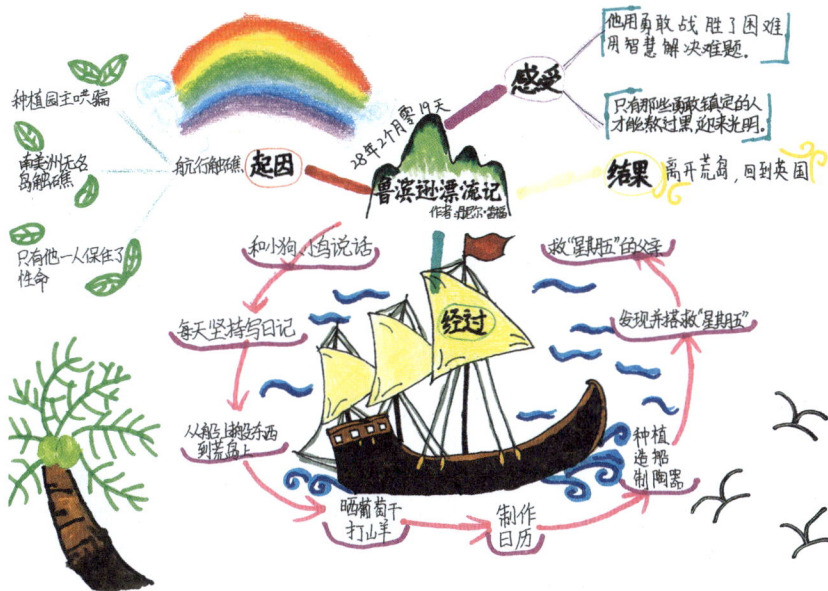

六（2）班　陈旭阳

画以事物为主题的阅读导图，一级分支写事物名。

如阅读《昆虫记》，就自己喜欢的昆虫，一级分支可写：萤火虫、蚂蚁、石蚕。

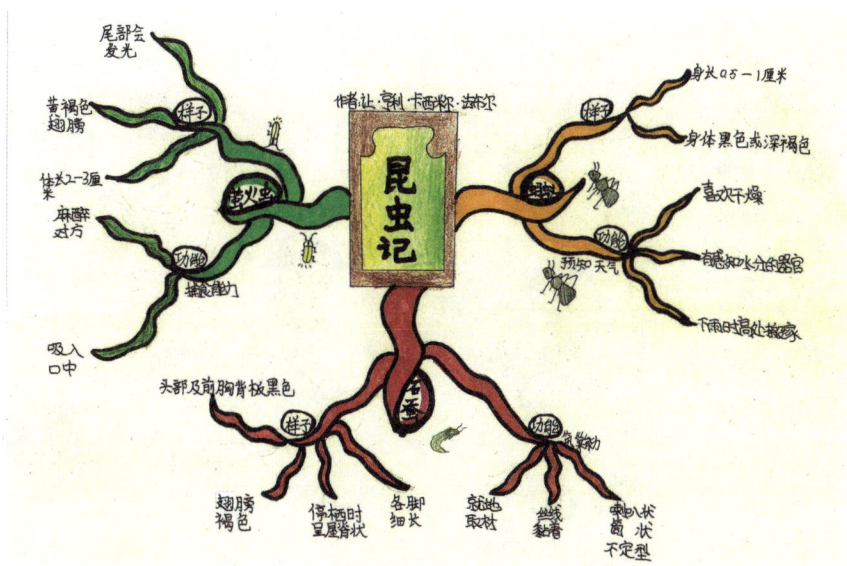

六（2）班　涂亚昊

③画二级分支：（相对复杂）

在一级分支的基础上，学生对印象最深、感受最深的部分进行归纳与整理，再进行合理的板块划分。（比如：《三国演义》中对五个主要人物分别从简介、特长、个性品质这几个方面划分；《鲁滨逊漂流记》每个事件按起因、经过、结果三个板块划分；《昆虫记》三种昆虫按样子、功能两大板块划分）

④画三级分支：（具体细化）

在二级分支的基础上再具体细化，乃至第四级、第五级……只要阅读更加深入，分支将会越多，内容将会更加丰富。

当然，阅读整本书的思维导图不能固化，因为一千个读者就是一千个哈姆雷特，不同的人读同一本书，感悟会有所不同，关注点也会不一样。因此，应用思维导图引导学生自主阅读时，允许学生多元化的理解以图式呈现自己的阅读理解。

《海底两万里》是法国举世闻名的科幻小说家儒尔·凡尔纳的代表作之一。作者让读者登上"鹦鹉螺号"，在将近十个月的海底旅行中，随着尼摩船长和他的"客人们"饱览海底变幻无穷的奇异景观和各类生物。小说悬念迭出，高潮频起，有海底狩猎，参观海底森林，探访海底亚特兰蒂斯废墟，打捞西班牙沉船的财宝，目睹珊瑚王国的葬礼，与大蜘蛛、鲨鱼、章鱼搏斗，击退土著人的围攻，等等。在引人入胜的故事和精彩的海底景观描写中，蕴蓄着鲜明的爱憎和广博的地理知识，使人们在获得极大的精神享同时，感受自然的神奇和科学的力量。

以下是学生读《海底两万里》后绘制的思维导图：

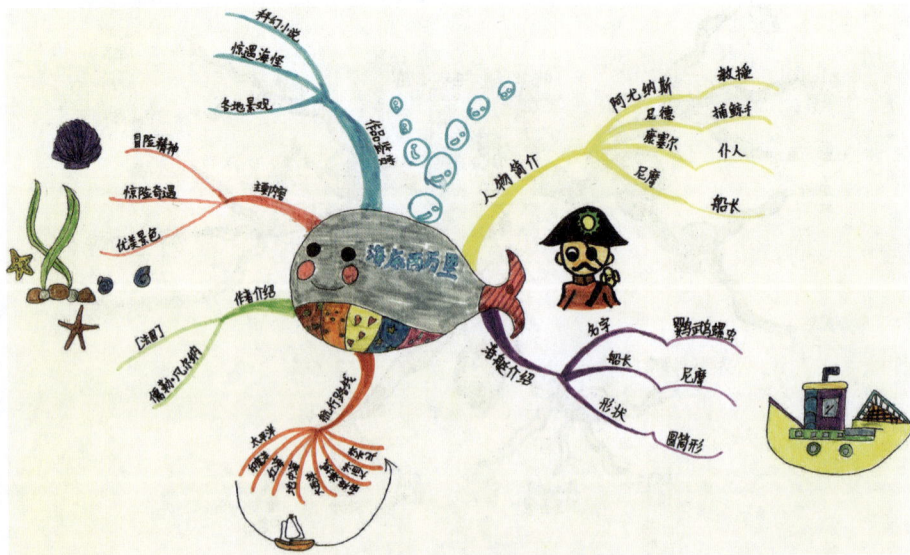

六（2）班　陈轶菲

初读书籍后，对全书的内容和框架有个大概了解，在纸上完成中心图，书名＋中心图像，画出思维导图框架，包括作者简介、潜艇介绍、航行路线、主要人物分析、主要内容、作品鉴赏等，接着在第二遍阅读的时候边阅读边提炼出关键词，内容概括填充，表达自己读书感受，配上与内容相适应的插图等，将导图逐步修改完善。

这个学生从全局出发，介绍了作者、书中主要人物、潜艇介绍、航行路线、故事主要内容等，还阐述了自己对该书主题思想的领悟，可以说这份思维导图内容丰富，反映学生全面阅读思维过程。

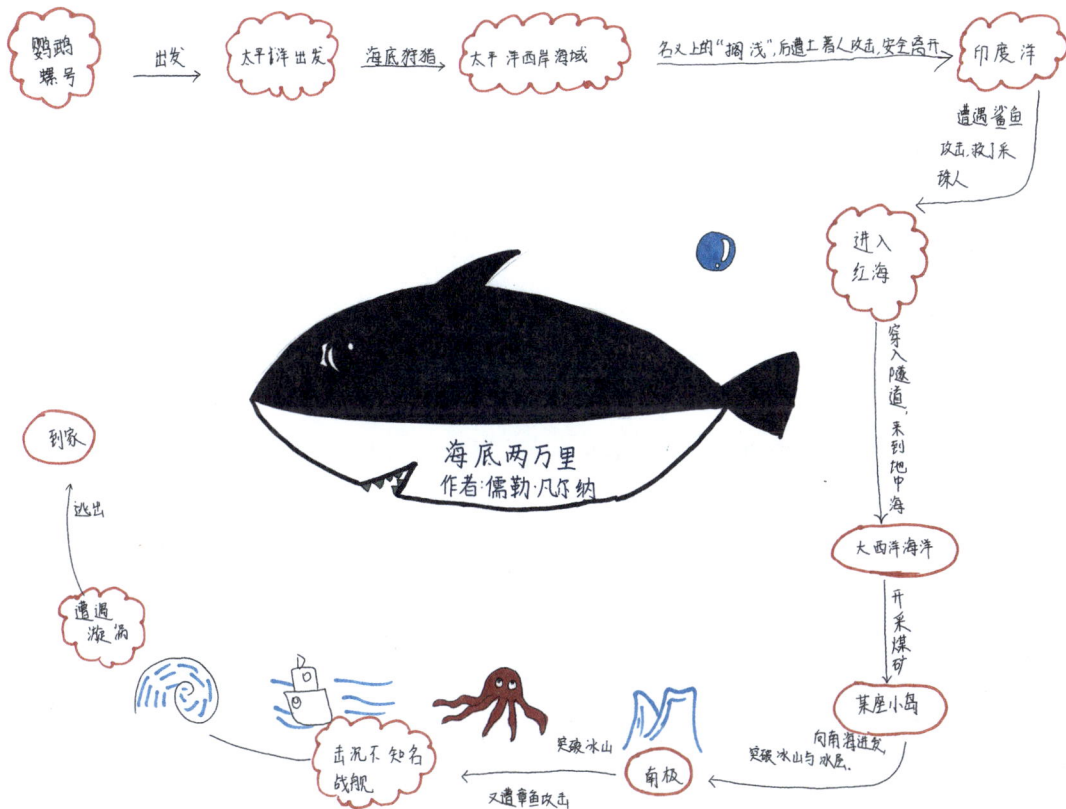

六（2）班　王　琦

这个学生从地点的转变来画，反映了海上风暴后，途径太平洋、印度洋、红海、地中海、大西洋、南极海域，最终到家的历险经过。

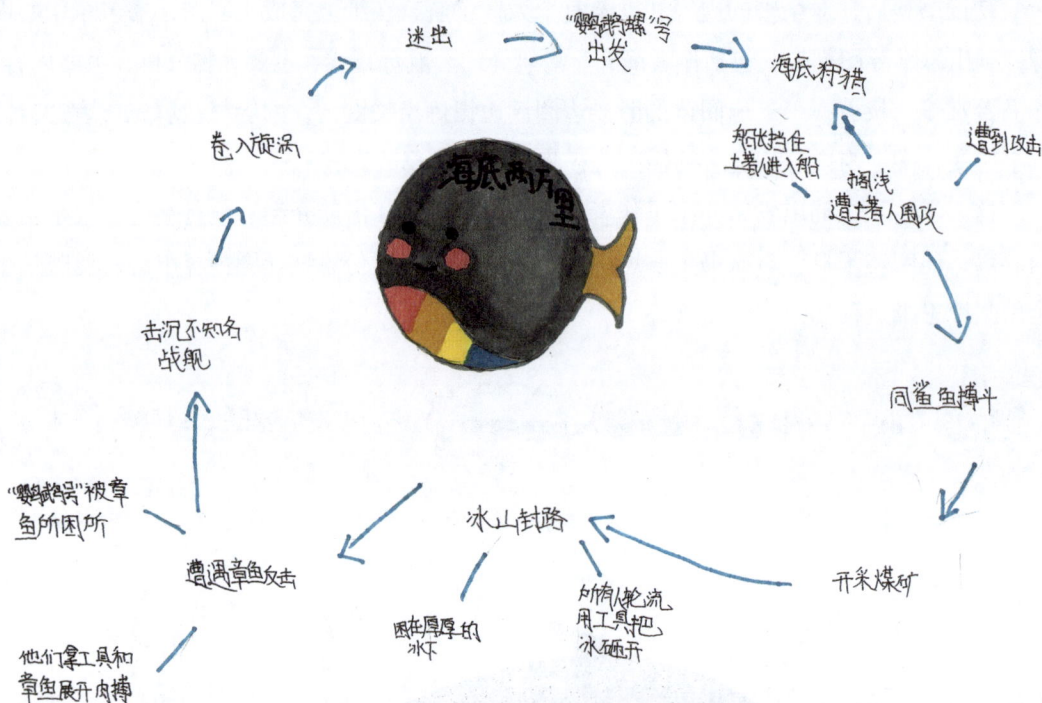

逃出　"鹦鹉螺"号出发　海底狩猎　船低挡住土著进入船　搁浅遭土著人围攻　遭到攻击　卷入旋涡　海底两万里　同鲨鱼搏斗　击沉不知名战舰　"鹦鹉螺号"被章鱼所困所　遭遇章鱼攻击　冰山封路　开采煤矿　他们拿工具和章鱼展开肉搏　困在厚厚的冰下　他们人轮流用工具把冰砸开

六（2）班　胡满航

　　还有学生选择从事件的发生这一角度来画，呈现了两万里航行中主要事件：出发、海底狩猎、遭围攻、与鲨鱼搏斗、开采煤矿、冰山封路、章鱼攻击、击沉战舰、卷入漩涡、返回家中等。

　　总之阅读思维导图要尊重、珍视学生个体独特的体验，鼓励有个性化的创作，允许多元化的理解，努力用图式呈现自己的阅读理解。

　　（四）练习

　　《城南旧事》是中国台湾女作家林海音的代表作，描写了20世纪20年代末北京城南一座四合院里一家普通人的生活，通过小姑娘英子童稚的眼睛，来看当时北京形形色色和许许多多的人和事，讲述了一段关于英子童年时的故事，反映了作者对童年的怀念和对北京城南的思念。阅读这本书后，你能用思维导图呈现你的阅读收获吗？

城南旧事

作者
林海音(1918—2001),文学名称台英,小名英子,原籍台湾苗栗县,她被称为台湾女性文学的开山人。

② 我们看海去
- 串胡同的小偷被抓,和"他"相遇,他通过了贼
- 考了毕业典礼,和毕业的"贼"
- 小英子给作业,"他被抓"惊讶,英子长大想分辨好人坏人的愿
- 感受
- 律师地拍着英子哭,"哎"
- 明辨真好坏与恶的复杂

③ 兰姨娘
- 兰姨娘被赶"退"小家
- 兰姨娘被赶离开家,小英的爸爸眼张,说话坚强,坚强
- 小英子与德先一起离开英子娘
- 兰姨娘与德先生当小英子身边了
- 感受
- 来自兰姨娘,书坦荡,愿意帮助兰姨娘
- 兰姨娘

④ 爸爸的花儿落了
- 同年的时光,珍贵我们
- 感受
- 去学校,爸爸去世了
- 回忆上学迟到,体现爸爸对我的严历
- 爸爸病倒了

① 惠安馆
- 感受
- 烟儿被人贩子虐待
- 好朋友小桂子
- 英子感到很重,想找她
- 小桂子是她的女儿重逢,处处疼爱女儿
- 英子书的怀念孤独和英子一生
- 小英子的母亲激动
- 妞儿和秀贞高兴死了
- 小英子初遇惠安馆
- 英子好喜欢、很爱护她
- 小英子心里都是个疯子

六(2)班 刘颖

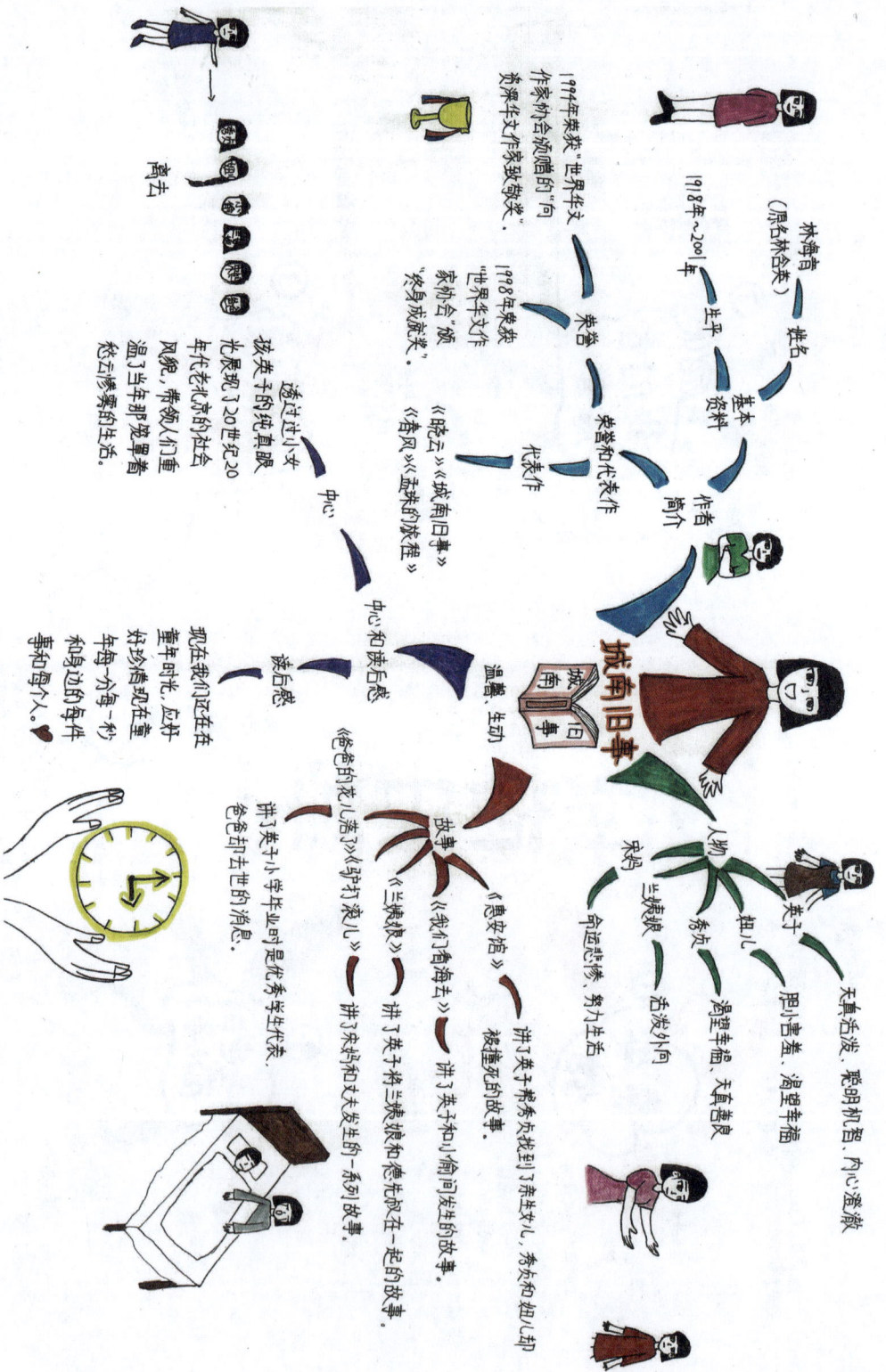

林海音
（原名林含英）

1918年～2001年 生平

基本资料

英名 作者简介

荣誉和代表作

代表作

1994年荣获"世界华文
作家协会颁赠的"向
资深华文作家致敬奖"。

1998年荣获
"世界华文
文学奖"的
"终身成就奖"。

《晓云》《城南旧事》
《春风》《孟珠的旅程》

城南旧事

中心

温馨、生动

透过世小女
孩英子的纯真眼
光展现了20世纪20
年代老北京的社会
风貌、帮领人们
温习当年那段童暮
悠云修零的生活。

中心和读后感

读后感

现在我们还生在
好时光、应好
好珍惜现在。
年每一秒，
和身边的每件
事和每个人。

人物

宋妈 表子

兰姨娘 表众

秀贞 抽儿

天真活泼、聪明机智、内心善欲

即小喜素、陶事善良

命运悲惨、势力赴右

是送外向

秀贞和抽儿却

命运悲惨、势力赴右

故事

《惠安馆》

《我们看海去》

《兰姨娘》

《爸爸的龙儿落了》《驴打滚儿》

讲了英子在抽找到了素生妞儿，秀贞和抽儿
却捷选死的故事。

讲了英子和小偷间发生的故事。

讲了表子帮兰姨娘和德先生在一起的故事。

讲了表子小学毕业的是优秀学生代表，
爸爸却去世的消息。

五（4）班 刘圣苗

—150—

　　《西游记》是中国古典神魔小说中的巅峰之作，书中讲述了唐僧师徒四人一路降妖伏魔，历经整整九九八十一难取经的故事。作者细腻而深刻地塑造了四个极其经典的形象：慈悲、宽厚但软弱、迂腐的师父唐僧；富有反叛精神、神通广大的孙悟空；自私狡猾、好吃懒做的猪八戒；任劳任怨、忠心耿耿的沙僧。他们怀着不同的目的走上了同一条取经路，面对各种难以想象的妖魔鬼怪、险恶绝境，最终取得人生路途中的"真经"。你读过《西游记》吗？能用思维导图呈现你的阅读收获吗？

五（4）班　肖思怡

　　用思维导图进行课外阅读时，会让你不知不觉总结要点，反复考虑哪部分是要点，怎样用更简练的话给表述出来。当你看完一本书之后，做完思维导图，好好思考一下，然后再重复这个过程一两遍，你会发现这种读书方法获取的知识会比正常的阅读要深入很多。孩子们坚持不懈地在阅读中画思维导图，画着心中对优秀书籍的理解与热爱。这些思维导图如诗如画，亦画亦诗，通过对书籍作者、内容、情感、收获等方面的分解，把书籍图形化、场景化，让大家更直观地欣赏到作品的魅力，感受读书的乐趣，也从作者的智慧和情怀中汲取了营养，涵养了心灵。

二、英语

英语学习中，阅读是关键，学生可以从阅读中获取新知识、新技能，还有新方法，但还是有部分小学生平时没有掌握一定的诀窍，没有养成良好的阅读习惯，所以导致很多学生缺乏英语阅读能力，主要表现在英语基本功较差，语法知识不通和词汇基础欠缺；还有就是学生在完成阅读题目时，阅读技巧不完善，阅读解题水平不高。而小学英语教学运用图形思维导图发挥学生发散性的思维方式，简单又有效，可以让学生养成具有逻辑顺序的思考习惯，在掌握知识点的过程中，也锻炼了他们的思维方式。

（一）概念

英语课外阅读思维导图，是以图形、线段为工具进行发散性思维，对阅读篇目进行深层次理解和绘制的思维导图。

（二）绘制方法

在每个思维导图的中心位置一般会有一个主题词，然后以它为中心呈放射状向四周推导，每个分散点又有一个新的关键词，形成一个小的结构思维导图。思维导图中的每一个结构点代表与主题词的关联关系，呈现出各自独立又相互联系的思维导图，学生看到这些结构图逐渐在脑海中形成关联记忆，印象深刻。在学生绘图的过程中，老师不需要在格式上有过严格的要求，可以把注意力放在学生的思考能力上。对学生绘制思维导图进行过程引导，起到积极引导的作用，因为这个阶段的小学生对于形象思维向抽象逻辑思维的转变仅仅是一种认知。只要告诉学生在学习绘制时，从纸张的中心处开始画，将图像和文字结合为一体，绘制结构图的过程中尽量发挥自己的发散性思维、想象力、创造力和动手能力。

（三）作用

小学生有着思考方式、思维能力、年龄等共同的影响因素，所以思维导图是采用图文并茂的方式将形象思维与抽象思维加以整合，有助于小学生思维的梳理，促使他们对原有旧知识的回顾，并与现有知识加以整合，形成知识网络，优化知识结构，使学生能从整体上把握知识，发展思维能力。思维导图在阅读中融合了趣味性、灵活性，更好地调动了学生的阅读兴趣从而提高他们的阅读效率。因为对于以形象思维为主的小学生来说，图画相较于文字更加能够提高他们的注意力。在整个阅读过程中，学生主要接触的都是图画和色彩，通过图画和色彩的不断刺激，掌握学习中的要点，而且这种教学方式显然有助于培养他们对英语学习的兴趣。

绘制思维导图的过程中，学生调动眼、耳、手、心齐齐发力，利用已有的经验进行积极思考，把原本枯燥的文本内容形象化、直观化，能够变传统的分析讲解为师生互动、讨论、研究，在整个过程中调动学生的积极性。在以上的整个过程中充分调动学生已有的英语知识，帮助学生形成前后知识的关联记忆，加强学生分析问题、解决问题的能力。

（四） 案例与练习

【案例 1　记叙文阅读思维导图】

报纸、杂志、新概念英语中的文章，无非是记叙文，或者简单的说明文。记叙文有如下要点：

第一要素是时间，年、月、日、时写清楚；

第二要素是地点，要写环境和住处；

第三要素是人物，不写人物是糊涂；

第四要素是原因，为何发生找原因；

第五要素是经过，来龙去脉写清楚；

第六要素是结果，交代结局别含糊。

在英语里面，就是 6 个 W，2 个 H 了：时间（when）、地点（where）、人物（who）、事件（what happened and why）、经过（which steps）、结果（how to assess or how the person feel）。

《新概念英语（第二册）》第一课的内容如下：

Last week I went to the theatre. I had a very good seat. The play was very interesting. I did not enjoy it. A young man and a young woman were sitting behind me. They were talking loudly. I got very angry. I could not hear the actors. I turned round. I looked at the man and the woman angrily. They did not pay any attention. In the end, I could not bear it. I turned round again. "I can't hear a word!" I said angrily. "It's none of your business," the young man said rudely. "This is a private conversation!"

帮助学生画出思维导图，训练学生查找到 6 个 W、2 个 H 的相关信息，将关键词、词组填进图表，画出思维导图。

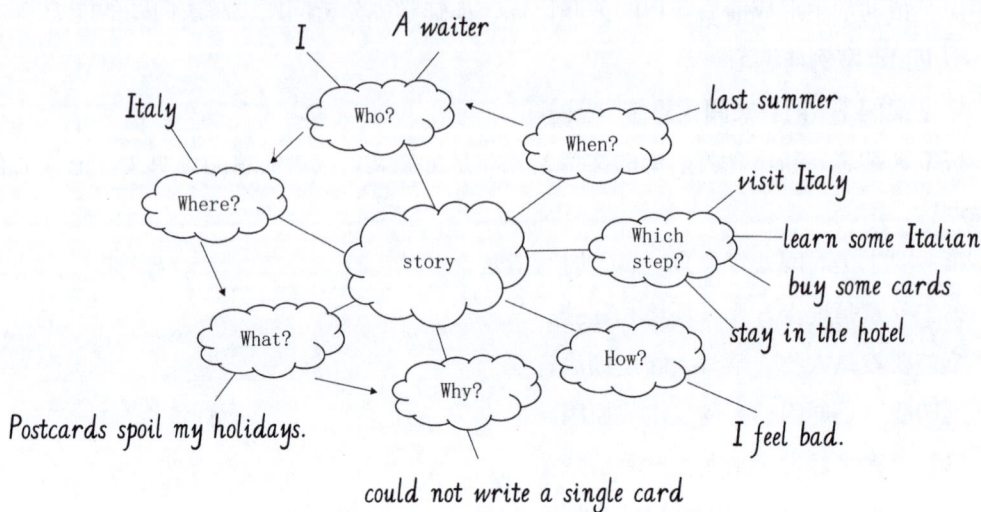

五（2）班　曹家禾

【练习1】

下面以《新概念英语（第二册）》第三课为例，请根据这个故事画一个英语阅读思维导图。

Postcards always spoil my holidays. Last summer, I went to Italy. I visited museums and sat in public gardens. A friendly waiter taught me a few words of Italian. Then he lent me a book. I read a few lines, but I did not understand a word. Everyday I thought about postcards. My holidays passed quickly, but I did not send cards to my friends. On the last day I made a big decision. I got up early and bought thirty-seven cards. I spent the whole day in my room, but I did not write a single card!

【案例2　说明文性质英语阅读思维导图】

在训练学生进行说明文性质的短文阅读前，可以指导学生归纳如下要素：

（1）内容的科学性：如实地反映客观事物，把握事物的特征、本质和规律，给学生以正确无误的认识。

（2）说明的条理性：按时间顺序写和记叙文相似；按空间顺序写需注意观察点，注意事物的表里、大小、上下、前后、左右、东南西北等的位置和方向；按逻辑顺序写要注意摸清各部分的内在联系，由表及里，由浅入深，由现象到本质。

（3）语言的准确性：表示时间、空间、数量、范围、程度、特征、性质、程序等，都要求准确无误。语言简明，说明严密。既然说明文讲究逻辑、条理性，那么用结构图、流程图来指导学生查找信息，填写关键词就比较便捷。

《牛津阅读树（第一册）》中的第五篇文章 Ready for work。

This is John.

He's a farmer. Look! This is his shirt and these are his trousers. His trousers are brown. His boots are green.

This is Andy.

He's a footballer. These are his shorts. They're red. His T-shirt is blue and white. Look at his gloves. They're white.

This is Sarah.

She's a teacher. This is her suit. It's black. Her shirt is white.

这篇文章主要阐述了不同的职业穿不同的服装。学生可以用思维导图归纳不同职业的服装特点。

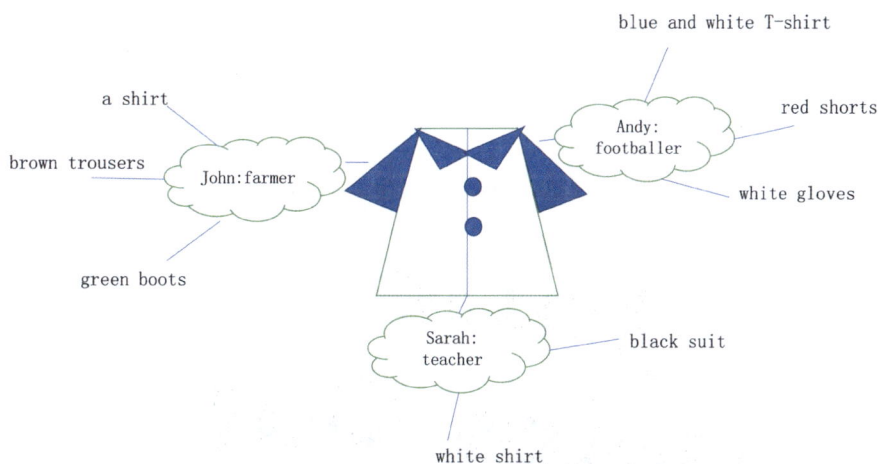

四（4）班　杜　畅

【练习2】

下面是《牛津阅读树（第三册）》第四篇文章 Life in the space。这篇说明文描述了宇航员在空间站里一天的生活，请大家根据这篇文章绘制一篇思维导图。

Michael Lopez-Alegria is an astronaut. He is from Spain but he lives in the USA. He works with other astronauts to learn about the planets. The astronauts live in space for months. They work and sleep on their space station.

The alarm clock rings early and the astronauts get up. They get dressed and they have breakfast. Eating in space is funny. Everything floats around! After breakfast they brush their teeth and start work.

Michael's job is looking at the planets with a telescope. He can learn a lot about space. He is busy all day.

After work, the astronauts write emails or they exercise. Then they have dinner and watch DVDs. Finally, they go to bed. They sleep in sleeping bags. It is difficult to sleep because you can't lie down!

Some days the astronauts go outside the space station. They call this spacewalking. They wear special suits when they do a spacewalk.

【案例 3　英语绘本阅读】

英语绘本是小学英语课外阅读中常见的文本，也是学生非常喜欢的英语文本。绘本以其图形结合的方式，吸引着英语学习者开展广泛的英语阅读活动。在绘本故事中，前后两幅图之间的联系比较紧密，有一定的连贯性，那么可以用思维导图来结构绘本故事，按照指示序列的单词：第一、第二、最后、后续、最后，可以把复杂的绘本脉络清晰地描述出来。

下面，我将介绍怎么用思维导图来读绘本 Josie Helps Out。 Josie Helps Out 主要讲述 Josie 帮助爸爸洗车子的故事。

培生幼儿启蒙英语 Level A

Josie Helps Out

[英] 莫尼卡·休斯／著
[英] 丽莎·史密斯／绘　黄　蓉／译

长江出版传媒 | 长江少年儿童出版社

　　星期六，乔茜和爸爸一起洗车。首先，乔茜清理车后面所有的垃圾，然后他们把车上的泥全部清洗掉。虽然乔茜的衣服打湿了，但是她却说："我喜欢帮忙。"爸爸拿出了一罐蜡，乔茜把蜡抹在抹布上，他们为车子打蜡。乔茜和爸爸用力擦拭车身，乔茜觉得热了起来，但是她还是说："我喜欢帮忙。"

On Saturday, Josie helped Dad.

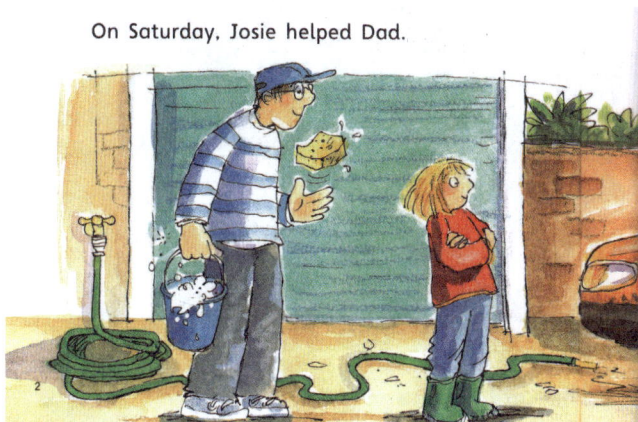

They washed the car.

Josie got all the junk out of the back of the car.

They got all the mud
off the car.
Josie got wet.

"I like helping," said Josie.

8

9

Dad got a tin of wax.

10

Josie put the wax on a rag.

They put the wax on the car.

Josie and Dad rubbed the car.
Josie got hot.

"I like helping," said Josie.

仅从文字部分，我们可以看到乔茜和爸爸洗车的几个步骤：整理车内垃圾、除去灰尘、然后给车子打蜡。通过图片我们可以看到乔茜帮助爸爸洗车人物的神态、人物的动作、人物的情绪，图片和文字相得益彰，使故事鲜明、有趣，令人捧腹。这个故事也可以用思维导图来梳理乔茜和爸爸一起洗车的过程。

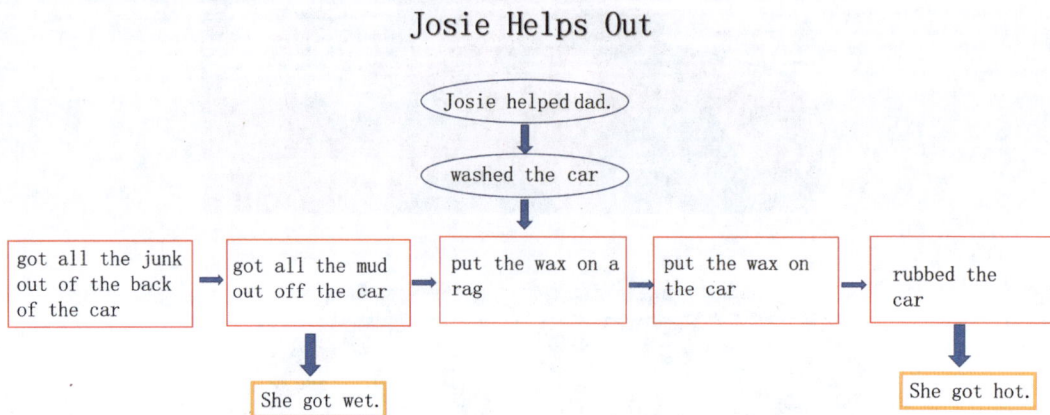

Josie Helps Out

```
                    ┌──────────────────┐
                    │ Josie helped dad.│
                    └──────────────────┘
                             │
                    ┌──────────────────┐
                    │ washed the car   │
                    └──────────────────┘
                             │
```

| got all the junk out of the back of the car | → | got all the mud out off the car | → | put the wax on a rag | → | put the wax on the car | → | rubbed the car |

She got wet. 　　　　　　　　　　　　　　　　　　　　　　　　　　　　She got hot.

四（1）班　褚博文

【练习3】

绘本故事 *Picnic Time* 是《牛津阅读树》二级绘本故事。请大家根据这个故事绘制思维导图。

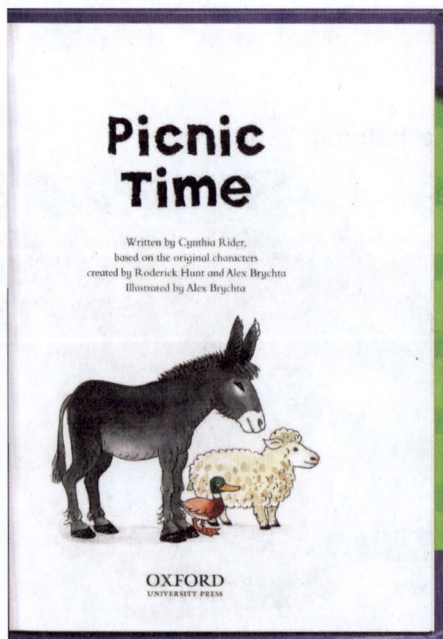

Picnic Time

Written by Cynthia Rider,
based on the original characters
created by Roderick Hunt and Alex Brychta
Illustrated by Alex Brychta

OXFORD
UNIVERSITY PRESS

"Picnic time!" said Dad.

4

5

Biff sat on a log.

6

Some sheep came.

7

"Run!" said Kipper.

8

9

They sat on a bridge.

10

Some ducks came.

11

"Run!" said Chip.

12

13

They sat on a wall.

14

Some donkeys came.

15

"Run!" said Biff.

16

17

They sat on a rock.

18

19

Oh no! The rain came!

20

Talk about the story

What happened when Biff gave the duck some bread?

Why did the children run away from the animals?

Where was the picnic? How do you know?

What food would you like to take on a picnic?

Picnic Time

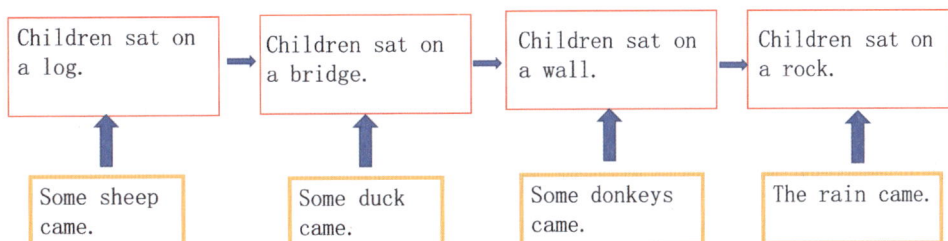

三（1）班　李禛好

第七章
主题思维导图

一、概念

我们生活的世界如此广阔，除了学科学习，我们在日常生活无时无刻不在看、听、想、触摸这个世界，大家在感知、思考世界后有没有及时记录下来呢？绝大多数人可能没有，如果此时用一张思维导图来记录你的所见所闻、所思所想，就会把无形的日子变为有形、有情的世界。我们把这样的思维导图称之为主题思维导图，即根据一个主题词，生发出与之相关的事物，形成一定的内在联系或知识结构体系。它来源于生活，图文并茂，以个性化、生动化的形式写在纸上，让别人看见你的思维。

对小学生来说，他们天性好动，喜欢用涂鸦、绘画来表达自己内心的想法。而思维导图就是把大脑的想法"画"下来，在绘制的过程中充分地调动了大脑右脑的图像、色彩和空间等功能，这方面和儿童的大脑功能发育非常地吻合。小学阶段是孩子的联想力和创造力的发展的关键时期，思维导图能帮助儿童通过涂鸦、绘画更充分表达自己内心世界，让他们的创造力和联想力得到进一步的发挥，通过动手调动更多的感官，更有利于促使大脑更完整地发育。

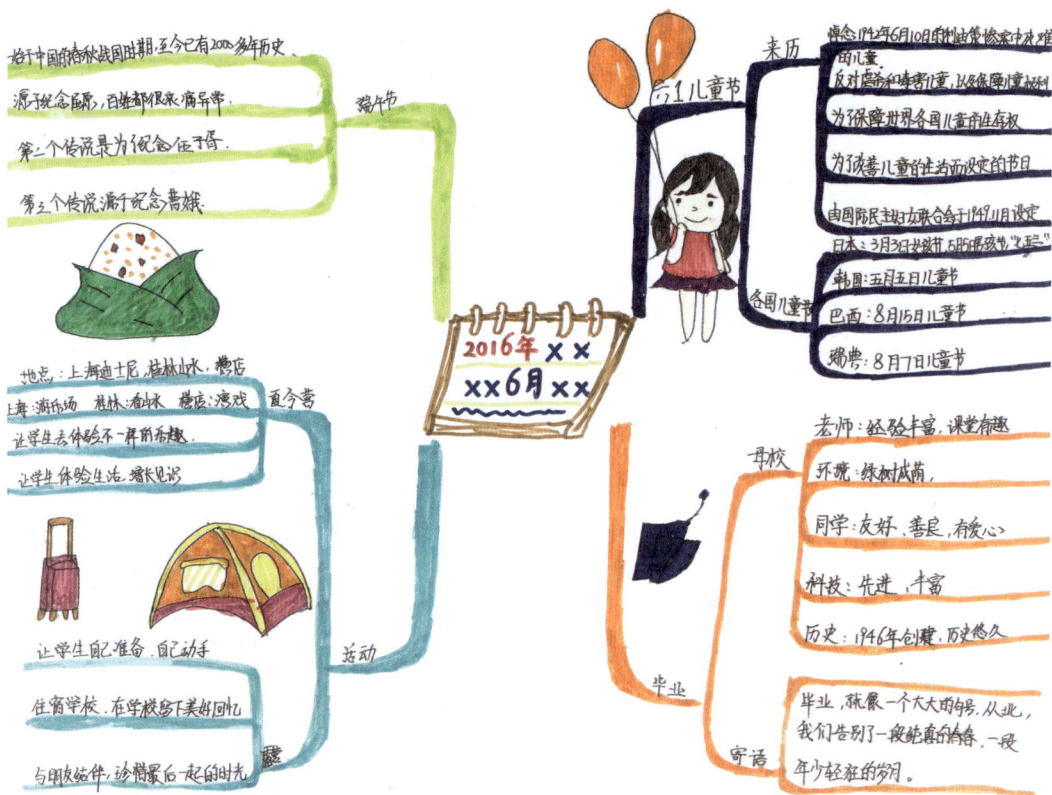

六（1）班　杨欣彤

　　这是以"2016年6月"为主题的思维导图，绘图者是六年级学生，这是她在小学阶段的最后一个月。在这张导图里，学生关注了6月的重要节日："六一"儿童节、端午节。儿童节是一个国际性节日，也是孩子们最喜欢的一个节日；同时在6月，还有一个中国传统节日——端午节。从导图中我们可以看到，儿童节学生注意到了它的来历以及各国儿童节的日期，端午节学生重点关注的是节日的传说，这样的思维正好反映了中外节日的差异。导图中还提到两个重大事件：毕业、夏令营。6月面临毕业考试，这是学生人生中第一次重大考试，由这一关键词学生联想到生活了六年的母校，进而想到母校的历史、发展、校园、同学，通过毕业考试对自己的小学生活作了总结。毕业考试后学校组织了一项大型活动——夏令营，这项活动极受学生们欢迎，也是他们小学阶段最后一次集体活动，所以在导图上也有反映，提到了夏令营的时间、地点、准备工作、活动经过、意义等。

　　从这幅作品我们可以看到，主题思维导图是通过对关键词的总体概念、基本感受联想相关画面，运用图文并重的技巧，按一定顺序将逻辑、文字、想象、整体思维等各种因素全部调动起来，而绘制出来的。

二、基本思路及案例

学生刚开始接触主题思维导图时，我们教给学生一些基本的绘制思维导图思路。

主题词和人物有关时，我们从人物的姓名、年龄、身份、个性、爱好、情感等方面发散，并在分支下继续加以具体描绘。

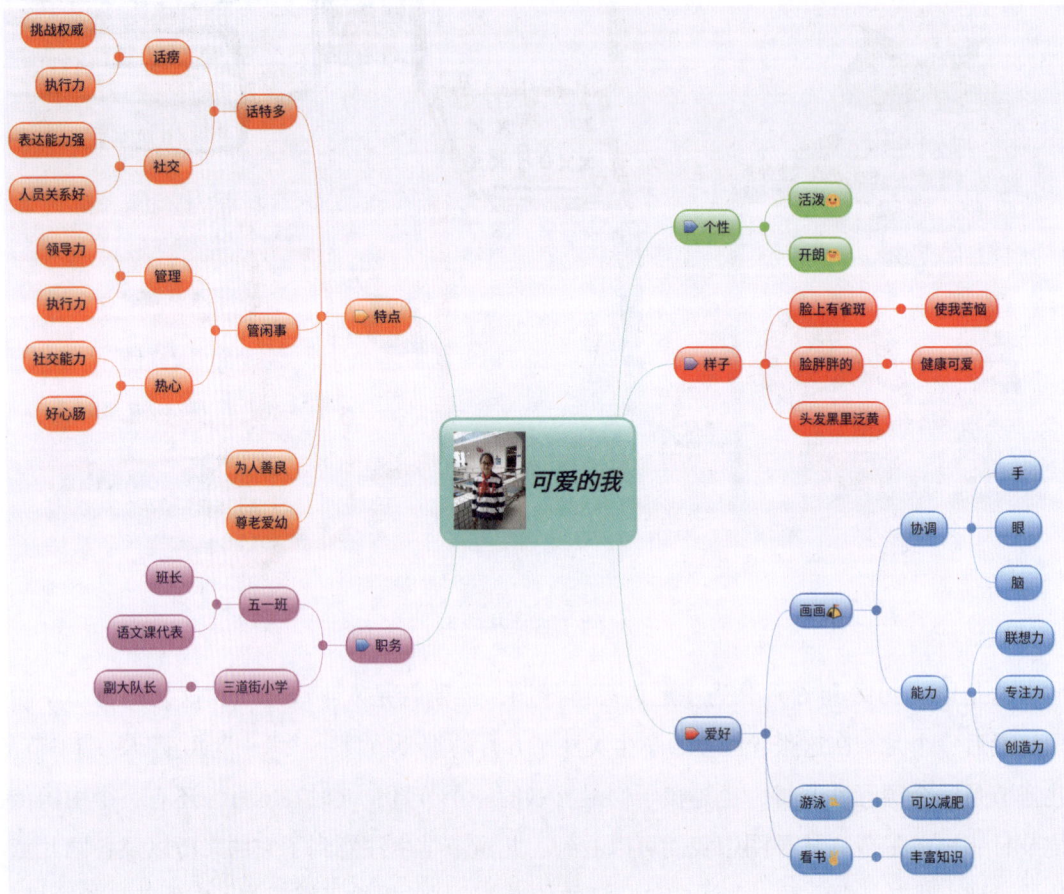

六（1）班　胡师于

这是以"可爱的我"为主题的思维导图，分别从我的样子、我的爱好、我的性格、我的特点等方面全面介绍了学生自己。

主题词是事件或者活动时，我们会考虑到时间、地点、人物、活动过程、感受等方面，并在重要的环节继续分支描述。

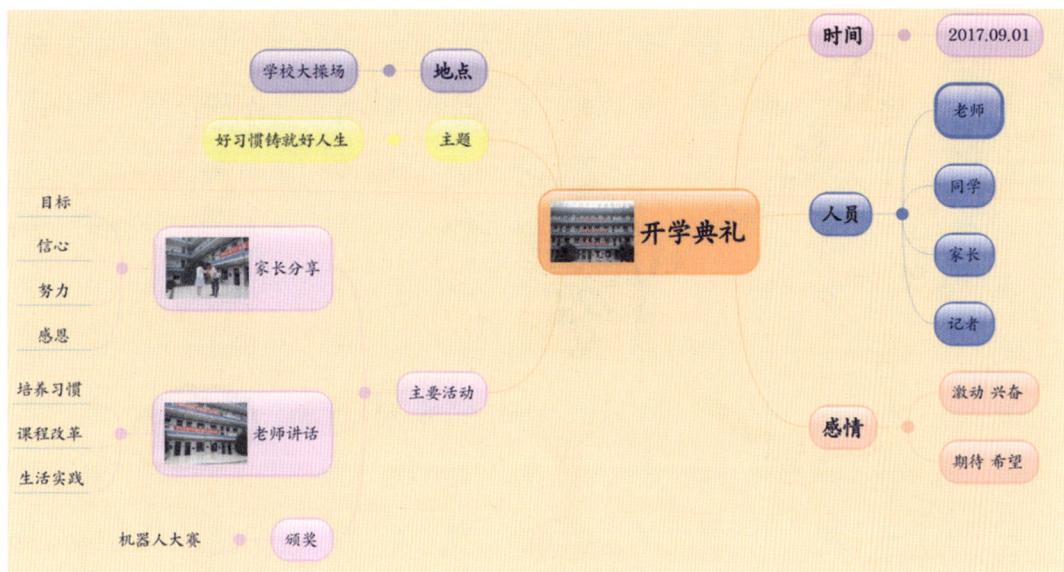

六（1）班　朱礼轩

这是以"开学典礼"为主题绘制的思维导图，写出了开学典礼的时间、举办地点、参与活动的人员、活动主题、活动具体经过以及自己在活动中的感受。

当关键词为事物、自然现象时，学生可以从"主题词—类型—事件—情感"这样的层次进行思维扩展。以天气为例，提到天气，可以想到有不同的天气类型，在其中一种天气状态下我们可以做很多事，由其中一件事发散到相关内容，最后是情感体验。

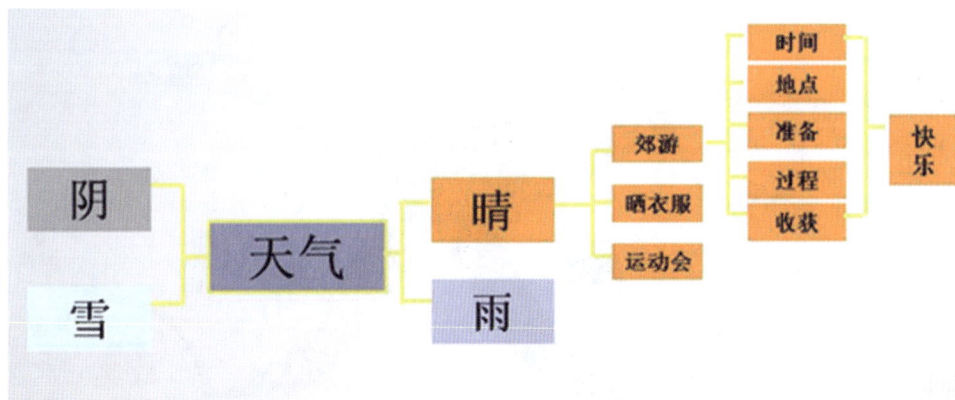

四（1）班　谢佳希

由于每个人生活阅历、知识积累不同，呈现出的思维层面各不相同。我们在五年级进行了一次以"家"主题的思维导图练习，同一个班上的学生，针对同一主题，完成了个性鲜明的导图作品。

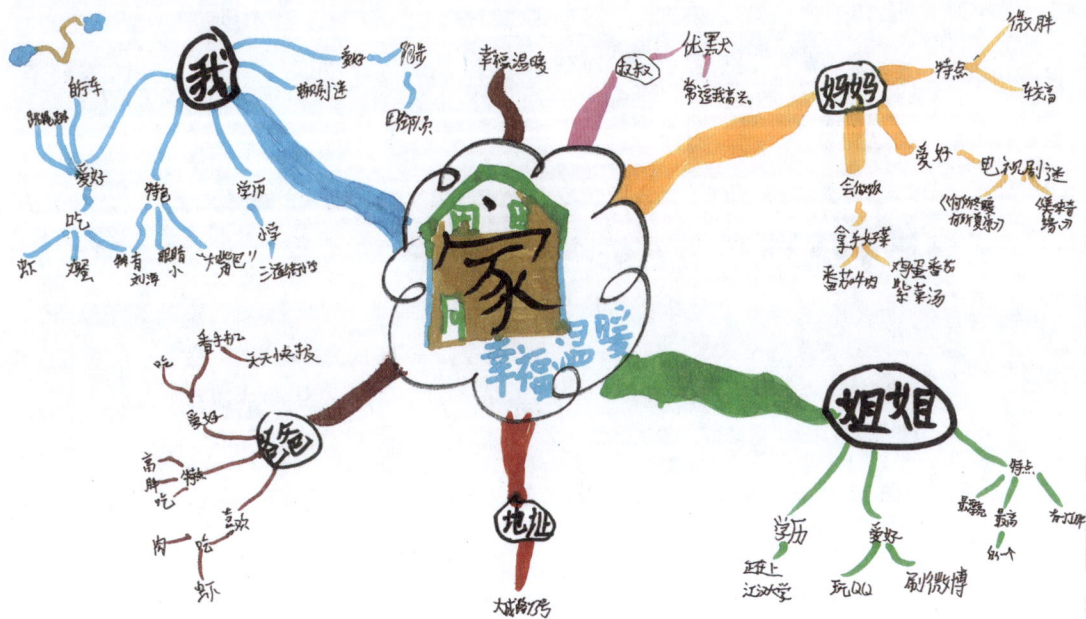

六（2）班　刘　颖

这个学生关注到的是家庭里具体的人，导图里介绍了家庭成员：爸爸、妈妈、姐姐、叔叔和我，二级分支里具体介绍了每个成员的个性、爱好等，思维落脚点较为细致。

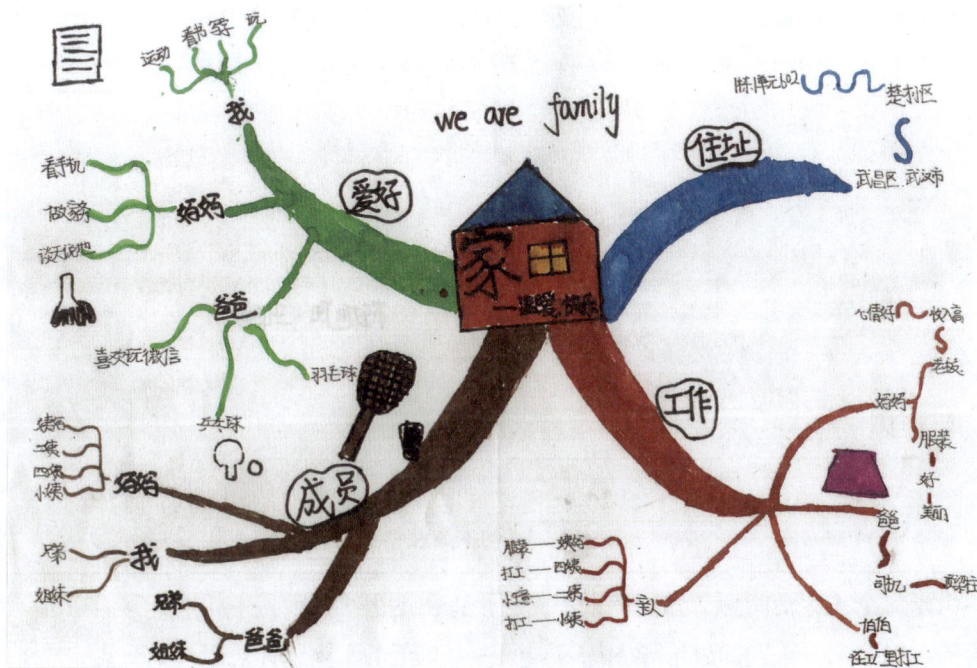

六（2）班　辛文杰

这个学生的导图里内容明显更为宽泛，全面地介绍了家庭概貌、家庭成员组成、父母从事的工作、全家人各自的爱好等，思维内容更为丰富，更具全局感。

世界各国

世界是我们的家

世界七大洲中，除南北级洲外，都有国家分布，目前共有290多个政区单位，其中是亚洲(39个)，以下依次为欧洲(33个)、拉丁美洲(33个)、大洋洲(11个)和北美洲(2个)，非洲国家最多，有51个。

地球

五（3）班

刘俊汐
邓思羽

国家一中国

中华人民共和国，简称中国，位于亚洲东部，太平洋西岸，10月1日成立，以五星红旗为国旗，以义勇军进行曲为国歌，首都北京，中国是一个以汉族为主体民族，由56个民族构成的统一多民族国家。

家

校园

我的学校是武昌区三道街小学。校训：求新求进，成长成功。校风：阳光勤奋，博艺远扬。蜜蜂争誉，爱心章，智慧章、勤劳章。

成长

小家

家是一付重担，家是一份责任；家是彼此的真诚相待，家是能够白头偕老的慢慢旅程。

家是我们人生的驿站，是我们生活的乐园，也是我们避风的港湾。它更是一条逼你拼命挣钱的鞭子，让你为它拉车犁地。

六（2）班　彭俊哲

这个学生显然站的高度更高。在他心中，地球是家，全世界是家，中国是家，具有很浓的家国情怀。

三、主题思维导图在学校德育活动中的运用

在学校里，各项活动是学校德育工作中的重要组成部分。形式多样、丰富多彩的校园活动不仅能丰富学生的课余生活，还可以拓宽学生的知识面。对学生进行爱国主义教育，陶冶他们的情操，培养他们的主人翁精神和集体意识，增强他们的动手能力和创新精神，让学生的思想情感、意志品德、性格和性情在实践与体验中得到升华，使他们的知行得到统一，从而成为德育教育的有效载体。

一个学生的健康成长，需要家庭、学校、社会三种不同的教育环境。因此，学校除了

在校园内为学生营造良好的学习娱乐氛围，同时也需要给予他们一定的时间与空间，让他们有机会与外校、与社会进行交流，为他们搭建成长的平台。

1. 主要节日的主题思维导图

春节、元宵节、清明节、端午节、中秋节、重阳节以及少数民族的主要节庆，它们的来历与承载的民族记忆、文化内涵是什么呢？

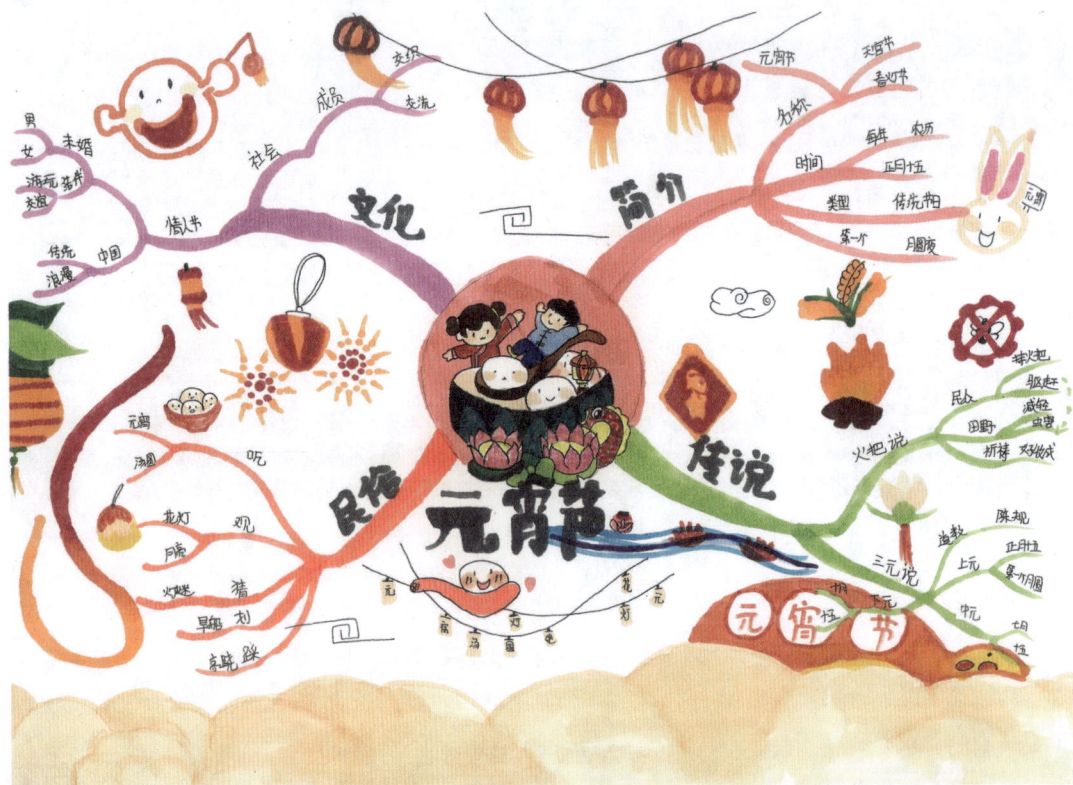

六（1）班　万雅欣

元宵节是中国与汉字文化圈地区以及海外华人的传统节日之一。学生们用思维导图记下了元宵节的简介、相关传说以及赏花灯、吃汤圆、猜灯谜、放烟花等一系列传统民俗活动。

清明

六（1）班 王婕

清明节，又称踏青节、行清节、三月节、祭祖节，是传统的重大春祭节日。扫墓祭祀、缅怀祖先，是中华民族数千年以来的优良传统，不仅有利于弘扬孝道亲情、唤醒家族共同记忆，还可促进家族成员乃至民族的凝聚力和认同感。清明节的节俗丰富，扫墓祭祖与踏青郊游是清明节的两大礼俗主题，这两大传统礼俗主题在中国自古传承，至今不辍。学生在"清明节"主题思维导图中，从简介、习俗、节气、饮食和意义等方面，对这一传统节日作了全面、详细的介绍。

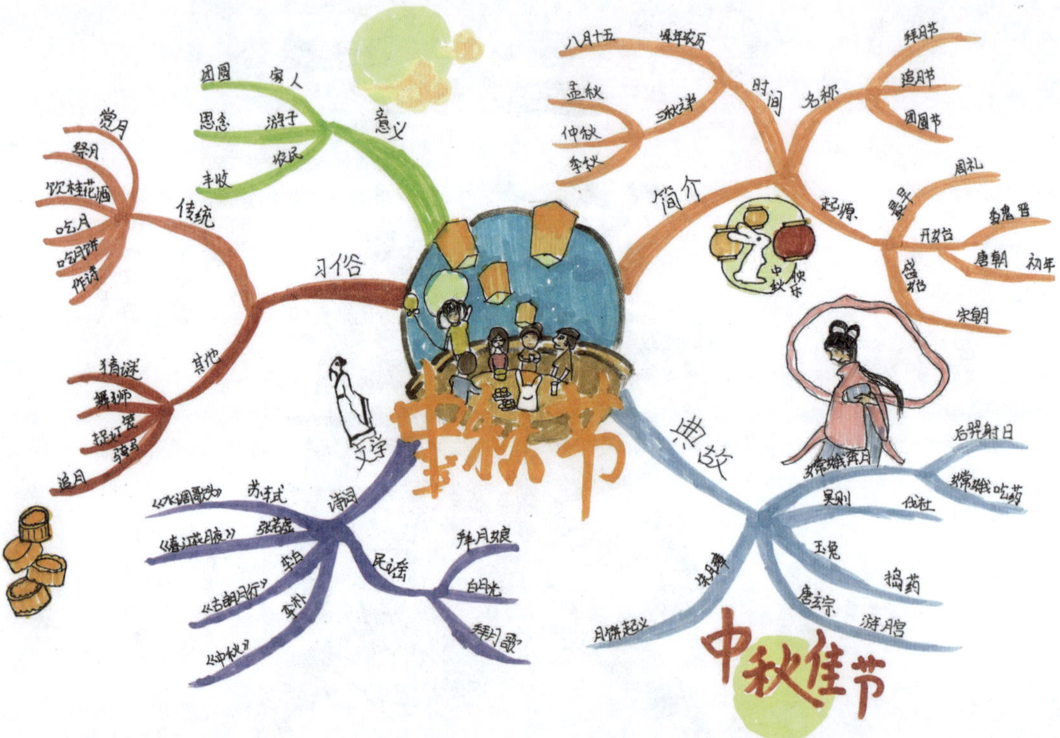

六（1）班　管轶南

中秋节是中国人最重视的传统节日之一，是一个充满传统文化底蕴的节日。学生们通过思维导图，介绍中秋节的习俗，重温与"月亮"有关的经典诗词，讲述有趣的典故，感受亲人团圆的幸福。

九九重阳节

原因
- 心旷神怡
- 健身祛病
- 金秋九月
- 天高气爽
- 日的
- 登高远望

饮菊花酒
- "吉祥酒"
- 辟恶
- 养肝、明目
- 祛灾祈福
- 健脑

佩茱萸
- "辟邪翁"
- 插茱萸
- 可入药
- 作用
  - 消积食
  - 治寒热
  - 补肝肾

赏菊
- 赏菊的重阳节
- 观园园艺展

吃重阳糕
- 亦称"花糕"
- 原料
  - 米粉
  - 豆粉
  - 果馅等
- 做法
  - 发酵
  - 糕面放栗黄
  - 一蒸
- 口感软糯

插菊花
- 火棘菊花
- 枝叶
- 贴门窗上
- 戴菊花
- 解除凶秽
- 日的
- 以招吉祥

六（1）班 汪晨晓

中华民族自古就有尊老敬老的传统，在民俗观念中"九"在数字中是最大数，有长久长寿的含意。九月九日重阳节寄托着人们对老人健康长寿的祝福。

学生通过绘制"我们的节日"系列主题思维导图，传承中华传统节日文化，了解中国传统节日的由来、传说、民俗习惯等，增强了民族自豪感，培养了学生美好的道德品质和高尚的思想情操，从传统文化中汲取营养。

在社会公众节日，我们也指导学生积极参与各项实践活动，把在实践中获得的收获，运用导图的形式呈现出来。

六（1）班　胡　珏

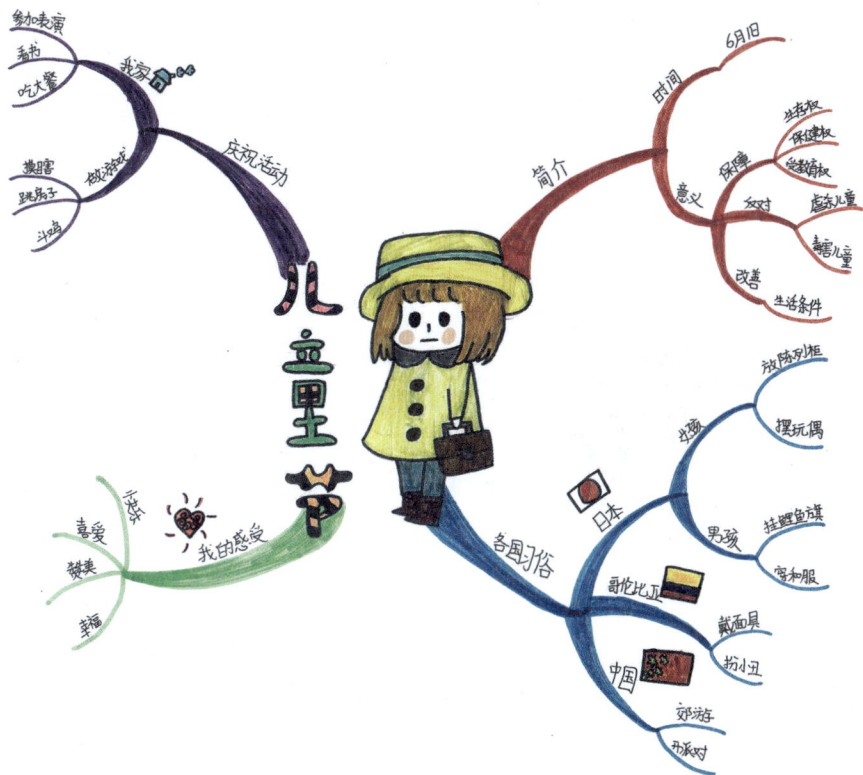

六（1）班　吴梓轩

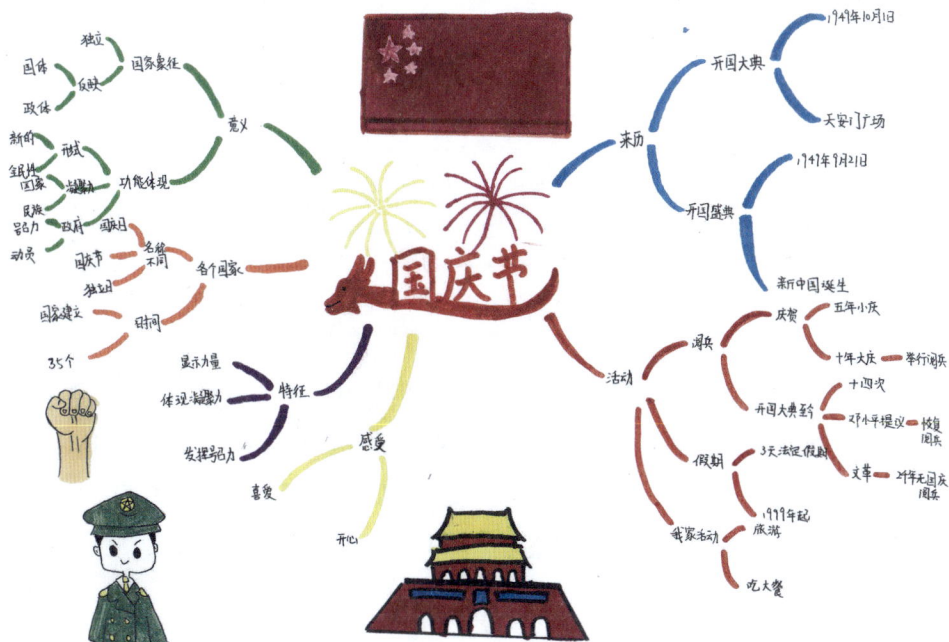

六（1）班　胡师于

2．社会实践活动主题思维导图

学校要努力为孩子们打造丰富多彩的校园文化生活，根据各个传统的节日以及各项社会公众节日，开展各类学生喜爱的喜闻乐见的活动，还可根据季节的变化、学生的需求带学生开展春季、秋季社会实践活动，走进生活，走进自然。而作为活动的组织者，则要精心策划、设计、组织活动，让活动紧紧吸引学生，并且及时做好活动的小结与延伸工作。让学生结合活动开展过程，绘制思维导图，就是一种很好的呈现方式。

四（1）班　鲁淇玉

春游是学生们非常喜爱的一项社会实践活动，但是每次活动结束后要写一篇作文是令他们头疼的事。现在我们改用一幅思维导图来代替作文。学生们记下了春游前的准备工作、当天的天气、游玩的地点、活动内容、活动感受，还联想到了与春天相关的古诗，配上极富春天特色的绿树、红花、小燕子，完整地呈现了整个春游活动的过程。

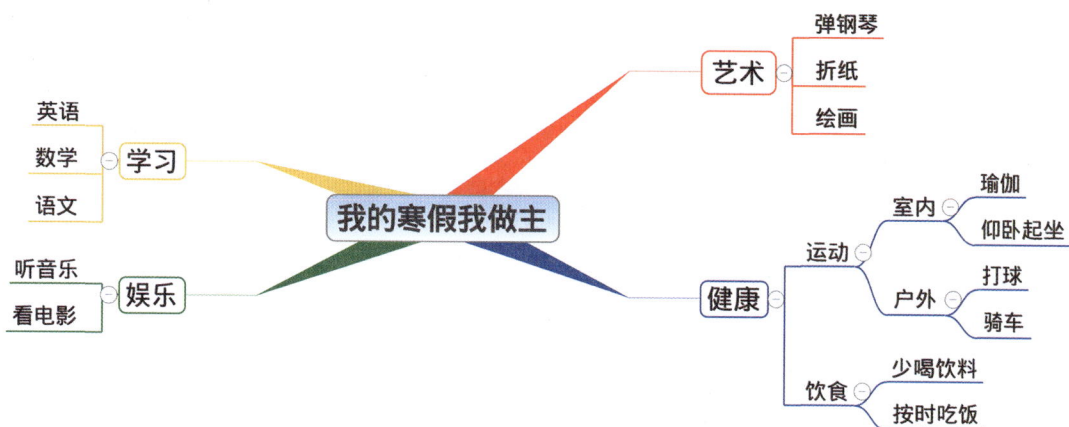

六（1）班　郭梦洁

六（1）班　李敏嫣

　　每年寒暑假，我们也要求学生放假初用思维导图来制定假期计划，假期末用思维导图展现自己的假期生活。这两幅导图完整地描绘了学生的寒假生活，包括学习、娱乐、艺术素养提升和身体健康等各个方面。

四、作用

　　思维导图的精髓在于"自然"，我们要遵循大脑自然的思维方式，而不是强迫我们违反天性。可以说思维导图本身并不具有魔力，它的优点在于与思维模式的契合。它真正的根本在于把自己的大脑思维过程进行可视化的展示，在于提高自己的思维水平，把自己的心门打开，改变自己的思维方式和思考模式，让自己用一个开放的头脑接受新鲜的事物，使自己的思维模式呈"网络化"。

思维导图让学生不断进行发散性思维，通过联想，由一事物作为触发点，向四面八方想象熟悉的生活和知识领域，多角度、多层次、自由地、自然地表达。相对于学科导图、阅读导图，主题思维导图和生活的联系更紧密，对孩子思维品质要求更高，难度更大，个性更鲜明，真正看到每个孩子的思维，实现思维可视化，为学生个性发展服务。

思维导图是个体思维的闪光。每一张图都是独一无二的，个性的，富有创造性的。思维导图是一种表现思维过程的工具，但是它隐含的教育理念却是有温度的，因为它的核心是尊重每一个学生的个性和差异。思维导图关键点在于能够体现制作者自己的思考特征和制作目标，通过运用"思维导图"的方法可以大大提高人的思考能力。

五、绘制思维导图

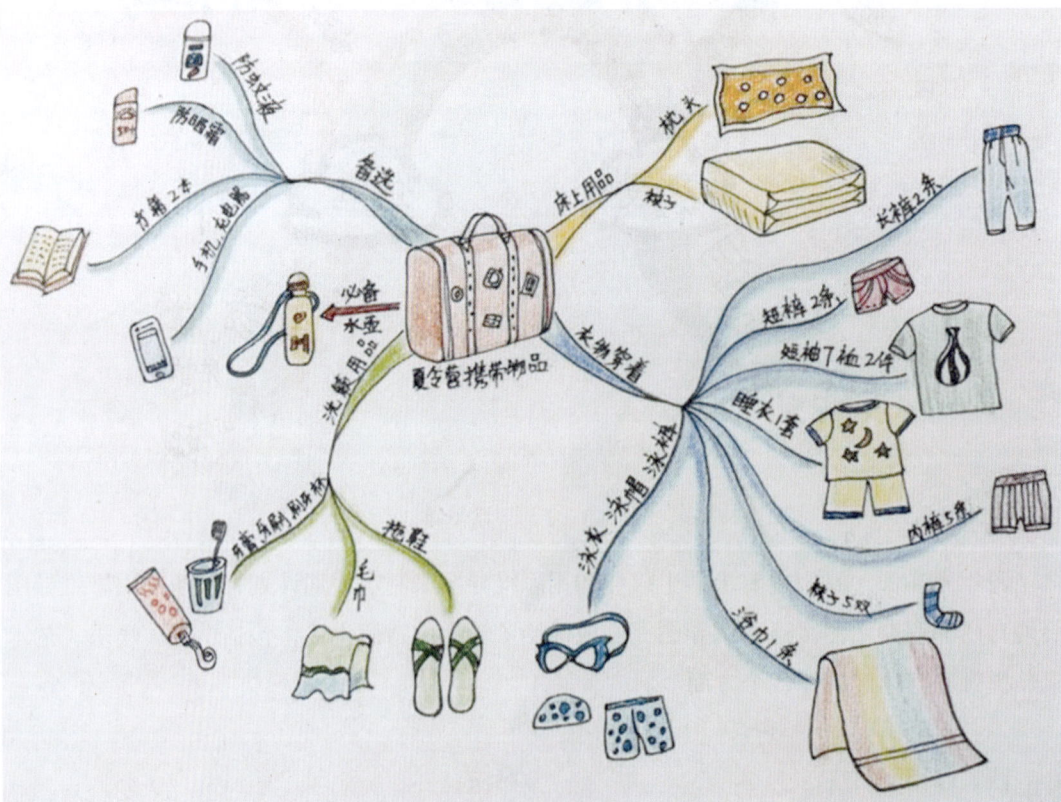

六（2）班 王 琦

1. 手绘思维导图的优点

手绘思维导图简便、不拘束小学生的思维，容易被小学生所接受，并且手绘能够充分发挥学生的想象力和创造力，不仅让学生能以图解读文本，还充分挖掘了小学生的动手能力。

（1）随时随地

手绘最让人着迷的地方，可能就在这里。你脑子里有想法的时候，几乎可以随时随地找到纸笔，开始思维导图的绘制。因此，天马行空的草稿，不那么严谨的初稿，写文章的最初框架，演讲或报告或讲课的基本思路等，都很适合用手绘。简单一点的，不用那么讲究，甚至颜色之类都不需要。

（2）随心随性

手绘的第二个优点是随心随性，想怎么画就怎么画，想让线条怎么生长就怎么生长，想用什么样的色彩就用什么样的色彩，想把图像画成什么样就画成什么样，随心所欲。

（3）记忆效果好

研究表明，记忆的过程中，参与更多感觉通道，效果会更好。手绘导图的时候，除了视觉、听觉，还有动觉参与。你在用手绘画的过程中，动作记忆也同时发生。因此，特别需要记忆的场合，还是推荐用手绘的。比如，整理学科知识点，复习功课，做读书笔记、课堂笔记等，手绘很有用。

（4）激发大脑潜能

思维导图的本质，不是导图，而是思维，思维才是思维导图的关键。我们用笔在纸上涂涂画画，能帮助我们思考。这也是思维导图的好处之一，在一根根连线中激发我们的思维，产生更多的想法。整个绘制过程就是一个艺术创作过程，我们不断在上面呈现各种想法，有的用文字表达，有的用图像表达，有的用符号表达……同时涂鸦也是一种很好的激发创意和想象力的方法，绘制出来的导图往往活泼有趣，印象深刻。

2. 手绘思维导图的弊端

但是在使用中，我们也发现手绘思维导图有很多弊端。

（1）手绘的话，需要在家或学校，只有这些地方才有彩笔和大白纸，大多数人目前没有随身带着彩笔和大白纸的习惯。

（2）手绘完一本书，要修改很多次，基本上都是多张。比如经常会画着画着空间够了，但分支错了。用错笔了，内容重要程度分解不对，写错字了……修改极度不方便甚至没法修改。

（3）手绘时间消耗很长，效率较低。如果你是要绘制一张拿给别人看的导图，除了简单的勾勒之外，还需要后期的美化和加工。如果内容比较精彩有时会花上一天或几天时间才能完成。

（4）保存极度不方便。手绘思维导图都是绘制在白纸上，纸张极易褶皱或沾染污渍，作品原件容易遗失，作品累计到一定数量时，保存受到场地限制。

（5）传播极度不方便。大多数人都没有接受过正规的绘画训练，因此绝大多数手绘的思维导图不够美观，创作者因此不太愿意拿出来传播分享。手绘导图的个性化表达程度高，对于自己而言，导图的一个符号对于自己有特别的意义，但可能对于别人没有意义，别人有看不懂的情况，需要去解释，沟通。同时，纸质作品传播的范围极其有限，为了适应信息社会的网络传播，不得不进行拍照、扫描等处理方式，画面清晰度、美观度都不能得到保证。

现代社会信息技术飞速发展，掌握信息技术是现在社会对人才培养的基本要求。在数字化办公、学习成为主流的今天，用软件绘制思维导图已经成为全社会的共识！

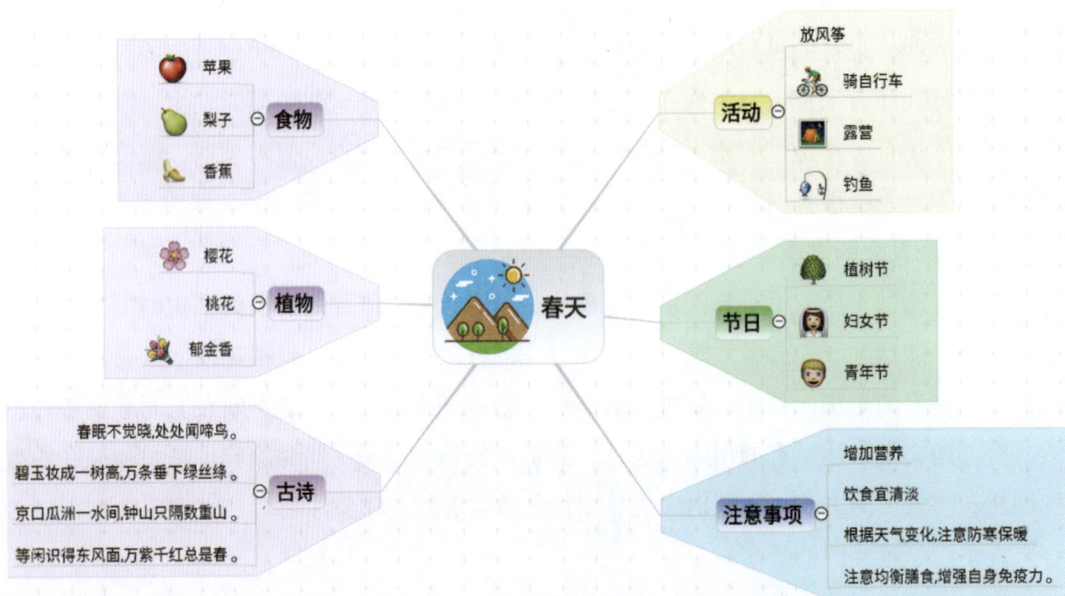

六（1）班　李思娴

3. 使用软件绘制思维导图的优点

（1）效率至上，速度很快。手绘思维导图，需要讲究布局，讲究配色，讲究线条粗细，初学者还是有些畏惧心理的。而软件思维导图，布局、配色、线条粗细这些问题，软件都帮你考虑好了，根本不需要绘图者再费心思，因此很容易上手，而且很快就能够画出不错的思维导图，效率非常高。

（2）修改、保存、复制方便。用软件绘制的思维导图，非常便于修改。对于刚开始考虑一个问题，头脑还是一片混乱的时候，这点特别让人激动。打错了字？分错了类别？有新的想法？……这个在软件上修改实在是很容易。

（3）容易传播。现在很多软件都和office办公软件兼容，可以将导图直接导出，方便发送给相关人员。如果是手绘，你要么要拍照，要么要扫描。

（4）正规化的工作呈现。用软件绘制的思维导图，字迹工整，布局规范，方便交流，特别适合在工作场合呈现。布置分配工作、呈现思路和框架，特别是和人交流的场合，软件思维导图能够规范地呈现思维结果。

4. 软件绘制思维导图的缺点

（1）模版图形固定。软件版的整理体设计，线条，框架，是电脑给予的，给人一种生硬而刻板的感觉。作为软件，它们只能提供极为有限的思维导图外形供人们选择，你很难利用它们创造出你头脑中已有的导图模样。这种千篇一律的模式实际上是在抑制我们的大脑潜能，而不是激发它。

（2）配图困难。软件制作思维导图以文字为主，视觉记忆效果不好。在思维导图软件中做图是一件十分困难的事情。绝大多数情况下，如果绘图者需要在计算机思维导图中加入图片，只能在自己的电脑里或者到网上寻找合适的图片粘贴在导图上。而这些图片并不能完全体现绘图者的想象和思考过程，这样做是不利于激发他的大脑潜能的。

综上所述，手绘和软件绘图两种方式，各有优缺点。而且，手绘的优点，即是软件绘图的缺点，手绘的不足，正是软件绘图的长处。

5. 手绘导图和软件绘图的适用场合

（1）适合使用手绘导图的场合：

整理学科知识点

思维导图读书笔记

课堂笔记

天马行空的草稿

不那么严谨的方案初稿

写文章的最初框架、提纲

演讲或报告或讲课的基本思路

……

（2）适合使用软件绘图的场合：

布置分配工作任务

列工作计划和个人规划

不太需要记忆的会议备忘

梳理各种人物关系

呈现思路和框架

与人交流的各种场合

需要讲究效率的场合

……

现在人们已经开发了许多制作思维导图的软件，根据不同的使用环境，可以选择使用不同的思维导图软件。

六、制作方法

思维导图是把内心的想法"画"下来，将一长串枯燥的信息变成丰富多彩的、便于记忆的、有高度组织性的图画。我们的孩子是天生的画家，对线条、色彩和空间的利用有他们独到的见解。因而学生在绘制思维导图时更容易得心应手。

（一）主题思维导图应遵循的原则

1. 遵循循序渐进的原则

小学生绘制思维导图作为一项能力是渐渐习得的，绘制思维导图的进展过程代表他心理的发展过程。学生对世界的认识是渐渐扩大深入的，这在他的思维导图中会有所体现，一开始，学生的图可能是简单单一的，到后来会越来越丰富，从最初涂鸦画一些自己也说不清楚的东西，渐渐嘴里一边自言自语，一边描绘出心里所想象的事物，最后学会运用绘画技巧，有意识地进行创造、自由表达。

2. 遵循孩子自我发现、自我创造的原则

小学生在制作思维导图的过程中，不要拘泥于形式，尽量让思维处于一种被激发的和完全开放的状态。鼓励学生用自己的方式表达，让他们在绘图过程中找到表现自己的知觉符号系统，慢慢地学生就有可能拥有自己认识世界的独特视角。透过思维导图，我们能更好了解学生。

（二）主题思维导图制作基本方法

1. 主题思维导图制作的步骤以及内容

（1）把主题画在白纸的中央

在纸中央画出主题图像，从中心开始，让孩子大脑的思维能够向任意方向发散出去，以自然的方式自由地表达自己。

（2）向外扩张分支

从主题的中心向外扩张。从中心将有关联的要点分支出来，近中央的分支较粗，相关的主题用线条连结。然后再向外扩散出二级分支、三级分支，依次类推。这就像一棵茁壮生长的大树，树杈从主干生出，向四面八方发散。把分支连接起来，学生就会很容易地理解和记住更多的东西。

（3）使用颜色、符号、文字、图画表达各分支内容

用不同颜色、图案、符号、数字等来表达不同的主题内容，丰富的色彩、生动的图像，更有利发挥孩子的想象和创意。

2. 制作主题思维导图的注意事项

（1）使用正确的纸笔

大多数人在写笔记的时候，笔记本是竖着放的。但做思维导图时，纸是横着放的。这样空间感比较大，能容纳更多信息，而且能与广阔的外围视野相匹配。根据思维导图任务选取一张大小合适的纸（开始的时候最好选大的），并准备好各种颜色的钢笔、铅笔、荧光笔等。

（2）绘制中心图

在纸的中心，首先画出能够代表你心目中主体形象的中心图像。中心图不宜太大，以免影响了周围分支的分布范围；但中心图也不宜太小，因为这样会比较难吸引读者的注意力。因此，中心图大致占纸张的九分之一。这个中心图在色彩的运用上要灵活、多样，一般要大于或等于三种，且一定要与主题相关。

（3）添加分支

中央图像会引发大脑产生相关联想。请遵循大脑给出的层级，不要在一开始就想建立一个良好的结构。通常情况下，好结构按照大脑的自由联想就可以自然形成。你可以在分支之间自由移动，也可随时回到前一个分支添加新内容。

思维导图的绘制顺序是从整张纸的中心开始，向四周扩散。做思维导图时，它的分支是可以灵活摆放的，除了要理清思路外，还要考虑如何合理利用空间。你可以在画图时思考，哪条分支的内容会多一些，哪条分支的内容少一些，你可以把最多内容的分支与内容较少的分支安排在纸的同一侧，这样就可以更合理地安排内容的摆放了，整幅画看起来也会很平衡。画思维导图前，要思考发如何布局。

分支上只添加可以在以后帮你回想观点的内容——一个词或一幅图。要最大程度地发挥左右半脑的协同作用，很重要的一点就是让所有分支、文字和图片形成一个有机整体。文字有多长，分支就多长。

心理学家通过实验发现，人类的记忆遵从"7±2"效应，大脑的短时记忆容量是7个左右。也就是对于一些事物，数量在7个单位组块以下的时候，我们很容易记住，当超过7个的时候，会很容易遗忘。我们画思维导图，主干不超过7个时可以方便我们理清思路，便于记忆，同时也防止主干过多，显得太繁杂。

那如何选择主分支的标题？

主分支的标题是你的基本思想，比如可以认为其实就是一本书的轮廓。你的基本思想通常等同于书的章节标题；它们是包含一系列其他思想的关键词或图片。基本思想是一些关键的概念，可以获得最多的联想。

（4）使用关键词和图片

思维导图的其中一个特点就是"化繁为简"，在分支上务必使用词语、成语或者缩略词进行内容"压缩"，使用关键词可以使我们大脑对内容的识别和记忆有很大的帮助。人类的大脑本身具有关联及发散功能。当我们看到一个词语或者成语的时候，我们的大脑会自然地对该关键词进行关联"脑补"，从而达到"解压"该关键词进行吸收和理解的目的。思维导图的记录用的全都是关键词，这些关键词代表着信息的重点内容。不少人刚开始使用思维导图时，会把关键词写在线条的下面，这样是不对的，记住一定要写在线条的上面。

如何选取关键词呢？

A. 关键词因人而不同，且有例外。

关键词是在标准的日记中，占非常小比例却是最重要的词汇。同一句话可能每个人选取的关键词都不一样。每个人对于图像感的获取，以及对于关键词的理解会有偏差。除此之外，不同的选取关键词的需要，也会在同一句话选取的时候有所不同。比如在思维导图作图的时候，关键词应该是"具象"性，什么样的词才容易具象呢，它们通常是名词或非常强的动词，可以联想起你希望记忆的具体的形象和事件。反复试验并选择最合适的可以触发联想的词。

B. 关键词因需要而不同。

上面提及的思维导图作图是通常的情况，选取实词做关键词，尤其是做分析导图时常使用的情况。但是在利用思维导图背诵课文的时候，如果按照上面需要，只是重点选取具象化的实词做关键词，是不利于学生逐句背诵文章的。所以在这种情况下，在保证重点兼顾实词动词的情况下，需要把握连接词。这样有利于学生逐句回忆文章的逻辑线性结构。

C. 关键词因结构而不同。

在对大型系统信息进行分析的时候，处于不同层级的思维导图的关键词也不尽相同。

比如用导图分析一本书：有中心伸展的第一、二级分支，应该是用具有概括性的词充当关键词，这样容易把控每个大的板块。对于第三、四级分支，关键词应该以具象实词为主，这样便于理解每个中等板块信息内容。对于五级以上的末等分支关键词，在兼顾实词同时，应该考虑选择修饰性虚词做关键词，比如形容词、数量词。这样可以具体细致地展现信息。所以在同一本书中，如果是对整本书做关键词，和对一个章节做关键词，以及对一句话做关键词，关键词的处理结果肯定是不一样的。

思维导图的主旨是简化、块化，同时不能失去信息展示本质以及信息内部联系。具体情况具体对待显得尤为重要。信息是系统，思维导图本质是系统图，表面是同一段文章，但是在不同系统要求下，关键词可能不同。但是无论怎样，思维导图最大化或者优先兼顾实词，以及实现具象化是必需的。

（5）建立联系

当我们在分析一些信息的时候，各主题之间会有信息相关联的地方，这时，可以把有关联的部分用箭头把它们连起来，这样就可以很直观地了解到信息之间的联系了。如果你在分析信息的时候，有很多信息是相关有联系的，但是如果都用箭头相联连接起来会显得比较杂乱。解决这个问题的方法就是，你可以运用代码，用同样的代码在它们的旁边注明，当看到同样的代码的时候，你就可以知道这些知识之间是有联系的。

你还可以不时地鸟瞰一下你的思维导图，寻找思维导图内部内容的关系，用连线、图像、箭头、代码或者颜色将这些关系表现出来。有时，相同的文字或概念会出现在导图的不同分支上，这并非不必要的重复，正是发现新主题的思维导图带着你的思维在这个主题穿行。强调突出这些重要发现是很有帮助的。这可能引发范式转变。

将这些主题联系起来的是一条条线段。思维导图有很多线段，每一条线段的长度与词语的长度都是一样的。刚开始使用思维导图的人会把每根线条画得很长，词语写得很小，这样不但不便于记忆，同时还会浪费大量的空间。思维导图体现的层次感很分明，最靠近中间的线会越粗，越往外延伸的线会越细，字体也是越靠近中心图的越大，越往后面的就越小。思维导图的线段之间是互相连接起来的，线条上的关键词之间也是互相隶属、互相说明的关系，而且线的走向一定要比较平行。换言之，线条上的关键词一定要让你自己能直观地看到，而不是要把纸转过来才能看清楚自己在写什么。

在思维导图的左侧或右侧画线，留出 3/4 的地方开始写词，当然如果线不够长就补画。如果你写着写着，发现线上的空间不够了，那就写一个缩略词。

（6）享受乐趣

放松你的大脑（比如，放一点音乐），不要太"用力"思考。让你的思维自由联想，把你的想法以个性化、生动化的形式写在纸上。乐趣是进行有效信息管理的关键因素。竭尽所能地利用一切（如音乐、绘画、色彩等）让思维导图的制作过程充满乐趣。

（7）复制周围的图像

只要有可能，应该尽量复制其他一些好的思维导图、图像和艺术作品。这是因为，人的大脑天生就会通过复制并根据复制的东西再创造新图像或新概念的方法来学习。人的网状组织激发系统（这是大脑中一个复杂的"编组站"）会自动地寻找那些能改进思维导图技巧的信息。

（8）让自己做个"荒诞"的人

把所有"荒诞"或者"愚蠢"的想法都记录下来，特别是在制作思维导图的起步阶段，还要让别的思想也能从中流溢而出。这是因为所谓荒诞或者愚蠢的想法通常都是一些包含了重大突破口和新范式的东西。

（9）良好的学习环境

跟你所使用的材料一样，你的工作环境可以唤起你消极或者积极的反应。因此，工作环境应该尽量舒适，让人心情愉快，以便让思维进入良好的状态。尽可能使用自然光，因为自然光对人眼有放松作用；确保有足够的新鲜空气，因为大脑最主要的"食物"之一是氧气；确保房间温度适宜，温度太低或太高都会分散你的工作精力；恰当地布置房间，确保使用质量好的椅子和书桌，其设计应尽量使你保持轻松舒适的姿势，好的姿势会增加大脑供血，改进感知并加强精神和身体的耐力。此外，设计良好、吸引人的家具会使你产生使用工作空间的欲望。

在创作思维导图中出现思维阻滞怎么办？

A. 增加空白线条

如果暂时出现了思维障碍，可以先继续在思维导图上加上一些空白线条。这会对大脑提出挑战，刺激大脑去完成尚未完成的东西，使其在你无限的联想能力帮助下"茅塞顿开"。

B. 提问题

提问题是大脑借以积累系列知识的主要方式。给自己提一些合适的问题，会引起一些打破思维障碍的反应。

C. 增加图像

在思维导图上增加图像，可以使进一步触发联想和易于回忆的可能性更大。

D. 保持无限联想的能力意识

保持这个意识，会让大脑处于自由状态，而不是受制于既有的习惯。

（10）让它难忘

大脑有追逐美的自然倾向。因此，思维导图越是引人注意和色彩丰富，你能记住的东西就越多。因此，花点时间给分支和图像上色，并给整幅图增加一些层次和添加一些装饰。

如何使用颜色？

彩笔是画思维导图所不可或缺的工具。你可以不会画画，整个导图都是关键词和文字，但是用彩笔把这结构线条用不同颜色标出来，是绝对非常重要的。

思维导图之所以拥有强烈的视觉冲击力，最重要的便是对色彩的使用，而导图对颜色的使用只有两个要求：冷暖搭配、一类一色。

A. 冷暖对比

我们所说的冷暖指的是颜色的属性。色彩的冷暖感觉是人们在长期生活实践中由于联想而形成的。生活经历会告诉大家哪些东西能够带来温暖，哪些东西寒气逼人。当你看到与这些东西外表相似的颜色时，大脑会把这些东西与以前的经历自动联系起来，此时我们就会觉得颜色有了冷暖之分。

比如，看到红色、橙色、黄色的时候，大脑会把它们与火焰、太阳等物体的颜色联系在一起，此时我们心中就会形成一股暖流，进而觉得这些颜色也是温暖的；当蓝色、白色、黑色呈现在眼前时，大脑则会把这些颜色与蓝天、冰雪、暗夜联系在一起，此时人们就会觉得这些颜色是寒冷的。

按照人们内心对颜色的不同感受，颜色可分为冷色和暖色。那些可以让人联想到寒冷事物的颜色被称为"冷色"，如蓝色、黑色、棕色等；而那些可以让人联想到温暖事物的颜色就是"暖色"，如红色、橙色、粉色等。还有一些颜色界于冷色和暖色之间，如黄绿色、紫红色等，人们把这些颜色称为"中性色"，通常不会表现出十分明显的冷暖感觉。

不同的色彩，可以使人产生不同的心理色彩：

黄色：代表乐观、鲜明、热情。黄色的灿烂、辉煌，有着太阳般的光辉，象征着照亮黑暗的智慧之光。黄色有着金色的光芒，又象征着财富和权力，它是骄傲的色彩。

橙色：代表友好、愉快、信心。橙色是欢快活泼的光辉色彩，是暖色系中最温暖的颜色，它使人联想到金色的秋天、丰硕的果实，是一种富足、快乐而幸福的颜色。

红色：代表兴奋、活力、大胆。这种热烈、冲动、强有力的色彩极易引起人的注意，因此在各种媒体中也被广泛地利用。除了具有较佳的视觉效果之外，更被用来传达有积极、热诚、温暖、前进等涵义的企业形象与精神。

紫色：代表创新、想象、充满智慧。紫色是非知觉的颜色，它美丽而又神秘，给人深刻的印象。它既富有威胁性，又富有鼓舞性。

蓝色：代表信任、可靠、力量。蓝色是永恒的象征，它是最冷的色彩。由于蓝色沉稳的特性，具有理智、准确的意象，在商业设计中，强调科技、效率的商品或企业形象，大多选用蓝色当标准色。

绿色：代表平静、发展、健康。在商业设计中，绿色所传达的是清爽、理想、希望、生长的意象。鲜艳的绿色是一种非常美丽、优雅的颜色，它生机勃勃，象征着生命。绿色宽容、大度，几乎能容纳所有的颜色。

灰色：代表平衡、中立、冷静。灰色具有柔和、高雅的意象，而且属于中间性格，男女皆能接受。所以灰色也是永远流行的主要颜色。

使用何种颜色，也可按照个人喜好选择，突出个性化，但同时也应符合大众审美观。

B. 一类一色

思维导图中所强调的一类一色，实指一条主干及其所包含的所有分支颜色须一致，代表它们属于同一部分的内容。这种色彩的使用规则不仅可以提升整幅导图的美观程度，而且还有更多的好处：最主要的是可以让我们们快速且准确地定位信息；不同的色块可以刺激大脑感官体验，提升注意力；可以强化我们对内容的理解程度，对提升记忆力也会有所帮助。

使用不同的颜色，用以区别不同的分支：标记一个出现在不同分支的标题，标记故事中一个特定标题，标记不同的日期或层次的信息，标记不同的项目，标记标题的子标题，标记出创意和显示关连，使思维导图视觉更好。

思维导图一定要使用中心图像。在思维导图中，图像可以自动地吸引眼睛和大脑的注意力。它可以触发无数的联想，并且是帮助记忆的一个极有效的方法。另外，图像还很有吸引力，使人感到愉悦、高兴。只要有可能，就要用图像，这样可以在视觉和语言皮层技能之间建立很有刺激的平衡。改善你的视觉感触力。如果某个特别的词（而不是图像）在思维导图中是绝对要处于中央地位的，这个词也可以通过增加层次感、多重色彩和吸引人的外形来变成一个图像。

但是，有一点必须强调，学好思维导图和美术能力并没有必然关系，在绘制思维导图时最重要的是能利用图形来优化思维，对绘画水平也没有什么特殊的要求。

字写得好坏与文章的思想性高低之间没有关系，同样地，图形的美丑与导图内容的优劣之间也没有关系。当然，如果你想把自己的思维导图展示给大众观赏或者进行交流，最好还是把图形画得漂亮一些，否则太难看的话不仅会影响视觉效果，而且会让人失去学习的兴趣。

就本质而言，思维导图是对大脑思维活动的一种形象化提炼，所以其内在的精妙性永远比外在的美观性更重要。如果忘记这一点，单纯去追求思维导图的绘画技巧，导图画的虽美观，但思想却肤浅，那样就走入了本末倒置的误区了。

（三）主题思维导图制作练习及作品展示

【练习1】

金色的秋天就要来临，提到秋天，你会想到什么？是湛蓝的天空、满山的红叶、金黄的稻田、飘香的果园……请以"金秋"为主题，绘制一份思维导图。

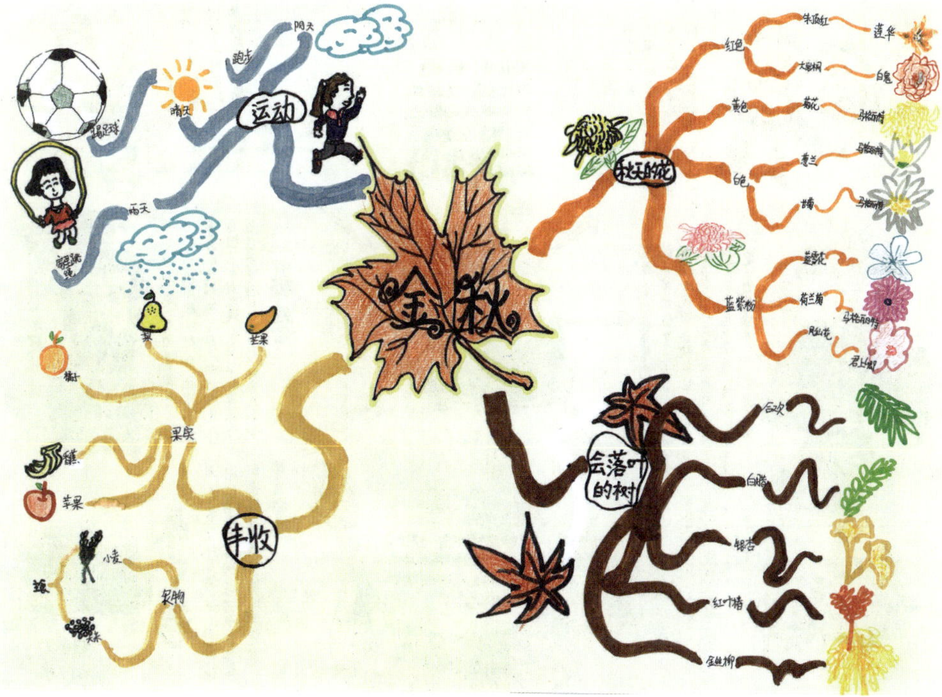

六（2）班　刘　颖

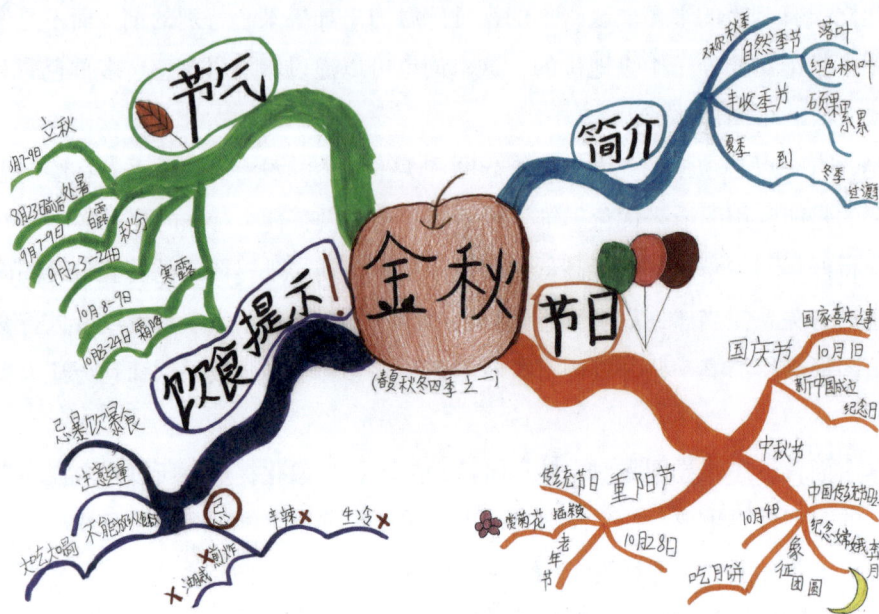

【练习2】

农历五月初五，端午节是我国汉族人民的传统节日。这一天必不可少的活动逐渐演变为：吃粽子，赛龙舟，挂菖蒲、艾叶，喝雄黄酒。你能完成"端午节"的主题思维导图吗？

六（1）班　胡馨文

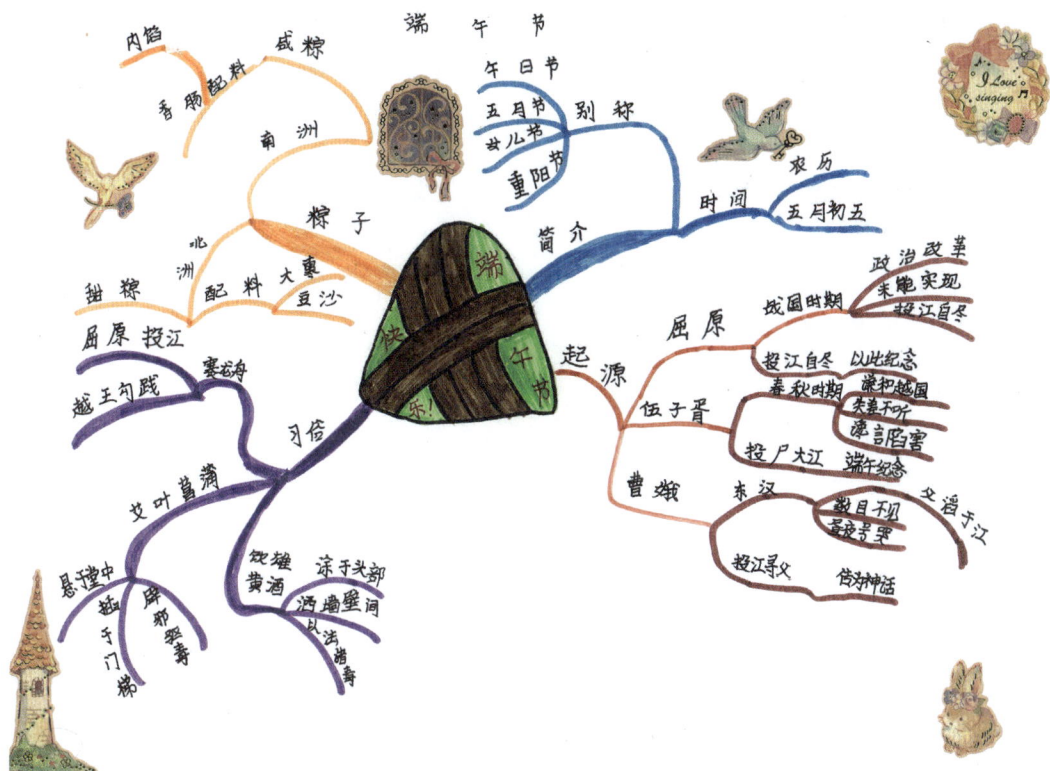

四（3）班　尹婉欣

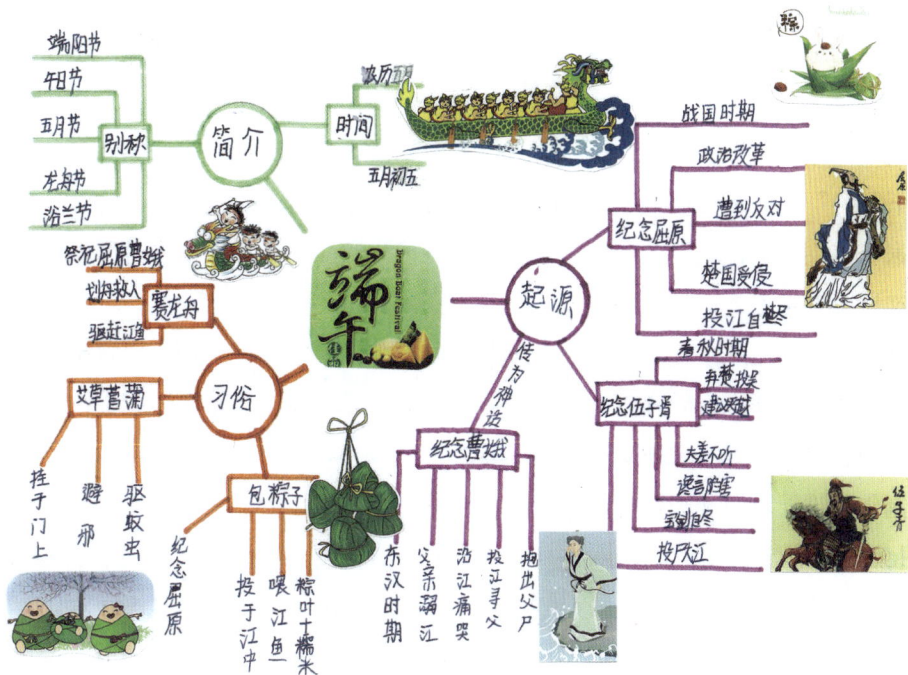

五（1）班　徐晨烨

七、思维导图使用方法和技巧

1. 使用技巧

我们在学习思维导图时要注意，除了要熟悉思维导图的形状和功能外，更重要的是掌握思维导图的思维方法，这是思维导图的精髓。如果说一个个思维导图就像文字一样，各有各的形状，各有各的功能，那么思维导图的思维方法就是指导我们如何组织这些文字创作一篇文章的语法规则和写作技巧。

"柔性"思维导图有三条核心法则：

①象形示意——以象揭示道理，即用直观形象的图示表达解释抽象的事物，以方便人们快速理解其含义。例如，用两圆相交图表示重叠的逻辑关系。

②辅助思考——以图辅助思维。即用图形的独特功能来帮助提高记忆、分析、决策、创新等思维技能。例如，关键词发散图可辅助提高记忆力。

③启迪智慧——以形启发智慧，即用图形的形状结构，启发思路，感悟智慧。例如，太极图可引发无限遐想。

这三条核心法则既反映了思维导图的基本功能，同时又是思维导图的应用方法。以大家熟悉的表格图为例：

当我们想研讨"结构"这个抽象概念时，可以画一个表格状的图形，其含义通过图示便一目了然。用表格图来发散思维，构想创意。

如果我们想构思创意时，可以借助表格图先纵横分解，后上下交错，开拓思路，激发无限创意。

而当我们面对表格图观察冥想时，又可从中领悟到"层次管理，井然有序""左右控制、上下制约""框架模式是最稳定的组织结构模式"等诸多智慧。

大家一定要牢记，是思维导图的思维方法指导我们应用图形，而不是图形控制我们的思路，这是思维导图工具与一般图形工具的本质区别。

思维导图的变化还不止于此，如果按照专业来分类，起码可以衍生出科学思维导图、艺术思维导图、管理思维导图、学习思维导图、经济思维导图、军事思维导图、口才思维导图、成功思维导图等一系列实用思维工具。

2. 制作思维导图的规则技法总结

（1）突出重点

①一定要用中央图

②整个思维导图中都要用图形

③中央图形上要用三种或者更多的颜色

④图形要有层次感

⑤要用通感（多种生理感觉共生）

⑥字体、线条和图形尽量多一些变化

⑦间隔要合理安排

（2）使用联想

①在分支模式的内外要进行连接时，可以使用箭头

②使用各种色彩

③使用代码

（3）清晰明白

①每条线上只写一个关键词

②所有的字都要写工整

③字词要写在线条上

④线条的长度与词本身的长度一样

⑤线条与线条之间要连上

⑥中央的线条要粗些

⑦边界要能"接受"分支概要

⑧图形画得尽量清楚些

⑨让纸横放在桌前

⑩印刷体尽量竖写

　　思维导图是一种简单而且十分有效的图形思维工具，我们期望学生们能掌握这种工具，并且熟练运用到以后的学习和工作当中去。比如思维导图可以作为复习工具，学生每天睡觉前花10分钟的时间用思维导图来复习当天的学习内容，把一天当中所有的知识经验进行概括整理，把要点、关键点用思维图呈现出来，帮助快速复习和理解，提高学习效率。希望学生们学会这种思维工具，学会如何思考，拥有一个智慧的人生。

第八章
口语交际、作文思维导图

一、语文口语交际思维导图

（一）概念

语文口语交际思维导图是在口语交际活动中，针对口语交际的话题，从说话的内容、方法等维度构建思维的构架。

（二）案例

语文口语交际中，学生出现的问题通常表现在两个方面：要么不知道说什么，要么不会围绕话题说。借助思维导图能引导学生全面思考问题，并有条理地表达。

例如，鄂教版《语文三年级上册）》中的《口语交际：介绍我的朋友》：

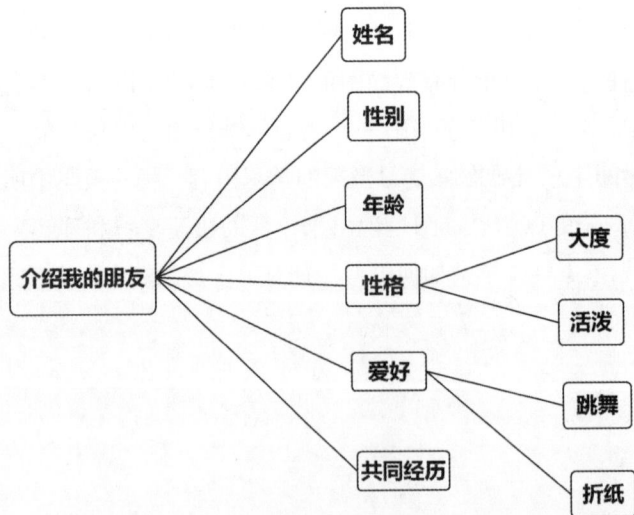

三（2）班　贺子芊

这幅口语交际思维导图采用的是鱼骨图。围绕"介绍我的好朋友"这一话题，学生从朋友的姓名、性别、年龄、性格、爱好、共同经历等方面构思说话的内容和顺序。学生依据思维导图，能使自己的表达更有序，内容更丰富。

再如，鄂教版《语文（五年级下册）》的《口语交际：我是小小讲解员》：

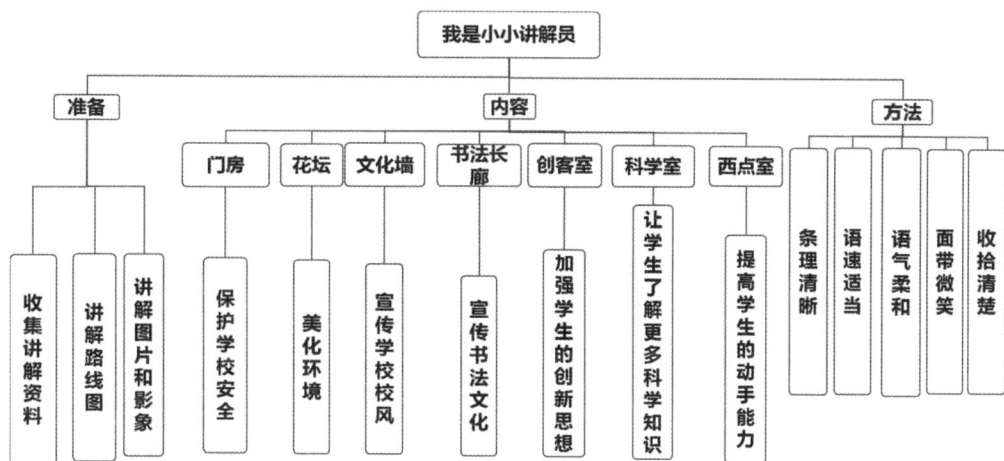

五（3）班 林飞扬

这幅口语交际思维导图采用的是鱼骨图。学生从说话的准备、说话的内容、说话的方法三个方面呈现思维过程，在讲解内容方面列举出了介绍的重点位置，以及它们的特点和作用。思维导图为学生说话理清了思路，有条有理，想说能说。

又如，鄂教版《语文（六年级下册）》中的《口语交际：你赞成孟母三迁吗？》，这个话题是辩论话题，分为正反双方。正方辩题是"我赞成孟母三迁"，反方辩题是"我不赞成孟母三迁"。

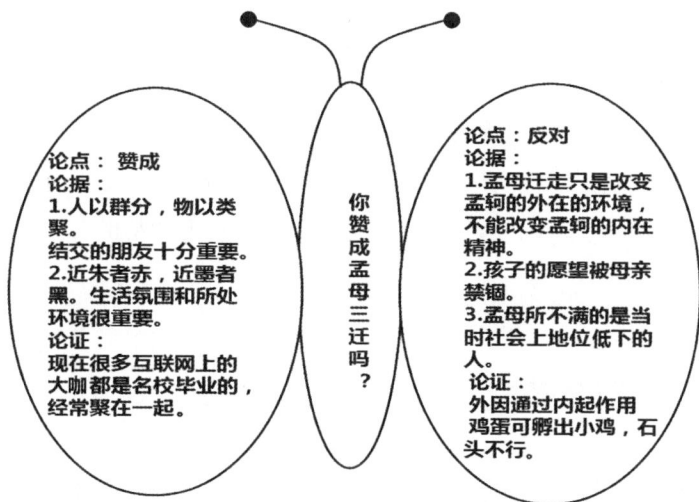

六（2）班 涂亚昊

这幅口语交际思维导图采用的是蝶形图。蝶身是这次辩论的话题"你赞成孟母三迁吗？"，围绕话题形成正反双方，蝶翅分别梳理了正反双方的论点、论据和论证。整幅图简单明了，层次清晰，逻辑严密，有理有据。

（三）作用

《义务教育语文课程标准》对口语交际提出了如下要求："在交流过程中，注意根据需要调整自己的表达内容和方式，不断提高应对能力。""口语交际的评价，应考查学生参加口语交际实践活动的态度，能否把握口语交际的基本要求，善于倾听，在交流中捕捉重要的信息，清楚、准确、自信地表达自己的思想和感情。"

在口语交际教学中，引导学生使用思维导图，不仅可以在口语交际的想、说、辩环节中理清思路，让学生发言更清晰、更有条理，让学生敢开口、想开口、乐开口，激发他们口头交际的兴趣，帮助他们提高口语交际水平。同时还可以培养学生思维能力，口语交际的能力，提高自信心，完善智能发展。不只是课堂上，还可以引入到生活中锻炼提升，达到理想的交际效果。

（四）制作方法

语文口语交际思维导图一般用鱼骨图呈现。

绘制过程：第一，首先鱼头确定说话主题；第二，主题引出分支，写上与话题有关的中心词，比如说话的内容、说话的方式等；第三，在每个中心词后引出更细的分支，有序地写出围绕中心词包含的要点。

（五）练习

请绘制以"小小推销员"为话题的口语交际思维导图。

二、语文作文思维导图

语言是思维的外衣，思维是语言的内核。思维品质决定写作质量，良好的思维写作能力是写好作文的前提，可见拥有良好的思维能力是写作的关键。思维导图就是一种提高思维能力的工具，对提高学生良好的作文写作思维能力有很大的帮助。

（一）概念

作文思维导图是以一种发散思维，从作文的审题、立意、选材、结构、内容、表达等多方面理清思路，从而形成的一个立体多元的思考架构。

（二）案例

思维导图具有发散思维，辅助创新的功能。作文思维导图使学生的思路开阔，作文的素材也大大丰富，作文结构也就更加有序，更加严谨，逻辑鲜明。

例如，《语文（鄂教版　四年级上册）》的《习作：我的好朋友》：

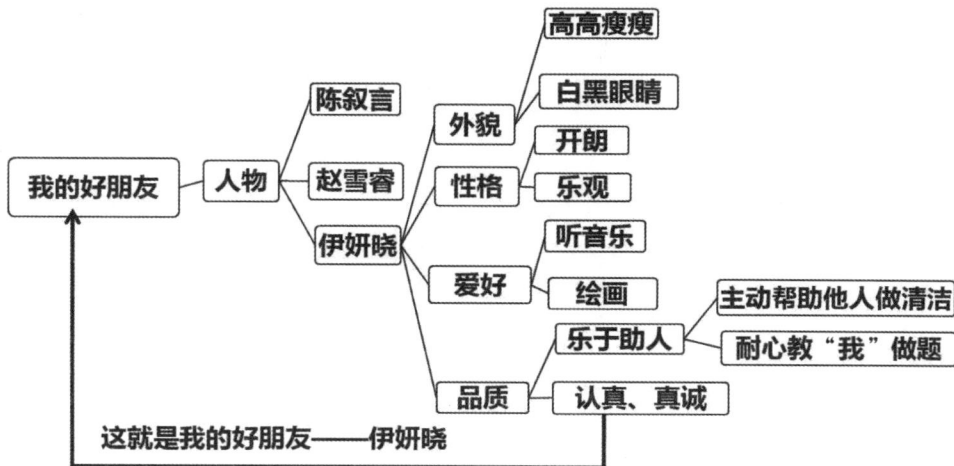

四（3）班　袁毕静怡

这幅作文思维导图学生从审题开始，确定作文题眼为好朋友，是一篇写人的文章。由此联想列举出自己的多个好朋友，筛选出一个好朋友作为写作对象，然后发散思维，从外貌、性格、爱好、品质几个方面展开写作内容，确定以"品质"为重点内容来展现人物的特点。继续发散思维，列举出朋友的多种品质，再筛选出其中最为鲜明的品质作为写作的重点。通过两件事例有详有略地再现人物品质，突出好朋友的特点。最后回到题目点题，表明中心。

再如，作文《难忘的一件事》：

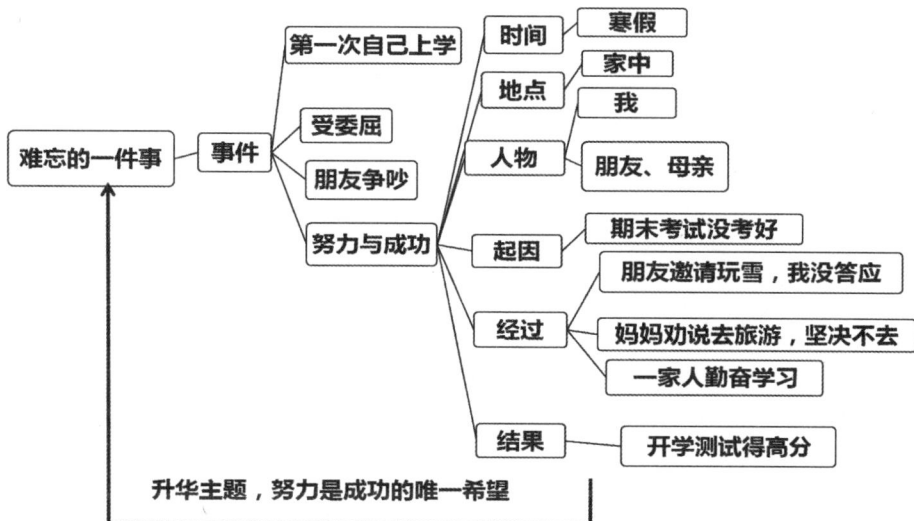

五（3）班　朱倚林

这幅作文思维导图体现学生通过审题，确定是一篇写事的文章。确定关键词"难忘"，由此联想列举出许多难忘的事，筛选材料选出要写的那件事。然后抓住事情的六要素展开，明确事情的经过是文章的重点，难忘在哪，为什么难忘，抓住事件中人物的多方面描写把事情写生动、写具体。最后回到题目，点明中心。

（三）作文思维导图的作用

思维导图用于写作具有较大的功效。在作文构思阶段，让学生使用思维导图整理有关材料。先从作文题目或主题展开联想，思考与题目或主题有关的内容、材料，并对思维结果加以调整，最终形成一张作文思维导图。这个构建思维导图的过程有利于拓宽学生写作的思维广度和提高写作的积极性。作文时，学生按照思维导图行文，思路更清晰，结构更分明，重点更突出，中心更明确，这样可以做到有的放矢。

（四）制作方法

作文有它特殊的构篇结构，首尾呼应，结尾点明中心，升华主题。依据这一特点，我们采取环状图形来绘制作文思维导图。

绘制作文思维导图的步骤：

第一，在纸的左边中间写上作文的题目。

第二，围绕题眼引出分支，把相关素材用关键词的形式写在各分支上。

第三，再由重点素材引出分支，列举出要写的几方面内容，有序地写在每个分支上。

第四，在重点部分引出更多细分支，把要写的内容提炼成关键词写在分支上。

第五，最后用一条箭头线回到作文题目，写上文章要表达的情感，点明中心，升华主题。

（五）练习

请绘制《我的心爱之物》的作文思维导图。

第九章
古诗词教学中思维导图的运用

一、古诗词思维导图的概念

英国著名哲学家培根说："读诗使人灵秀。"中国是一个诗的国度，古诗词具有悠久的历史，是中华民族艺术宝库中的一颗璀璨的明珠，千百年来传诵不衰。任何一首古诗词，除了有文字表面呈现出的内容、情感、意境等，文字背后都还有极其丰富的背景资源：诗人的生活经历与创作历程；与古诗密切相关的创作故事；古诗涉及的相关典故、传说；诗人的相关诗作；诗人所处的时代背景；诗人的创作风格；等等。把你对内涵丰富、意蕴深厚的古诗词用一张图画下来，这张图就叫古诗词思维导图。

画古诗词思维导图的前提是首先要读懂古诗词，所以从这种意义上说，它也是阅读思维导图的一种。怎样读懂古诗词呢？一般来说，古诗词需要联系当时的时代背景、特定的环境和作者的生平、当时的心境、一贯的主张思想等加以阅读，学生才能体会古诗词的内容、情感，才能够真正地走进古诗词中去，去领略它所表达的奇妙意境。又因为古诗词语言凝练的特点，因此画出来的古诗词思维导图更显得独特而富有魅力。

二、古诗词思维导图的类型

1. 课前预习古诗词思维导图

对于课内要求学习的古诗词，为了提高学生自学能力，可以建议学生在课前预习古诗词的时候画思维导图。阅读古诗词的难点是文言文和白话文的意思有所区别，在古诗词中，主语、谓语、宾语的构成也有所不同。所以学生如果按常规预习方法，一旦遇到读不懂或者无法理解的情况，就很容易提不起兴趣或是放弃预习。最好的方法就是：换一种思路，找到新的方法让预习变得有趣。这时运用画思维导图的方法可以激活学生视觉思维，调动学习兴趣，有效帮助学生阅读古诗词，改善预习效果。第二天到课堂上，学生会更加饶有兴趣地对照自己所画的思维导图听老师讲解，理解古诗词更容易，如果发现自己有画得不对的地方可以当堂改过来，对诗词中的知识点理解记忆更深刻。

2. 课后复习古诗词思维导图

画古诗词思维导图也可以放在学完之后画，便于复习总结。当课堂上学完一首古诗词后，相信学生对整首诗词有了一个较为清晰全面的了解，但是缺乏对古诗词内部知识结构、关系的梳理、总结、归纳、提炼。这时候学生画思维导图，可以帮助理清古诗词知识点之间的联系。学生凭着理解，一步步画出诗词的结构框架或条理层次、蕴含的知识点，兴趣盎然、信心百倍，而且在画的过程中，对诗词内容理解得更为深刻，对诗词情感领悟得更为透彻，增加了对诗词的喜爱，提高了诗词鉴赏能力。画完之后，一首诗词自然而然也就背诵下来了，而且印象极深，多久之后都可以回忆得起来。

3. 课外古诗词思维导图

除了学习语文课本上的古诗词，同学们平时课外一定还有自己喜欢的古诗词，怎样把这些诗词牢牢记住并内化于心，成为自己丰厚的文学积淀呢？这时候也可以把这些诗词外化于行，用思维导图的方式画下来。

总之，画古诗词思维导图可以帮助我们学习古诗词，背诵古诗词，这也是学生学习能力的一种体现。需要提醒的是，古诗词思维导图没有"标准答案"可言。它是一种思维工具，可以激发思维，理清思维，又可以整理信息，提升自我。

三、画古诗词思维导图之前的准备

1. 画古诗词思维导图之前，我们先要阅读古诗词，要对古诗词有个全面的了解

（1）古诗词的分类——两大类

绝句：一首共四句，每句字数相同。按照每句的字数分为五言绝句和七言绝句。所以五言绝句是 20 个字，七言绝句是 28 个字。

律诗：常见的类型有五律和七律，一般有几个字说几言。律诗是汉族文学的宝贵财富，而且具有重要意义。律诗的格律非常严谨，在句数、字数、押韵、平仄、对仗各方面都有严格规定，这是律诗的重要特点。

（2）从题材上古诗词可以分为五类

①写景抒情诗

歌咏山水名胜、描写自然景色的抒情诗歌。古代有些诗人由于不满现实，常寄情于山水，通过描绘江湖风光、自然风景寄寓自己的思想感情。这类诗常将要抒发的情感寄寓在描写的景物之上，这就是人们常说的寓情于景。

②咏物言志诗

诗人对所咏植物的外形、特点、神韵、品格进行描写，以寄托诗人自己的感情，表达诗人的精神、品质或理想。

③即事感怀诗

诗人因一点事由而生发、抒写心中的感慨，或忧国忧民，或反映离乱，或渴望建功立业，或仕途失意，或闺中怀人，或讴歌河山。往往是诗人兴之所至，妙手偶得。

④怀古咏史诗

以历史典故为题材，或表明自己的看法或借古讽今，或抒发沧桑变化的感慨。

⑤边塞征战诗

描写边塞风光和戍边将士的军旅生活，或抒发乐观豪迈、相思离愁的情感，风格悲壮宏浑，笔势豪放。

2. 当我们了解了古诗词之后，就要开始读懂古诗词

第一步：从快速阅读入手，形成整体的印象。

第二步：明确诗词的主题。

第三步：通过关键词，深度理解内容，读不懂的地方可查找资料帮助理解。

第四步：在阅读理解的过程中，感受诗词的意境，诗人的情感以及作者的表现手法。

3. 着手绘制思维导图

万事俱备只欠东风了，当你对古诗词的内容、表现手法、思想感情有一定的理解之后，就可以准备纸、笔开始着手绘制思维导图，形成对一首诗词的逻辑理解。

四、怎样画古诗词思维导图

画古诗词思维导图，主要包含四大要素：中心图、分支线、小图标、关键词。有以下步骤：

第一步：画好中心图。

先寻找笔感好的纸张，规格 A4 以上为宜，过小则画不下思维导图，过大又不能一目了然。纸张横着摆放最佳，因为通常我们的眼睛左右看完之后，才开始上下看。中心图即思维导图最引人注意的部分，是画在中央的中心画像。很多人因为中心画像画得不好，而放弃思维导图。其实思维导图大部分时候，只有我们自己看，所以只要自己看得明白就好，没必要考虑过多。绘制中心图像相当于大脑的热身运动，左右脑进入状态，大概 5 分钟，太小不方便延伸线条，可以画得大一些，建议中心图像的大小为直径 5 厘米左右。

一般来说，中心图可画反映古诗题眼的图标，色彩宜鲜明突出，居于画面中心的位置。

如李白的《赠汪伦》，中心图就可画汪伦相送李白的情景；李绅的《悯农》，中心图就画一个农民头顶烈日、辛苦种地的情景。

三（1）班 李述欣

三（1）班 周锐风

也可直接把诗题或整首古诗当图标画在中心，如：

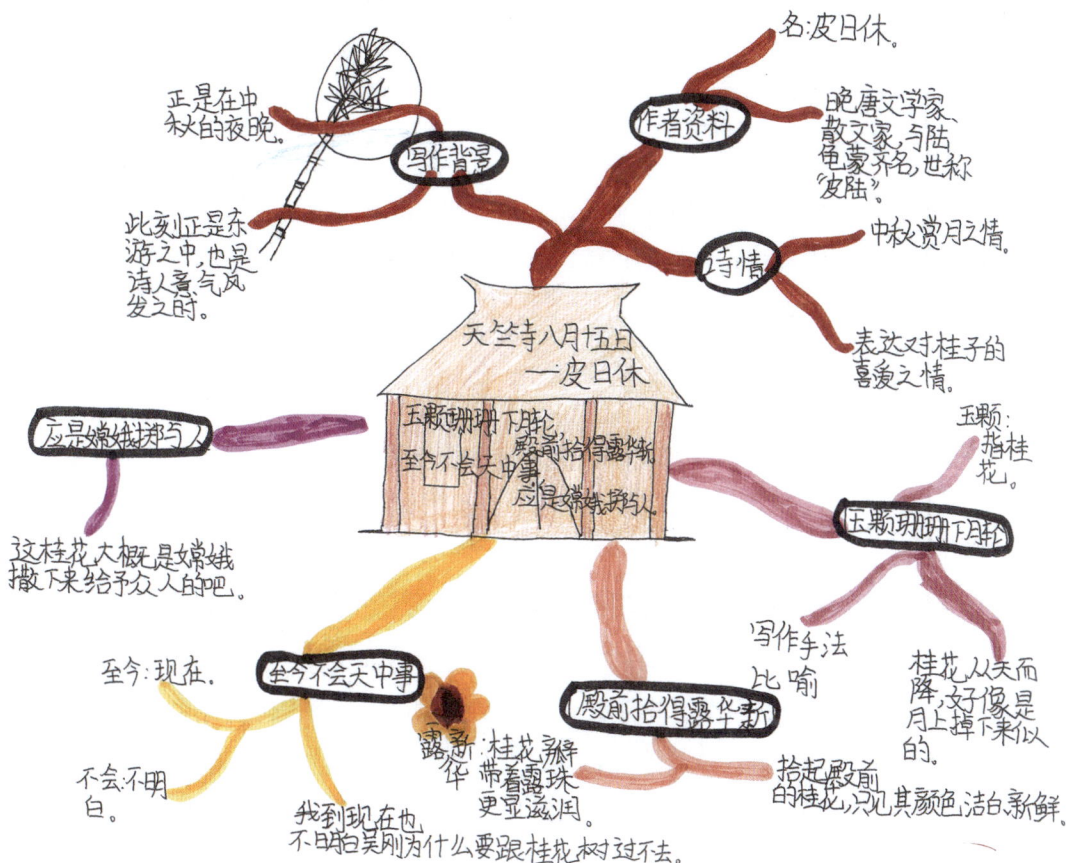

名:皮日休。

作者资料

晚唐文学家、散文家，与陆龟蒙齐名，世称"皮陆"。

写作背景

正是在中秋的夜晚。

此夜正是东游之中,也是诗人意气风发之时。

诗情

中秋赏月之情。

表达对桂子的喜爱之情。

天竺寺八月十五日 ——皮日休

玉颗珊珊下月轮 殿前拾得露华新 至今不会天中事 应是嫦娥掷与人

玉颗: 指桂花。

玉颗珊珊下月轮

写作手法 比喻

桂花从天而降,好像是月上掉下来似的。

应是嫦娥掷与人

这桂花大概是嫦娥撒下来给予众人的吧。

至今不会天中事

至今:现在。

不会:不明白。

露华:桂花瓣带着露珠更显滋润。

殿前拾得露华新

拾起殿前的桂花,见其颜色洁白新鲜。

我到现在也不明白吴刚为什么要跟桂花树过不去。

六（3）班 明语桐

第二步：画好分支线。

分支线要掌握好形状、粗细、长度三要素。形状：是延伸有机曲线，根部粗、尖部细。粗细：最先伸出的主支最粗，主支以及下面的二级分支和三级分支尽量使用不同粗细的线条。长度：大体控制在3厘米左右，不够长的时候再加长。思维导图的分支长短不一，有粗有细，不单调乏味。

一般来说，四行的古诗需画四根分支，即一级分支，再由一级分支发散到二级分支，起到把中心图和小图标联结起来的作用。通常一级分支用四种不同的颜色区分开，一级分支和二级分支保持颜色统一，避免色彩杂乱，也显得层级不明。分支线条宜柔美，二级分支要比一级分支画得细。如果是一首词，则要看词是从几方面来写的，就画几根一级分支，再往外发散二级分支。

第三步：画好小图标。

小图标居于分支处，主要是画出诗句当中的重要景物或人物，切记小图标画得要小于中心图标，不要喧宾夺主。

第四步：提炼关键词。

古诗词作为中华文化之瑰宝，其优美的语句，意味深长的意境，让读者产生无限的遐想，给人以美的享受。阅读古诗词的难点其实是要如何准确提炼出关键词，需要你经过不断的训练和锤炼，方能做出一幅好的古诗词思维导图。关键词的书写宜统一方向，从左往右书写，不要横七竖八，看起来费劲。

五、画古诗词思维导图的好处

画好古诗词思维导图，既有人文精神、文化底蕴的滋养，更重要的是对学生未来的发展有潜移默化的影响，有诸多好处：

1. 增强理解记忆

诗词非常具有画面感，用思维导图的方式背诵古诗，能够将思维具象化，利用图片等将诗词、文字进行具体的展现，从而加强记忆力。它把平面转为立体，抽象转为形象，枯燥转为生动，使故事能完整地连接起来，形成一幅幅动态的画面，仿佛身临其境，不但记得快而且记得牢，更能理解古诗的神韵。

你完成一幅古诗词思维导图，相当于就是你对古诗词理解内化了，就马上记下来了，而且头脑里浮现出这些自己画的图像时，古诗词也随口背出来了。如此一来，背诵古诗词就变得有趣又有效呢！

2. 扩大知识面

在制作古诗词思维导图时，总会碰到这样那样的"拦路虎"，比如难理解的字词、诗词创作背景、作者思想感情等，这都需要查找资料完成。查找资料的过程就是学习过程，完善思维导图的过程也是一种学习过程，无形中，学生的知识储备增多，对诗词的文体、风格、特色有了一定的了解，可谓积淀了中国文化的基本修养。

3. 培养学习兴趣

古诗是中国传统文化的精髓。在中国，每一个小孩从小就要开始学习背古诗词，但背诵时难免有些枯燥难懂。可是通过画思维导图就不同了，它图文并茂，寓教于乐，容易激发孩子的学习兴趣。

4. 提高逻辑思维

思维导图是一种非常有益于提升孩子逻辑思维能力、归纳概括能力、发散性思维的学习工具。

画古诗词思维导图，除了让孩子通过思维导图全方位学习、记忆古诗词的同时，更重要的是指导孩子学会运用思维导图学习古诗词，提高自己的逻辑思维发散能力，引导孩子体会由一个中心开始向四周发散的学习方法。这种独特的发散性结构，有助于培养孩子的放射性思维，激发孩子丰富的联想力和创造力，从而增强他们思维的条理性，帮助他们把注意力专注在一个主题上，并围绕主题思考与它相关的所有因素，对所研究的问题进行全面、系统的思考，有利于学生个性的张扬，充分体现个体思维的多样性。让孩子不只是学古诗词，更能轻松提升逻辑思维、归纳能力，为培养更好的学习能力打基础。这些能力，对学习其他学科也是很重要的。

4. 提高审美能力

画古诗词思维导图其实是很考验学生的审美能力和绘画水平的，因为它讲究整个思维导图画面的布局，色彩的搭配，图画是否画得精美。看到这里，很多小伙伴可能心里要嘀咕了，画得这么漂亮，我可没有绘画功底哦。其实不用纠结绘画功底如何，思维导图最需要的是你的思维能力，只要逻辑清晰，就能做出很好的思维导图。如果你的绘画水平不高，或者赶时间，亦可画出简单又不失意趣的古诗词思维导图。例如这首《咏鹅》吧，寥寥几笔就勾勒出诗的大意。当然这适合低年级的学生，以后年级越高，知识的复杂度越大，借用画思维导图的方法，可以让他们学得更高效、更轻松，久而久之也提高了他们的审美能力。

5. 培养耐性和长性

画好古诗词导图是一件不容易的事情，它要经历一个阅读、理解、背诵、鉴赏、复习的过程，其中不乏修改、推翻、重来，可谓要花费一番心力。一张张成功的古诗词思维导图就像是一件件精美的艺术作品。学生在获得成就感的同时，也培养了持之以恒的精神。

5. 提高学生的人格修养

文以载道，经典古诗词是中国优秀传统文化最好的载体。为人处世的哲学，修身、齐家、治国、平天下的道理都蕴含其中。用思维导图来学习背诵这些经典古诗文，对学生们的眼界、胸怀、志气、品格修养的提高都大有裨益。

6. 培养学生的爱国情操

古诗文是塑造民族归属感和自豪感的良好载体，让学生们自小就用思维导图的独特方式传承文化精髓，厚植文化底蕴，扎根中国文化，这是爱国主义最具体的表现。不管他们将来学文学理，良好的传统文化素养对提高国民素质都大有好处。

读再多古诗词，大多只是一时的领悟，今天一过，明天就忘了。但是思维导图不一样，吟过的诗、诵过的词，要去感受的意境，都可以一一画在图上。不仅可以随时翻阅，勿忘初心，还可以回味无穷，内化为自身的修养。掌握古诗词思维导图，用心去探索，才会在传统文化宝库中发现无尽的乐趣和美好。

六、古诗词思维导图案例详解、练习

【案例1】

对于低年级学生而言，古诗思维导图可画得相对简单，不呈现出作者的思想情感、古诗运用的表现手法等，例如：

画鸡

【作者】唐寅　【朝代】明

头上红冠不用裁，满身雪白走将来。

平生不敢轻言语，一叫千门万户开。

三（1）班　赖向砾

读：

第一步：大概了解诗意，诗人勾画了一只大公鸡的样子和它啼叫的特点。

第二步：明确诗的主题，表现诗人对大公鸡的喜爱之情。

第三步：查找资料理解关键字词的意思。

①裁：裁剪，这里是制作的意思。

②将：助词，用在动词和来、去等表示趋向的补语之间。

③平生：平素，平常。

④轻：随便，轻易。

⑤言语：这里指啼鸣，喻指说话，发表意见。

⑥一：一旦。

⑦千门万户：指众多的人家。

画：

第一步：画好中心图"大公鸡"。

第二步：根据四句诗画出四根一级分支，诗句依分支顺势而写。

第三步：画出二级分支，写出关键字词"裁、将、平生、轻、言语、千门万户"的意思。

第四步：画上配图白云太阳，增加画面美感。

再如：

池上

【作者】白居易　【朝代】唐

小娃撑小艇，偷采白莲回。

不解藏踪迹，浮萍一道开。

三（1）班　杨　茜

春晓

【作者】孟浩然　【朝代】唐

春眠不觉晓，处处闻啼鸟。

夜来风雨声，花落知多少。

三（1）班　王珂涵

静夜思

【作者】李白　【朝代】唐

床前明月光，疑是地上霜。

举头望明月，低头思故乡。

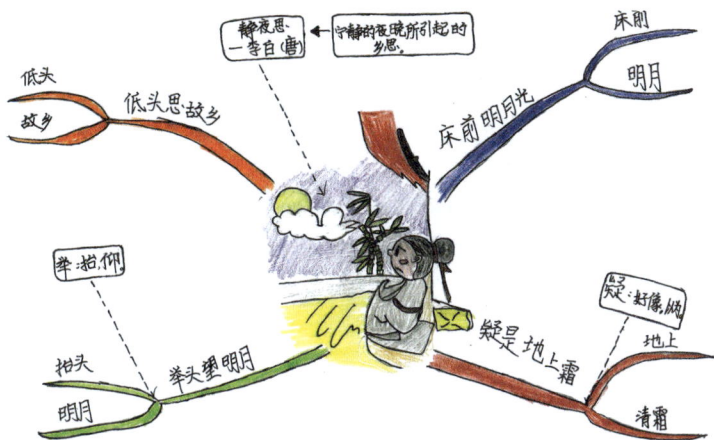

三（1）班　余博

【练习1】

小池

【作者】杨万里　【朝代】宋

泉眼无声惜细流，树阴照水爱晴柔。

小荷才露尖尖角，早有蜻蜓立上头。

参考答案：

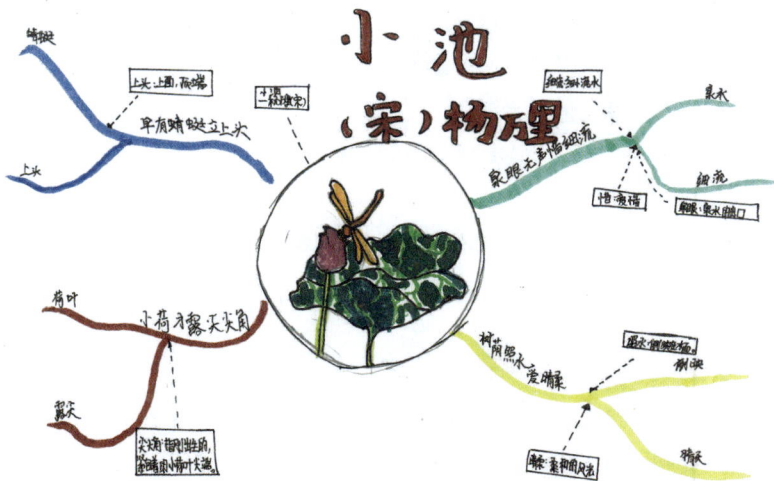

【案例2】

对于中、高年级来说，画古诗思维导图可把诗人的简介、写作背景、诗人表达的情感、诗的艺术手法等元素融入进去，使思维导图中呈现的知识更丰富、立体。例如：

饮湖上初晴后雨

【作者】苏轼　【朝代】宋

水光潋滟晴方好，山色空蒙雨亦奇。

欲把西湖比西子，淡妆浓抹总相宜。

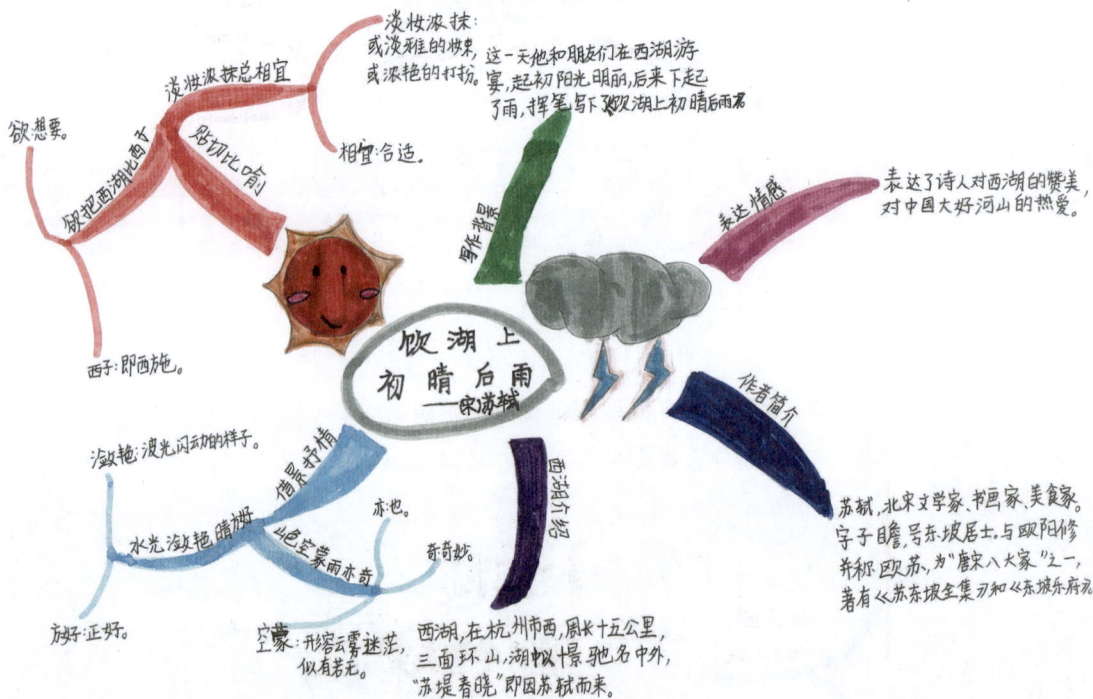

淡妆浓抹：
或淡雅的妆束，
或浓艳的打扮。

这一天他和朋友们在西湖游宴，起初阳光明丽，后来下起了雨，挥笔写下《饮湖上初晴后雨》

淡妆浓抹总相宜

欲·想要。

欲把西湖比西子

形切比喻

相宜·合适。

表达了诗人对西湖的赞美，对中国大好河山的热爱。

写作背景

表达情感

西子：即西施。

作者简介

潋艳·波光闪动的样子。

饮湖上
初晴后雨
——宋·苏轼

情景寄情

亦·也。

奇·奇妙。

西湖介绍

苏轼，北宋文学家、书画家、美食家。字子瞻，号东坡居士，与欧阳修并称欧苏，为"唐宋八大家"之一，著有《苏东坡全集》和《东坡乐府》。

水光潋艳晴方好

此空蒙雨亦奇

方好·正好。

空蒙·形容云雾迷茫，似有若无。

西湖，在杭州市西，周长十五公里，三面环山，湖似镜风驰名中外，"苏堤春晓"即因苏轼而来。

六（2）班　王聪慧

读：

第一步：大概了解诗意，诗人描写西湖晴天、雨天时的美景。

第二步：明确诗的主题，表现诗人对西湖的喜爱与赞美。

第三步：查找资料，理解关键字词的意思。

①饮湖上：在西湖的船上饮酒。

②潋滟：水波荡漾、波光闪动的样子。

③方好：正显得美。

④空蒙：细雨迷蒙的样子。蒙，一作"濛"。

⑤亦：也。

⑥奇：奇妙。

⑦欲：可以；如果。

⑧西子：即西施，春秋时代越国著名的美女。

⑨总相宜：总是很合适，十分自然。

画：

第一步：画好中心图（诗题加作者），字体稍大加粗，并用圆圈圈画出来，使中心图标看起来更显眼醒目。

第二步：在中心图的旁边画上两个稍小一点的图画（太阳、乌云），使人一目了然，明白诗中写的是晴天时的西湖和雨天时的西湖，生动而富有意趣。

第三步：画出六根一级分支，顺时针方向依次是"作者简介、西湖介绍、借景抒情、贴切比喻、写作背景、表达情感"。

第四步：画出二级、三级分支，在"贴切比喻"处画出二级分支，写上"水光潋滟晴方好，山色空蒙雨亦奇"这两句诗，在诗句处再画出三级分支，写出关键字词"潋滟、方好、亦、奇、欲、西子、浓妆淡抹、相宜"的意思。

再如：

嫦娥

【作者】李商隐 　【朝代】唐

云母屏风烛影深，长河渐落晓星沉。

嫦娥应悔偷灵药，碧海青天夜夜心。

六（2）班　杜彬彦

嫦娥（李商隐）

夜夜心：指嫦娥每晚都感到孤单

碧海青天：指嫦娥孤独地过夜的生活。

灵药：指长生不死药

偷灵药：嫦娥没偷偷吃灵药

表达情感：通过描写诗在寂寞长夜独自一个人看着月亮发呆，联想到嫦娥，用嫦娥孤独寂寞的生活的事来表达了诗人凄凉孤独的心情。

诗人介绍：李商隐，唐代文学家，字义山，号玉溪生，与杜牧齐名，称"小李杜"。

云母屏风烛影深：用云母做的屏风

景象美

大河渐落
晓星沉：晨星
长河：银河
沉：暗沉

诗句鉴赏：诗人终身处在牛李党争的夹缝之中，一生很不得志，本诗就是诗人自身孤独寂寞的真实写照，本诗是讽刺对亡命客的星夜写者。

早发白帝城

【作者】李白　【朝代】唐

朝辞白帝彩云间，千里江陵一日还。

两岸猿声啼不住，轻舟已过万重山。

两岸猿声啼不住，轻舟已过万重山。

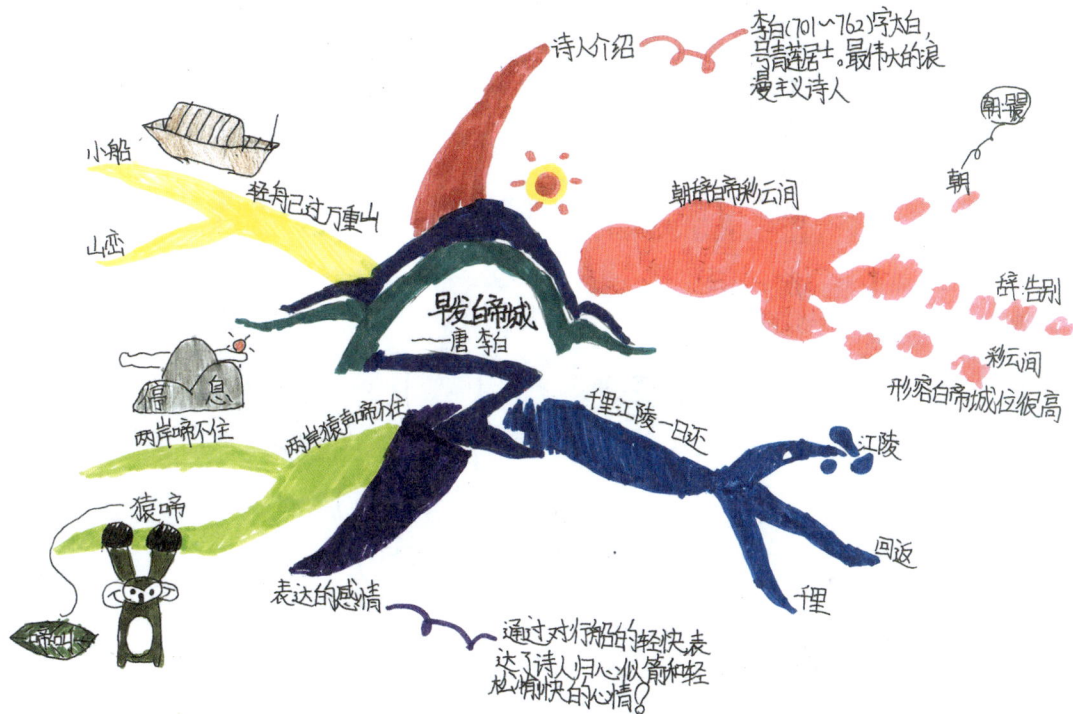

六（2）班　涂亚昊

己亥杂诗·其二百二十

【作者】龚自珍　【朝代】清

九州生气恃风雷，万马齐喑究可哀。

我劝天公重抖擞，不拘一格降人才。

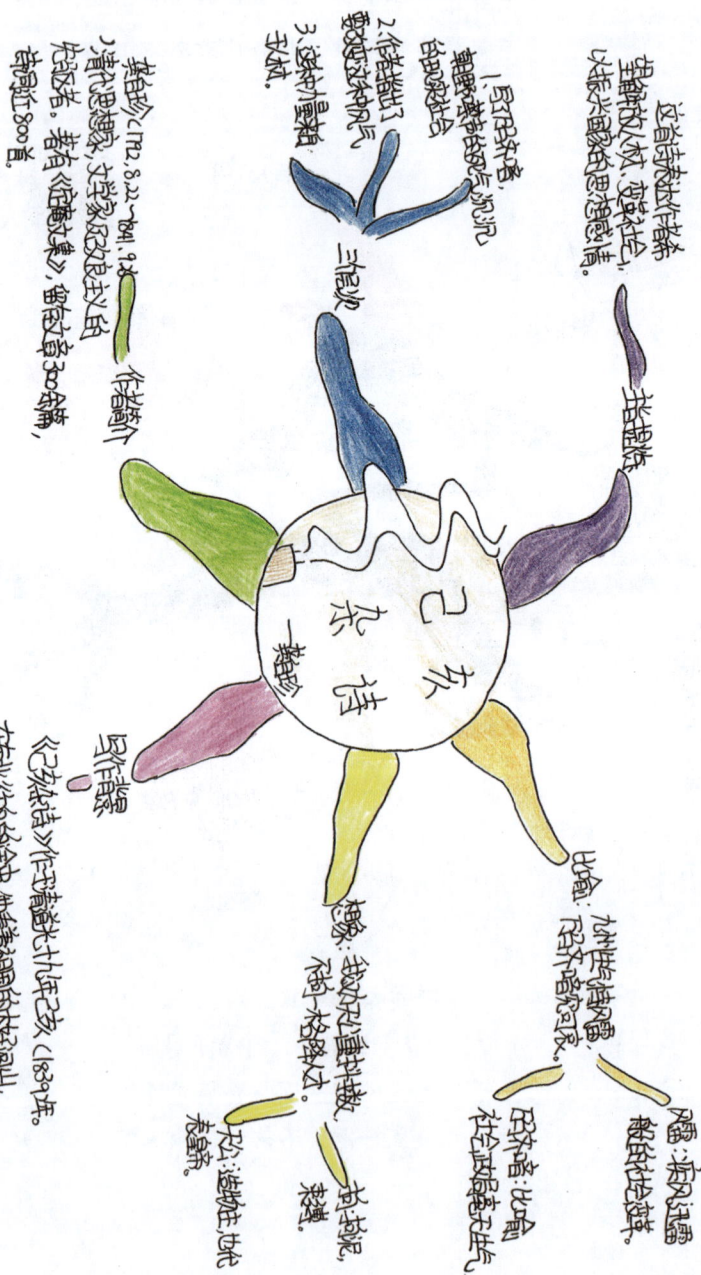

六（3）班　胡程伟

春日

【作者】朱熹　【朝代】宋

胜日寻芳泗水滨，无边光景一时新。

等闲识得东风面，万紫千红总是春。

这首诗是作者春天郊游时所创作的游春观感。

写作背景

春：春天的景致。

万紫千红总是春

万紫千红：百花开放。

等闲：平常、轻易。"等闲识得"是容易识别的意思。

面风东

等闲识得

东风：春风。

一首哲理诗，表达了诗人于乱世中追求圣人之道的美好愿望。

表达情感

作者简介

南宋著名的理学家思想家、哲学家、教育家，诗人，闽学派的代表人物，世称朱子，是孔子以来最杰出的弘扬儒学的大师。

胜日：天气晴朗的好日子，也可以看出人的好心情。

寻芳：游春、踏青。

胜日寻芳泗水滨

泗水：河名，在山东省。

滨：水边，河边。

光景：风光风景。

无边光景一时新

一时新：焕然一新。

六（2）班　刘　颖

芙蓉楼送辛渐

【作者】王昌龄　【朝代】唐

寒雨连江夜入吴，平明送客楚山孤。

洛阳亲友如相问，一片冰心在玉壶。

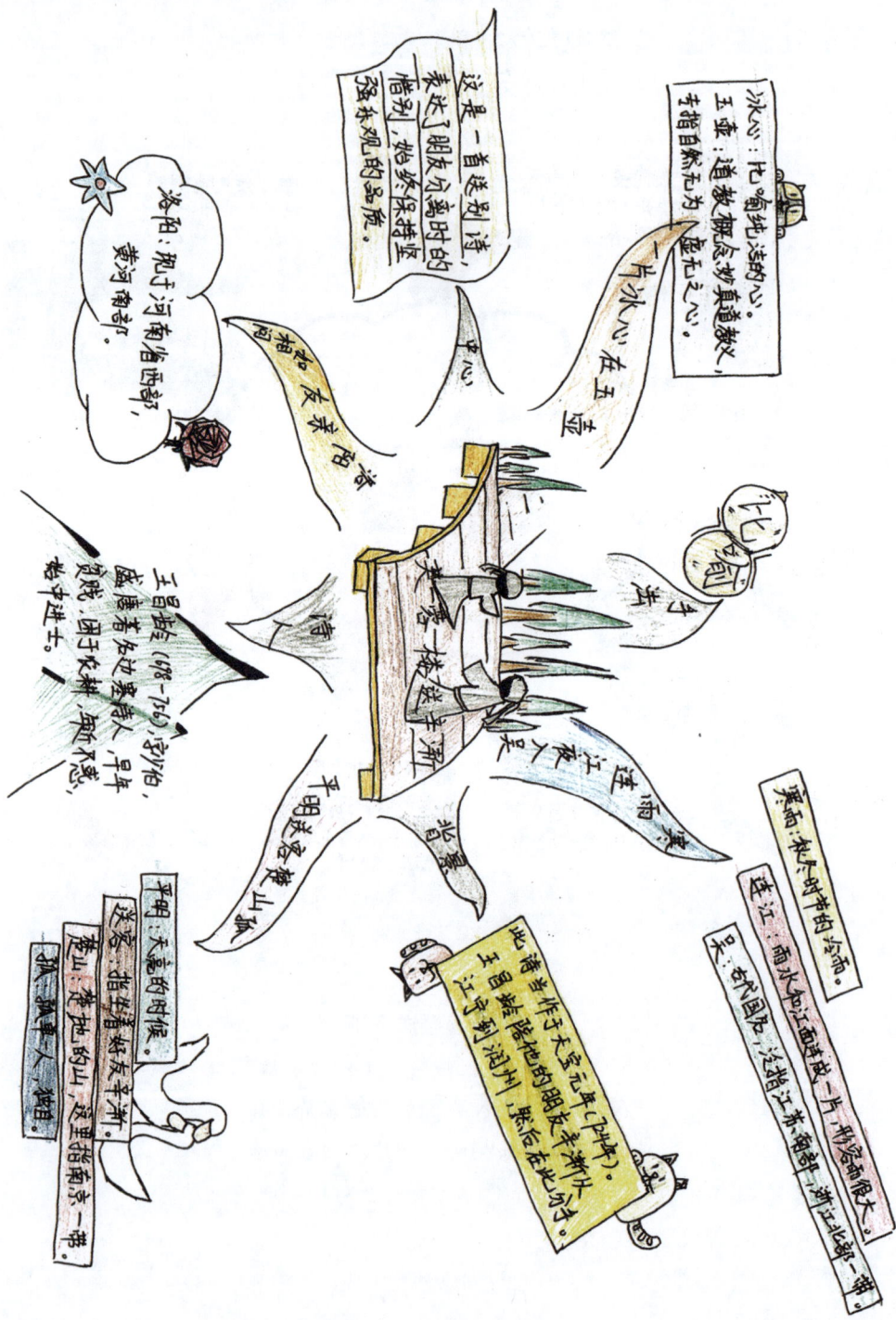

六（3）班　鲍思安

冰心：也指纯洁的心。王湾：道教观念妙真道教，专指自然无为之心。

一片冰心在玉壶

这是一首送别诗，表达了朋友分离时的惜别，始终保持坚强乐观的品质。

洛阳：现于河南省洛阳，黄河南部。

相看友茶南省

王昌龄（698-756），岁怕，盛唐著名边塞诗人，早年贫贱，困于农耕，年近不惑，始中进士。

平明送客楚山孤

寒雨连江夜入吴

平明：天亮的时候。
送客：指送辛渐。
楚山：指楚地的山。
孤：孤独，指作者自己一人独自。

寒雨：秋冬时节的冷雨。
连江：雨水和江面连成一片。
吴：古代国名，泛指江苏南部、浙江北部一带。

此诗当作于天宝元年（742年）。王昌龄贬谪他的朋友辛渐由润州，然后在此分别。

石灰吟

【作者】于谦　【朝代】明

千锤万凿出深山，烈火焚烧若等闲。

粉骨碎身浑不怕，要留清白在人间。

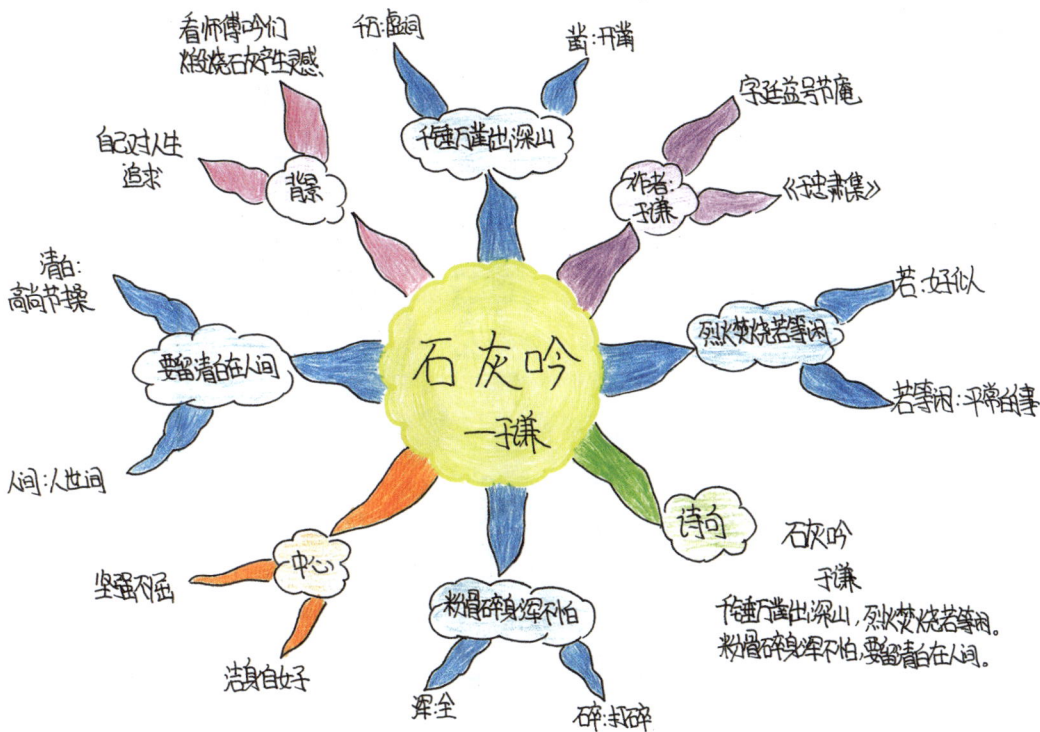

六（3）班　汪前程

【练习2】

七步诗

【作者】曹植　【朝代】三国·魏

煮豆持作羹，漉菽以为汁。

萁在釜下燃，豆在釜中泣。

本自同根生，相煎何太急？

参考答案

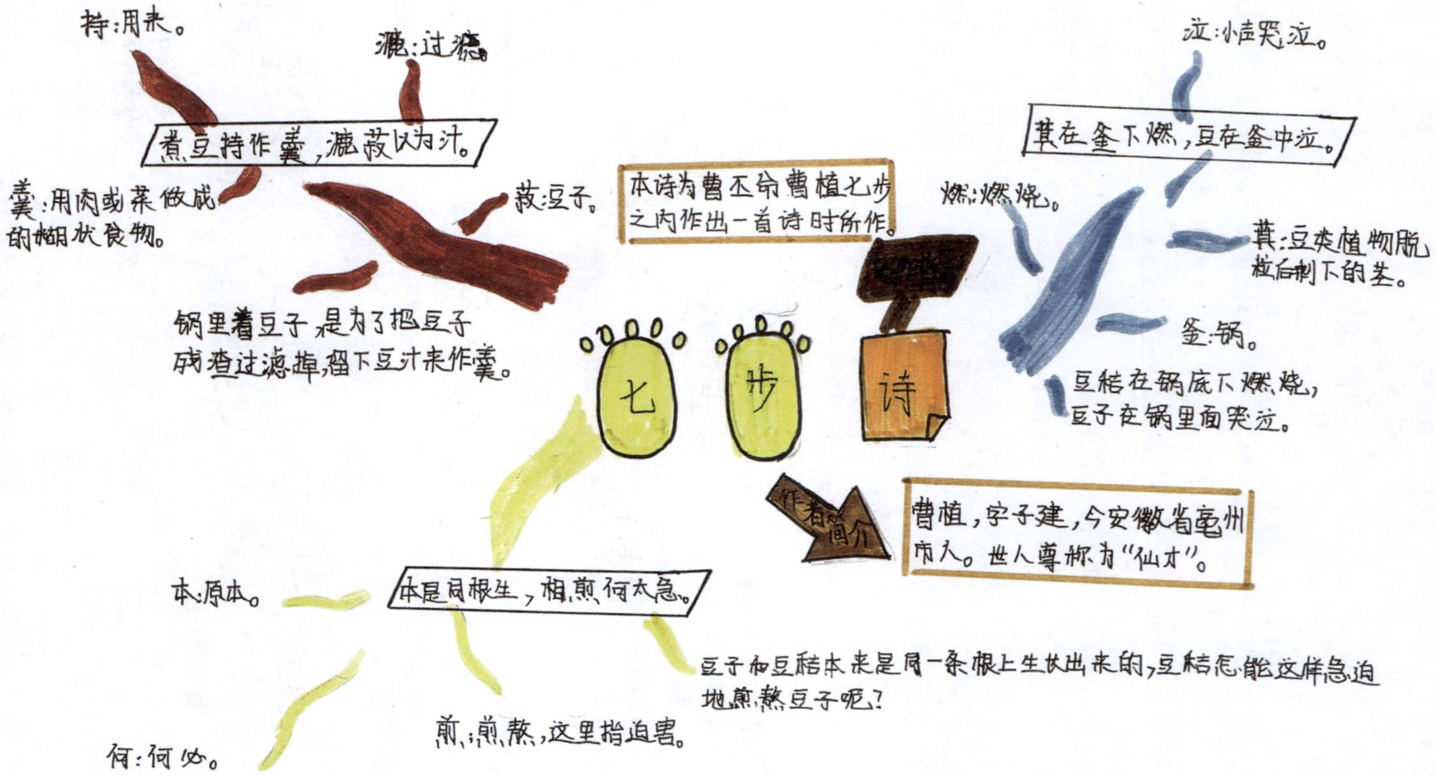

持：用来。

漉：过滤。

羹：用肉制作来做成的糊状食物。

煮豆持作羹，漉豉以为汁。

萁：豆茎，燃烧以为汁。

锅里煮着豆子，是为了把豆子研磨过滤熬煮以下豆汁来作羹。

本诗为曹植七岁之内作出一首诗，时你作之内作曹植。

七步诗

燃：燃烧。

泣：小声哭泣。

萁在釜下燃，豆在釜中泣。

萁：豆茎植物阶，植阶阶下的去。

豆秸在锅底下燃烧，豆子在锅里陶哭泣。

釜：锅。

本：本来。

本是同根生，相煎何太急。

曹植，字子建，今安徽省亳州人，世人尊称为"诗才"。

何：何必。

豆子和豆秸本来是同一条根上生长出来的，豆秸怎能这样急迫地煎熬豆子呢？

【案例3】

高年级或者升入初中的学生会逐渐接触到词、文言文，这时，同样可以运用上述方法画思维导图。例如：

浣溪沙·游蕲水清泉寺

【作者】苏轼　【朝代】宋

山下兰芽短浸溪，松间沙路净无泥，潇潇暮雨子规啼。

谁道人生无再少？门前流水尚能西！休将白发唱黄鸡。

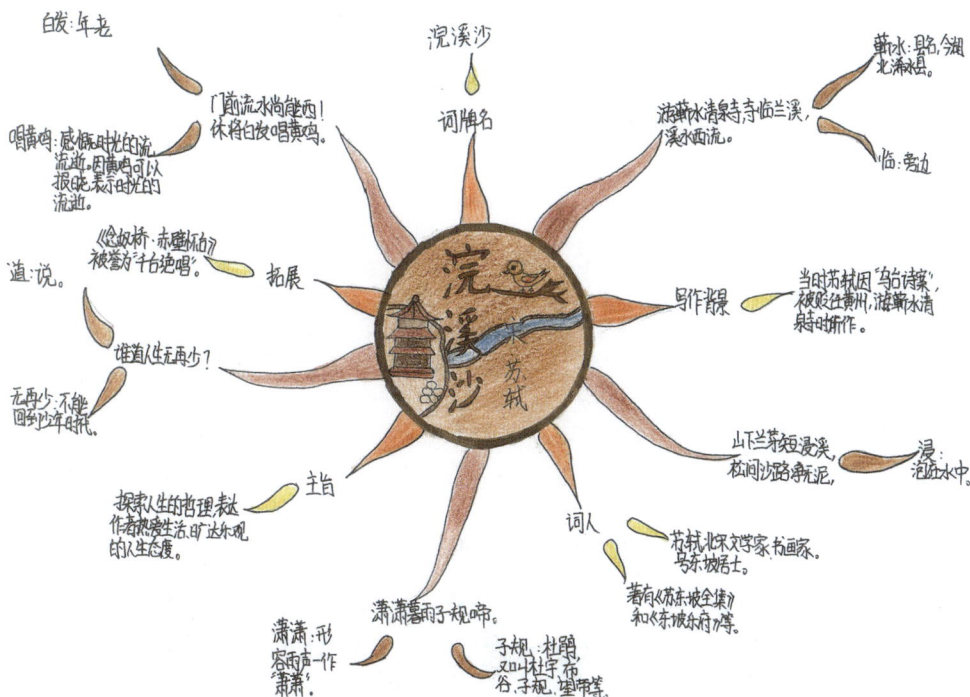

六（3）班　秦雨

读：

第一步：大概了解词意，诗人描写游蕲水清泉寺看到的山水景物及生发出的议论。

第二步：明确词的主旨，表达作者热爱生活、旷达乐观的人生态度。

第三步：查找资料，理解写作背景、关键字词的意思。

①蕲水：县名，今湖北浠水县。

②浸：泡在水中。

③潇潇：形容雨声。

④子规：又叫杜宇、杜鹃、催归。它总是朝着北方鸣叫，六七月鸣叫声更甚，昼夜不

止，发出的声音极其哀切，犹如盼子回归，所以叫杜鹃啼归。

⑤无再少：不能回到少年时代。

⑥白发：老年。

⑦唱黄鸡：感慨时光的流逝。因黄鸡可以报晓，表示时光的流逝。

画：

第一步：画好中心图（诗题加作者），字体稍大加粗，并用圆圈圈画出来，里面的楼台、河流、鸟儿非常符合词的意境，使中心图标看起来古朴风雅。

第二步：画出一级分支，在圆的周围交替画出火苗状的大小一级分支，使整个画面中心的图案就像一个光芒四射的太阳。长而粗的是大分支，顺时针方向直指五句诗；短而小的是小分支，也是顺时针方向介绍词牌名、写作背景、词人、主旨、拓展相关作品。

第三步：再画出二级分支，像飞溅的火星一样，写出关键字词"蕲水、临、浸、潇潇、子规、道、无再少、白发、唱黄鸡"的意思。

再如：

卜算子·送鲍浩然之浙东

【作者】王观　【朝代】宋

水是眼波横，山是眉峰聚。欲问行人去那边？眉眼盈盈处。

才始送春归，又送君归去。若到江南赶上春，千万和春住。

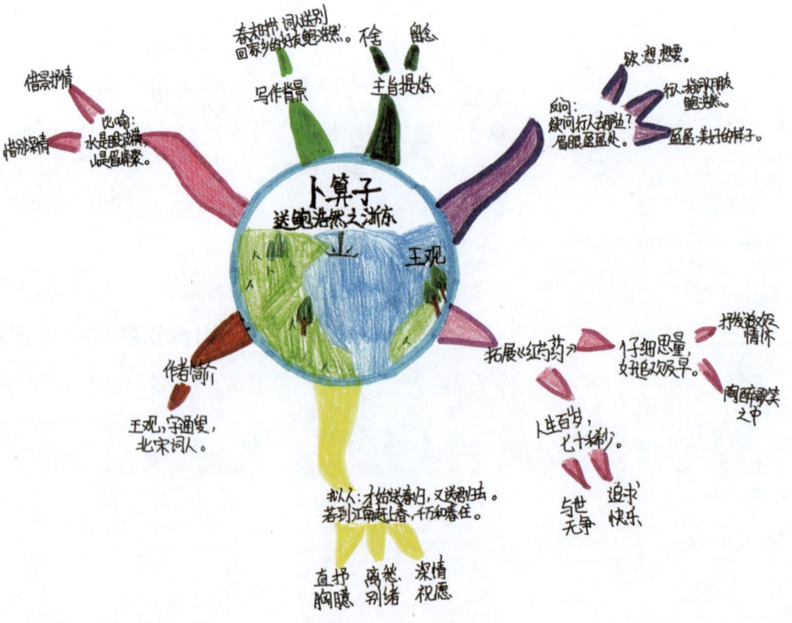

六（3）班　肖毅豪

西江月·夜行黄沙道中

【作者】辛弃疾　【朝代】宋

明月别枝惊鹊，清风半夜鸣蝉。稻花香里说丰年。听取蛙声一片。

七八个星天外，两三点雨山前。旧时茅店社林边。路转溪桥忽见。

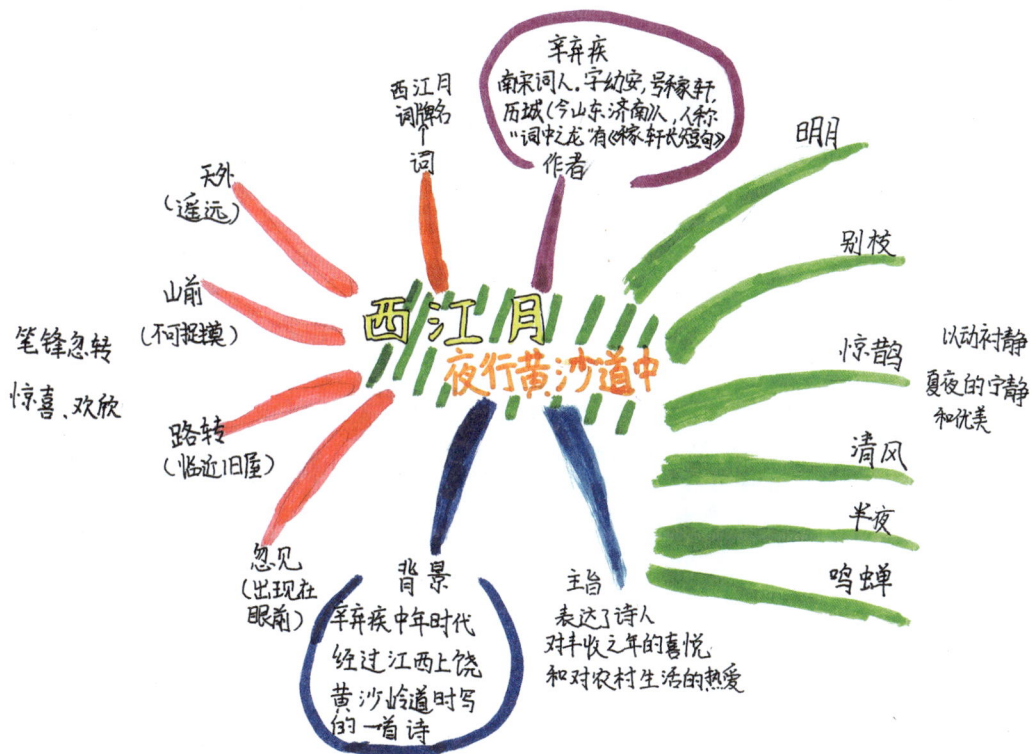

六（3）班　刘俊汐

【练习3】

天净沙·秋

【作者】白朴　【朝代】元

孤村落日残霞，轻烟老树寒鸦，一点飞鸿影下。

青山绿水，白草红叶黄花。

参考答案：

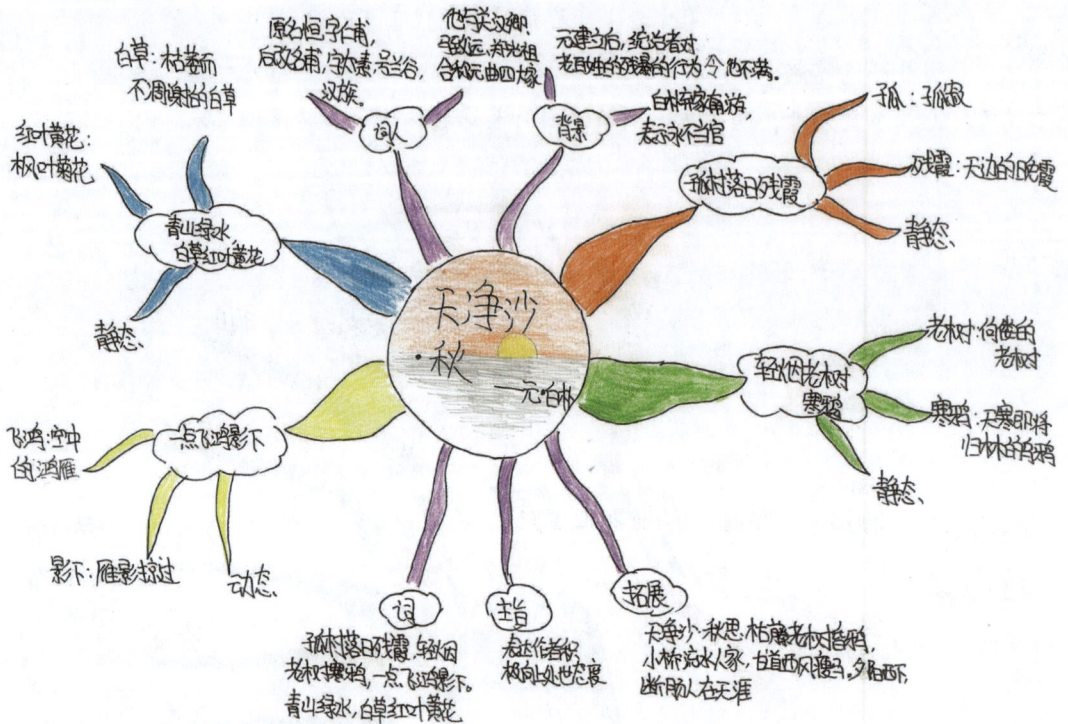

第十章
思维导图的作用

思维导图能够清晰地体现一个问题的多个层面，以及每一个层面的不同表达形式，以丰富多彩表达方式，体现了线性、面形、立体式各元素之间的关系，重点突出，内容全面，有特色。思维导图将思维结构化，更目视化、清晰化、感性化。思维导图作为一种先进的思维方法，对于全面提高和发展一个人健全的思维品质具有非凡的价值，它赋予人的思维以最大的开放性和灵活性，被誉为21世纪全球性的思维工具。而且，掌握了思维导图的运用方法，对学生而言是终身受用的，可以在他们将来的生活和工作中广泛运用，包括写作、学习、沟通、演讲、治理、会议等。

近几年来，我校学生在运用思维导图学习后，思维方式、学习能力、学习成绩、思维品质都发生了巨大的改变。现在我们学校每个学生、每个学科、每节课上都在画思维导图。思维导图对学生而言，节约了学习时间；改善创造力和记忆力，增强其理解力；鼓励和刺激学习的主观能动性。对教师而言，它帮助师生掌握正确有效的学习方法策略，更快更有效的进行课本知识的传授，促进教学的效率和质量的提高；建立系统完整的知识框架体系，对学习的课程进行有效的资源整合，使整个教学过程和流程设计更加系统、科学有效；教学过程采取互动式，促进师生间的交流与沟通，打破了传统的一言堂；在教学过程中，更加关注学生个体的发展。

1. 改善思维品质

思维导图的基本结构是由中心主题向四周延伸出几个主题分支，在每个主题分支后面，再延伸出子主题……这种层级状排布及放射性思维方式，更有利于学生在思考所学习的课程内容时，对所学知识做分类、总结、提炼，对记录的知识点及时进行补充和完善，以象揭示道理，即用直观形象的图示表达解释抽象的事物，以方便人们快速理解其含义。它锻炼和强化了学生结构化思考问题的能力，做事更容易抓住重点与关键。学习者的想像力、抽象思维能力、对事物全局控制能力将得到极大的提高。

2. 提高学习效率

学生使用思维导图进行学习，可以成倍提高学习效率，增进了理解和记忆能力，更快地学习新知识与复习旧知识。思维导图还激发我们的右脑，因为我们在创作导图的时候使用了颜色、形状和想象力。科学研究发现，人的大脑是由两部分组成的：左大脑负责逻辑、词汇、数字，而右大脑负责抽象思维、直觉、创造力和想象力。托尼·博赞说："传统的记笔记方法是使用了大脑的一小部分，因为它主要使用的是逻辑和直线型的模式。"所以，图像的使用加深了我们的记忆，因为使用者可以把关键词和颜色、图案联系起来，这样就使用了我们的视觉感官，形成系统的学习和思维习惯，能快速地做笔记、轻松地表达、清楚地思考、有效地学习，从而提高学习效率。

3. 培养创新意识

思维导图的运用激发了学生的联想与创意，将各种零散的智慧、资源等融会贯通成为一个系统。以形启发智慧，即用图形的形状结构，启发思路，感悟智慧。例如，引发无限遐想的太极图。一张思维导图就是一幅画，大量色彩、图像、关键词的使用，更多感官投入与使用，使学习过程变得活泼有趣，增强大脑左脑和右脑之间的神经联结，激发了学生大脑的想象力和创造力。

4. 加强大脑记忆

思维导图的运用，使学生运用大脑所有皮层技巧，利用了色彩、线条、关键词、图像等形成连接，加强了回忆的可能性。而且通过手绘思维导图可以激发大脑的的各个层面，使大脑处于兴奋工作的状态，在记忆的时候更有技巧。每节课的运用，每次运用导图的过程，都需要学生记住思维导图中的关键词，而且思维导图的绘制使用了左脑和右脑的所有技巧，为学生提供了记忆方法，增强了自信心，可以促进学生在学习和倾听的阶段都保持着较高水平的记忆，帮助学生提高记忆能力。

5. 彰显个性发展

思维导图能够充分体现一个人的思维特点，因而具有很强的个性特征，相对于同一个主题的思维导图来说，由于制作者的知识层次、思维习惯、生活经验不同，每个学生绘制的思维导图肯定是不一样的。因此，我们在教学中，鼓励学生彰显个性，充分体现个体思维的多样性。

思维导图的运用具有无限的发展性，它随着学生思维的发展而发展，用流行的说法，我们可以把思维导图看做是一个"全脑"思维工具，而实际上它就是"全脑思维工具"；同时它还开发利用了大脑左右半球皮层的全部能力。这样它就打开了多元的突触连接，这是真正的创造力、思考力和记忆力的"头脑风暴"。

　　思维导图教给我们的不仅仅是一种学习的方法，更重要的是，它让我们掌握了一种终身受益的思维工具，同时它也教会了我们一种面对挑战时如何解决问题的思维方式，从不同层面不同的角度思考问题。这是一种的良好学习和思维习惯，而良好的习惯可以决定我们的命运，改变我们的人生！

第十一章
小学生思维变化的案例集锦

学习路上好老师

现在距下课还有 20 分钟了。

这节课是需要大量脑力思考的数学课，我们正在为月考做准备工作。

这节复习马上就要结束，大家便纷纷议论起来了。

"你说，还有 20 分钟了，老师会让我们干什么呢？"

"不知道呀。"

"……"

"好了，同学们！"老师突然喊了起来，"谁来整理一下我们本节课都复习了第三单元的哪些内容？"

这时，许多小手举过头顶，同学们争先恐后的态度让老师十分高兴。

"我知道，有长方体棱长和！"

"有长方体和正方体表面积！"

"还有……"

同学们你一言我一语，七嘴八舌地讲着，大家说的都是对的。但老师却皱着眉，闭着眼，一个劲地摇头。

"同学们！安静下来！"老师说，"唉——你们说的东西都太没有条理了！"

突然，有一个同学站了起来，对老师说："老师，我们可以用刚刚学过的思维导图来整理学过的知识。"

"对！这其实是一个很好的办法。"

老师和其他同学很赞成这种方法。

在短短 10 分钟时间里，同学们就绘制出了自己的总结思维导图。

同学们都在自己的思维导图中分了支，比如"长方体、正方体的认识""长方体、正方体的棱长和"……像这样分支由大到小，由多及少。

有的同学不仅分了支，还为分支涂上了好看的颜色，美化了自己的导图。

还有的同学发挥想象力，画着各种不同形状的思维导图。

大家都沉浸在绘制导图的欢乐过程中，不亦乐乎。

思维导图，让我们在玩中学，在学中玩，也使我们体会到学习的乐趣，童年的美好！

我与导图的故事

光阴似箭，日月如梭，转眼间已经到六年级下学期了，即将面临小考，升初。为了能考上理想的初中，我一定要制定一个学习计划，以提高我的学习效率，让我学得更轻松。

我拿出纸笔来写学习计划，我快速地写了起来，我的笔在纸上发出了"唰唰"的声音，不到五分钟，我就写完了。我十分自信地看着学习计划，可是我却发现大部分都是一样的，不能全面开展学习，提高自学的能力，并且学习计划杂乱无章，不能立马看见周一至周日的学习计划，而要花好几分钟去找，我并不想浪费时间。我顿时想到可以用主题思维导图的方式来写学习计划。

于是我拿出彩笔和素描纸，细心地画了起来，时不时把脸放在手上望着天空，想着：这天应该干些什么？那天的计划用什么颜色？这样合不合理？画了很长时间，一幅手绘的主题思维导图画好了。我看着它十分满意，时间安排合理，任务写得很全面，每天学的东西不一样，并且主题思维导图五彩缤纷，色彩很鲜艳，贴在墙上一目了然。由于周一至周日都用不同的颜色区分开来了，所以非常清晰，一下子就知道要干什么。这样的学习计划既方向明确，又清晰好看。

这就是思维导图带给我的好处。

思维导图对我的帮助

你们大家都知道思维导图吧？思维导图对我有很大的帮助，你想听吗？我来告诉你吧。

记得有一次，马上就要考试了，在考试的前一天，我的语文课本被我忘记在教室里了。当我焦急万分的时候，妈妈灵机一动，想到了一个好主意，对我说："你们上完一个部分，不是会画思维导图吗？你可以看思维导图来复习呀。"听了妈妈的话，拿出思维导图来看。哇！上面有好多老师给我们讲的重点，我复习了一遍又一遍。我考试的时候，在考场上信心十足。我发现考试卷子上面有好多我昨天在思维导图上面复习过的东西，卷子写完后，我又仔仔细细地检查，生怕漏过一个地方。直到打了结束铃，我才交卷。

过了几天考试结果出来了，在老师快要念我的分数时，我的心脏仿佛都提到了嗓子眼。

当老师念出我的分数时，我简直不敢相信是真的，我考了全班第一名！我想这多亏了思维导图，我才能考得这么好的成绩。

当我告诉妈妈这个好消息时，妈妈的脸上露出了笑脸，用柔和的目光看着我。那目光好似冬日里的一团火，给我温暖，又好像在说：不要骄傲哦。

这就是思维导图带给我的帮助。我相信，在成长的道路上，思维导图也会陪伴着我成长。

思维导图对我的帮助

思维导图对我的帮助有许多：逻辑思维、间架结构、含义理解等等。而我今天想介绍的是古诗词思维导图对我的帮助。

记得在这学期开学不久，老师就要我们预习《题临安邸》这首诗，并画出思维导图（主题）。我一听，心想：预习还要画思维导图，这么麻烦。

于是，回到家中，我便开始做这项作业。刚开始预习时很简单，我将诗人简介和创作背景记录在草稿本上，可是好景不长，一到理解诗句含义时就思绪全无，无从下笔，该怎么办呢？顿时，我想到了一个好办法——画主题思维导图。我立马开始了行动。按照老师平时所传授的方法：先在纸张中间写上诗题，然后根据诗题画出一级分支，四行诗句；接着根据四行诗句画出二级分支，理解句中的关键字义或词义；最后将所有的词义带入原句，翻译整首古诗的意思。利用这样的学习方法，我竟没想到，我只花了二十分钟就将全诗理解透彻，将古诗中的核心要点全都牢记在脑海里，印象深刻。最关键的是，我的学习效率比原来提高了 50%。

第二天，老师在全班进行古诗学习分享活动会时，我胸有成竹、自信大方地举起了手臂，只听老师说了声："那好，让陈旭阳这位同学来给大家分享一番自己的学习收获吧。"我不紧不慢地走到了讲台上，对照着自己的导图，按照画图的顺序，由里到外，清清楚楚讲述着其中的内容，将这篇古诗的结构、意义，以及中心思想都淋漓尽致地展现了出来。完后，老师和同学们对我画的导图和这次分享赞不绝口，给我一阵阵热烈的掌声。我情不自禁想道：思维导图真是一个实用、便捷的学习工具！

上述内容，也就是古诗思维导图的作用和对我的帮助，它提高了我的学习效率和锻炼了我的逻辑思维能力。

科学思维导图带给我的帮助

这个周末，我像往常一样"消灭"着作业。终于只剩下了科学作业。我仔细端详着作业题目，却找不到解决问题的头绪。

题目是：总结第一、二单元的知识点。我根本不可能把一半科学书的内容在很短时间内总结到一起，此时，我看着题目，感到脑子内一片空白。

事到如今，只能一个个来了。我想把知识点一个个都慢慢概括，再总结。可当我概括到第三个知识点时，发现每一个知识点有的有联系，有的没联系。这样也行不通。

"有了，何不拟一个思维导图呢？"我说干就干。原本杂乱无章的大脑豁然开朗，好比当年牛顿被苹果砸到一下找到灵感。随着一个个关键词拟出，再拟定；随着秒针的脚步声，我完成了第一单元的工作。

接下来，就是提炼重要内容，进行"缩句"。我找寻着它们之间的关键点，过了十多分钟，终于把第一单元的知识点"高度浓缩"了。接下来是第二单元，我如法炮制，行云流水般地完成了作业。

看来，这思维导图的作用还真不小。课堂上，科学老师让我们画科学的知识点思维导图，不就是想让我们概括这些知识点，领悟它思维导图的好处吗？同学们却有大部分不情愿。好不容易，他们被强迫画完科学的思维导图，概括完知识点，测评前却争相拿回他们平常看都不看的科学思维导图本来复习。嘿，还真好用，书上的知识点思维导图上都有，看起来简单又方便。一时间，思维导图本又重新出现在大家的手中。

嘿，看来，思维导图的大作用还没被我们领悟到呢！以后可不能小瞧了这思维导图，它的用处大着呢！

科学思维导图的作用

科学，是一项勇于创新、勇于发现的学科。我们勇于挑战、大胆猜想，用我们丰富的想象力来猜测未来的可能性。

但在近期，我发现我们在学习科学这门学科时，遇到了要记要背的知识点，都记不住背不下来。于是科学老师说："同学们将这些知识点整合起来，画一幅思维导图，你们也许会记住。"听了这个建议，我们拍手叫好。

在画思维导图的过程中，我发现了以下两个结论：第一，搜集国内外关于思维导图的相关资料，对它的概念、结构、理论基础进行论述。我们主要阐述了思维导图的三大理论支柱——脑科学理论、发散性思维理论和创造性思维理论，明确了思维导图的理论基础。第二，在对思维导图进行理论分析的基础上，将其应用于科学教育的多个方面，主要分为科学教学和科学学习两个方面，探讨思维导图在科学方面的作用。

现在我们画了思维导图后，要记的知识点一下子就记住了。我们以后再遇到知识点，就可以用画思维导图的方法来记住它了。

课外阅读思维导图对我的帮助

期盼已久的暑假已经与我们相遇，老师放假前让我们买了三本书阅读，分别是《假如给我三天光明》《昆虫记》和《钢铁是怎样炼成的》。

当我拿着这三本书回家时，我的眉头便已经拧成"八"字形，因为这三本书太厚了！回到家中我便问妈妈："妈妈，你有没有能快速背下三本书的方法？我怕老师提问，我回答不上来。"妈妈只是摇摇头，然后对我说："做什么事都没有速成的方法。"见状，我也不好说什么，只能回到自己的房间。

在房间里，我面露难色，走来走去，就是绞尽脑汁也想不到什么方法。就在这时，我灵光一闪，想到一个好办法：我们学校最近开发了一个大板块——思维导图！

我想着，这种思维导图运用在课外阅读中，一定能十分清楚地分出书本的版块，简洁明了地呈现整本书的内容，就是一点点细节也不会错过。于是，我拿出导图本和笔，翻开书，仔细阅读文章，手也在不停地画着写着。没过几天，书看完了，思维导图也画完了，这没事回忆书本内容，被遗忘的地方也不用看书，看看思维导图就想起来了！

这课外思维导图，对我的课外阅读真的很有帮助，一下子就梳理好文章内容，多而不杂，十分精炼。

课外阅读思维导图对我的帮助

"叮！叮！叮！"清脆的上课铃声已经敲响了，同学们赶紧回到教室，坐好，等待老师来上课。

老师走进了教室，在黑板上写出苍劲有力的四个大字：课外阅读。"上课！"老师庄严地站在讲台上说。

"起立！"

"同学们好！"

"老师好！"

"坐下！"

随后，老师就像变了个人似的，微笑地对我们说："今天，是同学们最喜欢的课外阅读课。那么，有谁来和同学们分析一下，你最喜欢读的书呢？"顿时，全班鸦雀无声，陷入沉思。

老师见此情景，暗自心想：这样等下去，也不是办法呀！于是，老师用她那嘹亮的声音对同学们提出了新的建议："同学们，没举手也没关系。下面，我给大家5分钟的时间，自己好好想想！"于是，全班开始了热烈的讨论。

我愁眉苦脸，完全不知道从哪里入手。我心想：这可不行！我必须得想想办法！随后，我开始飞快运转自己的大脑：哈，有了！干吗不用课外阅读思维导图来帮助我理清思路呢？

说干就干，我拿出了纸和笔开始画导图。等等！我似乎忘了我要介绍的书是什么。我想了一会儿：不如就介绍《雷锋日记》吧！不过，要介绍这本书的哪些方面呢？我沉思片刻后，终于想好了。干脆就从简介、作品赏析、名言、精神和名人评价这几方面入手吧！画完之后，我还在导图上添加了一些好看的装饰品。

"好了！时间到！"老师说，"下面，有谁愿意来分享一下？"我举起了手，老师就让我上台了。

我用响亮的声音给大家介绍："我今天给大家介绍《雷锋日记》这本书。这本书的作者是雷锋，他在这本书中写了拖拉机驾驶规则，下放干部总结评比大会记录，自己在大会上的发言提纲三大内容。这本书是他从1957年开始写的。书里多次运用了比喻、拟人、排比三种修辞手法和对比的写作方法。书中有很多经典名言，如：'我们是国家的主人，应该处处为国家着想。'雷锋一生很短暂，他在牺牲后，有很多名人评价他，如毛泽东：'向雷锋同志学习。'雷锋牺牲后，他无私奉献、乐于助人、一心为民的精神也一直流传到今天。谢谢大家，我的介绍完毕。"之后，台下响起了热烈的掌声。

课外阅读思维导图对我的帮助真大啊！它不仅能帮我理清思路，还能锻炼我的口语表达能力和写作能力。现在，我可要好好感谢课外阅读思维导图。

英语思维导图的好处

"梦梦，你到底怎么了？为什么近期英语退步那么大？是老师讲的知识你听不懂吗？"妈妈又开始她的"热情提问"环节了。这么多问题倒让我一时不好回答。

我干脆瞎找了个理由："我就是觉得英语老师教的东西好难。"

"难？"妈妈的眉毛皱了起来，"嗯——有了！近段时间家长会时，你们老师说画思维导图对各科的学习都有着很大的帮助，咱们就来试试吧！"

我含糊地点了点头。

从此以后，我每天上完课，妈妈就要求我画一张本课所学内容的英语总结思维导图。在画思维导图的过程中，我了解了思维导图的几种画法：第一种，鱼骨图；第二种，主题思维导图，标题在中间，从多方面向外发散；第三种，韦恩图。

我个人比较喜欢主题思维导图和鱼骨图，因为这两种导图能节约时间，方便记忆。之所以能方便记忆，是因为提取的是关键词，让人一看就懂，思路清晰。

因为我每天坚持画思维导图，所以我的成绩大有好转。

这就是英语思维导图的好处。

思维导图对我的帮助

"啊，好难啊！为什么会有预习这种东西？"同桌苦恼地说道。"是啊！看了也不是特别理解。"我跟同桌一起看着数学题发呆。

周四，是我们数学老师看中午托管，她让我们预习第四单元《比例》。起初知识都特别简单，对我们来说都是小菜一碟。可越到后面越难，看题目就像看天书似的，我只好停下来，放下笔，看看同学们兴许能有些办法。我不抬头还好，这一抬头，大部分同学都和我一样看不懂题目，有的同学把例题抄在纸上自己再做一遍；有的同学在和其他人讨论；还有人甚至直接把数学甩在一旁，自己看课外书。看来，他们是指望不上了，只能靠我自己。

这时李老师说道："同学们，你们都预习好了吗？""没有！"我们异口同声地说道，李老师接着说："那我来告诉你们一个简单快速的方法吧！"真是天助我也，李老师说的早不如说的巧啊！我暗自欣喜。你知道李老师说的方法是什么吗？那就是思维导图。

李老师教会我们思维导图后，我们把题型和要点都用思维导图的形式展示了出来，思路一下子清晰了不少。思维导图让我发散性地解决了问题，也使我的效率提高了不少。

有了思维导图，预习都不成问题啦！

思维导图对我的帮助

一天中午，数学老师在我们吃完饭后，开始检查我们的预习作业。一开始老师看我们没有一个人举手，便有些生气，开始一个个地点人，可是除了在校外上培优课的人可以回答以外，其余同学根本不会。老师叹气说道："每次都只有这么点人会，其他人是怎么回事？耳朵'打苍蝇'去了？"同学们听到这都笑了起来，但很快又安静下来。

不知站着的同学站了多久，老师就叫学习委员在黑板上写"全班画思维导图"。"把自己想说的都写在上面，待会我一个一个地来问，谁说不出来就不下课！"说完，老师便气鼓鼓地走了。

老师一走，全班都闹了起来，大家开始讨论思维导图的事情。果不其然，过了一会儿，老师真的回来了："什么是比例？什么是外项，什么是内项……"这次同学们可谓是大转变，虽然有些磕磕绊绊，但是语句还是很流利的："表示两个相等的式子就做比例，比例两端的项叫外项，中间的两项叫内项……"老师看到我们一个个都通过思维导图获得了帮助，欣慰地笑了。

我真想感慨，思维导图真是好，又方便又快捷，一下子就能把没学过的知识变成我们自己的知识，并且复述出来。下次数学老师再布置预习这项作业，我都用思维导图的方式进行预习，这样我就可以把知识点牢记在大脑里了。

思维导图对我的帮助

今天我来给大家介绍一个特殊的朋友——思维导图，是它帮助了我的学习，是它让我了解文章内容层次，是它让我感悟作者的思想感情。下面就由我来讲讲我和这位特殊朋友的小故事吧。

还记得我第一次认识它的时候。

那一天，"叮铃铃"，放学了。我们一边收拾书包，一边听邹老师布置家庭作业。邹老师一边在黑板上写家庭作业，一边说着："今天的家庭作业就是预习课文第19课和第20课，读熟生字、课文，明天我要提问。"

回家之后，我因为当时才上二年级，所以不知道思维导图是什么，就只是认真看了看课文，仔细读了读生字，就心满意足地合上了书本。

到了第二天，邹老师问我们这篇课文主要写了什么。这一下子可把我给问蒙了，一时半会说不出话来。我急了，心想：我明明已经认真预习了，为什么老师问的问题我一个也答不上来。

下课后，同桌看我这样烦恼，说："我给你推荐一个神器——思维导图。"思维导图？我心里很疑惑。但没有办法，我准备试试看。

从此以后，我越来越离不开思维导图了，就像影子永远跟着太阳一样。我看小说，预习课文，做阅读，都可以用到思维导图。通过思维导图，我可以更加透彻地了解课文的思想内容、作者的思想感情，收获可真大。

谢谢你帮我更加深入地预习课文，我的朋友——思维导图。

思维导图对我们的帮助

"叮咚"预备铃响了，同学们蜂拥而至地走进了科学教室。

"同学们，翻到第三单元，今天我们来学习……"陈老师滔滔不绝地讲着，同学们听得都挺认真，边听边做笔记。

"等会做个随堂小测验，就考今天学了的这几课，大家抓紧时间复习一下。一共10道题，每题……"陈老师又发话了。天哪，这几课知识点这么多，怎么可能一下子就记下来。没办法，我只好硬着头皮开始背，看看其他同学，也是一副"大难临头"的样子，口中念念有词："中国是世界公认的火箭发源地；夏季大三角有织女星，牛郎星，天津四；

小熊星座上有北极星……"我也不甘示弱，赶紧背了起来。

"月相是什么？"陈老师开始报题了。啊，10道题我错了4题，1题1分，10题10分，我居然只拿了6分，要重新再考一遍。这回，我该好好想想为什么背不下来了，短时间内肯定是背不下来这么多知识点的，那么死记硬背不行，该怎么办呢？有什么办法又记得快，还不容易忘记呢？对了！可以借助我们才学的新的学习方法——思维导图呀！于是，我赶紧开始画起来："太阳系八大行星，嗯，有水星、金星、地球、火星……"没过一会，我就把各个知识点全画了下来，它们从一个个长长的句子或段落变成了一个个关键词，比之前好记多了！现在再背就不再那么困难了。

结果可想而知，我考了10分的满分，这可多亏思维导图。

思维导图，让记忆变得更简单，你不用再看那些无关紧要的内容，可以直接把重要的知识点提取出来，节省复习的时间，还能让思维可视化，锻炼我们的逻辑能力和思维能力。这真是一个好用、好学的学习工具啊！

思维导图对我的帮助

"咚、咚"笔正在敲击着我的脑袋，课堂上的我正在思考什么问题呢？原来，今天的品德课上我们学习了一个看似简单但非常复杂的知识——垃圾分类，它的复杂之处在哪里呢？要把垃圾分类首先要有不同的垃圾桶，每种垃圾首先要放入相对应的垃圾桶。针对这个问题，我们学校也组织了相关的活动，老师也详细告诉我们垃圾分类的相关知识。空的饮料瓶应该丢哪个桶呢？用过的纸张应该丢哪个桶呢？那种不要的图钉应该怎样处理呢？又用什么样的方式能够把它清楚明了地表述出来呢？这些都是我正在思考的问题。老师好像发现了我的困惑，轻轻地走过来，当她了解困惑我的问题后，对我说："你可以用我们先前学过的一种理清问题的学习方法试试。"说完，老师就走开了，我顿时茅塞顿开：可以用思维导图啊！我立马打开作业本，在上面"刷刷刷"地绘制起来。

第一步：用一幅图像或者画面表示出中心思想。

第二步：在绘制中使用不同的颜色。

第三步：将中心图像和主要分支及二级分支连接起来。

第四步：让思维导图的分支自然弯曲。

第五步：在每条线上使用一个关键词。

第六步：要自始至终地使用图形。

画完导图仔细一看，哇，表述得太清晰了！之前困扰我的问题迎刃而解。

事后，我又查了下资料，思维导图是英国的心理教育学家托尼·博赞在20世纪60年代提出的一种图解形式的笔记方法。思维导图不仅可以用来做笔记，还可以使大脑合理应用，促进大脑的潜能开发，将大脑的思维过程进行可视化展示，提高我们的思维水平，改变自己的思维方式和模式，让自己拥有一个开放的头脑接受新鲜的事物，可以让自己的学习和生活更加轻松。

品德思维导图的好处

"叮铃铃——"上课的铃声欢快地叫着，而坐在教室里的我们却无精打采。

为什么呢？因为这节是令我们讨厌的品德课，老师只让我们抄句子，多无趣啊！

正在我们发牢骚的时候，老师穿着高跟鞋"蹬蹬"地上了讲台，我们不耐烦地拿出抄作业本，准备抄黑板上一排排的小黑字。

"同学们，我们今天的课题叫：学会安全走路。那怎样才能安全走路呢？"老师说。

咦，老师怎么会突然这么说呢？我看看身旁的同学，有的还没缓过气，不知道老师为什么这样问我们问题；有的脸上露出了兴奋的神情；有的把手举得老高，生怕老师看不见他；还有的已经直接地说出了自己的想法……

沉闷的课堂变得如此活跃！

老师写下了几个同学的答案，黑板上出现了一张思维导图。

"请同学们像老师一样画一张思维导图交到班长手里。"

我们立刻拿出笔，在纸上画出了一张思维导图，兴奋地交给了班长。

从老师提出问题到画思维导图，从同学们的变化可以看出，课堂上缺的是创新，所以在品德这门课上少不了思维导图。有了思维导图，学生们不仅能记住课堂上的知识，更能有自己的理解。我觉得，思维导图不但可以让课堂有趣、生动起来，还能让品德成绩提高。

最初思维导图是用来克服学习障碍的，但后来，渐渐变成提升创新思维能力，增加思维模式，应用于记忆、学习、思考等的思维"地图"，有利于人脑扩散思维的展开。

这些网上查找的资料证实了我的想法，这就是品德思维导图的好处。

品德思维导图对我的帮助

"同学们，今天我们来说说高空抛物有什么危险，现在请同学们分小组自由讨论。"第一节课的铃声刚刚打响，品德老师给我们布置下了这节课第一个任务。我们七嘴八舌：

"高空抛物可能砸伤人。"

"高空抛物污染环境。"

"高空抛物不文明。"

......

我们说了许多，不过都十分简短，没说清楚。

"一二三！""坐端正！"我们立刻停止了讨论。"我们今天，每个小组通过讨论，一起来完成一幅品德思维导图。可以用不同的方法画，尽量让你的导图内容丰富，完成之后交给我，我们看看哪个小组画的最好。还要通过思维导图，说说高空抛物的危险。"

思维导图用它放射性的结构，呈现了我们的思想，它就是清晰的思想框架，可以有效地帮助我们梳理所学知识，在品德方面上可以帮助我们了解这次课程，告诉了我们高空抛物危险的知识。老师还提醒我们可以把这些危险分成不同的方面来写。

在思维导图的帮助和老师的提醒下，我们条理清晰、层次分明地说出了高空抛物的危险，思维导图也画得不错。老师看完我们画的导图，听完我们的发言，赞许地点点头："不错，今天我们学会了如何画好品德思维导图，大家都掌握得很好。"

"铃、铃"下课铃声响了。

"下课。"

"起立。"

"同学们再见。"

"老师再见。"

我与古诗思维导图的故事

一天，石老师给我们布置了一个任务，预习两首古诗《题临安邸》和《观猎》。我们纷纷查找了资料，大家都很认真地完成了这项任务。

第二天上课的时候，石老师便开始带大家学习古诗，大家都按资料说了每首诗的意思。这时，石老师提出了一个更高的要求，她让我们不看资料，上台把诗的意思编成一个小故事讲出来。大家准备了三五分钟以后，我自告奋勇地举起了手，石老师看见只有我一个人举手后，说："涂亚昊，上来吧，勇气可嘉呢！"

我开始讲了："《题临安邸》讲的是……"第一二句讲的还顺利，可是第三句说到一半时突然卡壳了，我心想：后面是什么呢？想了半天，我还没想出来，只有在台上傻站着，尴尬极了，最后，我只好说："石老师，我不会了。"下面传来断断续续的笑声，好像在说：不会上去干嘛？还没有我说得好。我的脸顿时一片紫一片白。

石老师点了点头，示意我回到座位，说："既然大家说的不太好，那我们就换一种方式，用我们刚学的一种学习工具——思维导图，把你要说的画出来。"同学们用了四五分钟就画出来了。接着，石老师说："现在还有谁想来试一试的？"大家齐刷刷地举起了手。

石老师看着我说："我们再给涂亚昊一次机会，好不好？"我走上台落落大方地完成讲述，当我接受同学们的掌声时，心里不禁感叹：思维导图用处可真大呀！

英语思维导图的好处

这节是英语课，在课代表和今天的带读同学——我的管理下，原本像菜市场一样喧哗吵闹的班级渐渐变得安静下来。周老师进来了，她说："开始带读吧！"

"Do you often watch TV？"我一遍遍带着大家读，但总感觉忘了什么。"呀，令我害怕的听写好像是今天……"虽然这么想，但我仍面不改色地带完，赶紧"临时抱佛脚"背单词。幸亏我记忆力极好，虽然只有三分钟，我也顺利完成了听写。

过了一天，下发了 B 本（专门用来听写的本子），我一看，一个大大的"100"！我看着这连续几次的满分，恨不得飞上珠穆朗玛峰，高举 B 本，告诉全世界我没有错！"我又没合格，我可以在你这里检查吗？"说话的是我的同桌小宇，成绩较差。我点点头，他长呼了一口气："呼！ science fiction films——s，c，i…"他一边说，我一边点头。

可是后来，我渐渐地模糊了，有时他卡住了，我也卡住了；有时他说对了，我却说错了；有时我一开始说错了，后来才改对……如此一来，连小宇都开始怀疑我。我十分苦恼，找周老师倾诉，周老师听罢，笑了笑："在你之前，已经有三四个人找我说过这个问题！没想到你也会犯啊！下午有我的课，你先回班，我下午说。"

下午到了。周老师比往日更严肃了，走上讲台，毫不拖泥带水，开门见山地切入主题："有多少人每次是在认真画思维导图的？最近有不少同学向我反映，自己'临时抱佛脚'的背单词方法容易遗忘。"这几句话问得我们几个较优秀的同学面红耳赤。周老师向郭象一样口若悬河："为什么要画英语思维导图呀？因为它可以帮你'温故'而'知新'呀，'温故'就是加深你对单词、句子的印象和理解，'知新'就是你可以找到学英语的窍门和新的语法。"我心想：正好第三单元学完了，一定要花时间画了。果然，我说中了。"同学们回家把 Unit 3 导图画了！"我微微一笑，好像已经看见明天同学们举着一幅幅整齐、知识点归纳全面的思维导图争先恐后地给老师看……

原来这才是英语思维导图的"庐山真面目"啊！同学们恍然大悟，赶紧用笔记下了重点，开始画喽！

作文导图的益处

在一次作文课上，老师让我们写一篇名为"我的心爱之物"的作文。我们大家都很快地写完了，交给老师，老师一看，脸上的笑容逐渐消失了。老师显然对我们的作文很不满意。

第二天，老师再次把作文中的重点强调了一遍，但是大家的思维都局限在一个范围之内，无法扩散。老师接着问："如何把作文写得更好呢？我一听呢就立马举起了双手："老师，我有一个很好的想法！""好，让廖若彦同学来说说看。"老师说。"我认为可以采用思维导图的形式来帮助写作，可以很有条理地整理思路，发散思维，并且要把自己重点要写的位置和写作手法以及写作顺序全部标上重点符号。""好，可以，就按你的方法。我觉得廖若彦同学的这个方法不错，我们就采取这种方式来帮助我们的写作，但是下面大家就要研究和思考一个问题了，我们要用什么样的形式的导图呢？""有没有同学可以分享一下他的方法呢？""老师，我们不如用鱼骨图的形式吧。""画蝶形图吧。""不不不，我们画韦恩图，韦恩图才好呢。"同学们纷纷迫不及待，七嘴八舌地分享着自己的方法和观点。我呢，就坐在一旁思考，一会儿便举起手，表示自己也想要发言。"那好，我们就先请廖若彦同学来给我们分享一下她的观点吧。""我认为同学们的思维又被局限在我们平时学习的那些思维导图中了，我们没有必要只在我们学习的所有导图范围内挑选。我们可以用自己的思维去研究出一种新的思维方式呀，比如说我刚才就想到了一个很好的思维导图方式。我可以给大家讲一下，就是用环形图之类的。""好，这个想法不错，那我来讲给你们听，你们可都要听好了，这个方法很重要。"老师讲完方法后，我们就开始自己尝试了，大家都开始有想法，有创意，有思路了。

第三天，老师对同学们的导图和作文都很满意，认为大家的思维活跃了，思路有条理了，有创意和自己的见解，老师认为这个方法很独特，于是便与同学们在今后的日子中一起摸索……

其实导图对我们的作用还很大，比如发散作文构思思路、整理内容等，所以大家可以养成画作文导图的好习惯。

古诗学习中的思维导图

我们在学习的时候，常常因为不会回答问题而拖延课堂时间。老师就想出了一种好方法，向我们推荐了一种学习方式——画思维导图。

思维导图可以用在语文、数学、英语等各科的学习当中。而在语文学习中，古诗的预习尤为困难。

有一天上课，老师给我们讲的是古诗《凉州词》。因为有了课前的认真预习，我们画了古诗思维导图，所以在课堂上回答问题时游刃有余。老师问道："《凉州词》的诗意是什么啊？"我们就能回答出来："葡萄美酒盛在精美的酒杯中，快要饮用时琵琶声催促将士们上战场……"查到的资料和思维导图在一起，能够让我们更好理解古诗的意义、创作背景以及诗人要表达的情感。当老师提问时，有的同学说："这首诗表达了戍边将士的豪迈、诙谐、视死如归、厌恶战争的情怀。"有的同学说："表达了诗人开朗、兴奋的心情。"各种回答都是思维导图带给我们的收获。

上完课后，我们回家画总结思维导图。我们在思维导图上写上这堂课得到的收获、诗人表达的情感。我想说："运用思维导图学习古诗的方法真好啊！"

我们在学习中已经离不开思维导图，它真是学习的好帮手！

英语思维导图的好处

有一次上英语课，老师让我们回家预习第2单元《北极》的知识，第二天将举办一场"英语答题会"，看谁说得好，说得正确，说得完整。"第一名将获得严老师的一个小奖励哦！"严老师说。底下的同学们都炸开了锅，十分高兴，都想要严老师的奖励，而严老师只是笑笑，说："这可不简单，只有说得好，说得完整才算成功，你们能成功吗？""能！"同学们坚定地说。

晚上回到家后，我想了想，有那么多关于北极的知识，要怎样才能说完整呢？这时我灵光一动：可以用思维导图这个办法呀。于是我把主题分为4类：位置、气候、风光、生物，并把每一类做详细介绍。

第二天，"英语答题会"开始了，每位同学都积极地发言。有的说："北极没有花草树木。"有的说："北极很冷。"同学们都脑洞大开，可说得都不完整。最后到我了，我利用思维导图把北极的特点全部说完，得到了老师的表扬，也得到了奖励。

英语思维导图可以成倍提升学习进度，更快地学习新知识和整合复习旧知识，激发人们的联想与创意，将零散的智慧结合成一个系统，也就是归纳知识。也可以形成系统的学习和思维的习惯，如：流利地用英语沟通，轻松地通过英语考试，顺利地完成英语写作等。

英语思维导图有很多好处，只要你学会了这项核心专长，就可以轻松地在成绩上超越别人，大家快来试试吧。

总结思维导图帮助大

思维导图已经成为了最新颖、最杰出的表达方式，它层次分明，总结性强，而且使人一目了然。

快到期末考试了，随着年龄的增长，我们所学的知识越来越多，也意味着需要背的公式也十分繁多。"同学们，我们今天来复习……"老师正在讲解以前所学的知识，为我们的考试做准备。但是我之前有几天生病没来上学，导致我有一些概念模糊不清，现在复习起来有些吃力。我心里藏着的那头"发怒的狮子"瞬间就释放了，我十分沮丧，又十分生气。我对自己说："你怎么那么不争气，偏偏那会儿生病，害得我成绩有可能一落千丈……"我越想心里越发慌。后来，等我冷静下来，转念一想，与其在这胡乱瞎想，不如去好好复习，把没弄懂的地方多认真看一下，上课认真听讲。我翻开书本，开始一心一意地看着，虽然不懂，但只能硬着头皮背公式。乱成一团的概念终于变得似懂非懂，至少没什么大问题了，但公式依旧记得有些混乱。

眼看考试就要到了，我就像是热锅上的蚂蚁。就算现在不明不白地背诵，也是"临时抱佛脚"。这时，我突然想到了我们刚学的整合总结思维导图，也许它能为我带来帮助呢。画完以后，我便恍然大悟，从似懂非懂变成深刻体会。它就像一位小老师，让我明白每个式子所表达的含义，对我的数学学习带来了极大的帮助。

思维导图是我的"恩人"，他使我所学的知识得到归纳，成绩得到提高。